Benigna Schönhagen und Wilfried Setzler (Hg.)
Jüdisches Schwaben
Neue Perspektiven auf das Zusammenleben von Juden und Christen

landeskundig

Tübinger Vorträge zur Landesgeschichte

Herausgegeben vom Institut für Geschichtliche
Landeskunde und Historische Hilfswissenschaften
der Universität Tübingen

Band 7

Jan Thorbecke Verlag

Jüdisches Schwaben

Neue Perspektiven auf das Zusammenleben von
Juden und Christen

Herausgegeben von
Benigna Schönhagen und Wilfried Setzler

 Jan Thorbecke Verlag

Die Verlagsgruppe Patmos ist sich ihrer Verantwortung gegenüber unserer Umwelt bewusst. Wir folgen dem Prinzip der Nachhaltigkeit und streben den Einklang von wirtschaftlicher Entwicklung, sozialer Sicherheit und Erhaltung unserer natürlichen Lebensgrundlagen an. Näheres zur Nachhaltigkeitsstrategie der Verlagsgruppe Patmos auf unserer Website
www.verlagsgruppe-patmos.de/nachhaltig-gut-leben

Bibliografische Information der Deutschen Nationalbibliothek
Die Deutsche Nationalbibliothek verzeichnet diese Publikation in der Deutschen Nationalbibliografie;
detaillierte bibliografische Daten sind im Internet über http://dnb.d-nb.de abrufbar.

Alle Rechte vorbehalten
© 2024 Jan Thorbecke Verlag,
Verlagsgruppe Patmos in der Schwabenverlag AG, Ostfildern
www.thorbecke.de

Umschlaggestaltung: Finken & Bumiller, Stuttgart
Umschlagabbildung: Nürnberger Miszelle, 1589; Germanisches Nationalmuseum 8°Hs 7058, fol. 34v. © public domain URl: https://dlib.gnm.de/item/Hs7058/72.
Die Illustration zeigt Braut und Bräutigam unter der Chuppa, dem Traubaldachin, umgeben von einem Rabbiner links und einem Musiker rechts vom Brautpaar.
Gestaltung, Satz und Repro: Schwabenverlag AG, Ostfildern
Druck: Beltz Grafische Betriebe GmbH, Bad Langensalza
Hergestellt in Deutschland
ISBN 978-3-7995-2076-8

Inhalt

Benigna Schönhagen und Wilfried Setzler
Einführung   7

Johannes Heil
Religionsgespräche und Religion im Gespräch zwischen
Juden und Christen im Mittelalter   15

Simon Paulus
»Inter Judeos« – Neue Einblicke in die Topographie jüdischer
Einrichtungen und Siedlungsbereiche im mittelalterlichen Schwaben   35

Sabine Ullmann
Das Judentum Schwabens in der Frühen Neuzeit. Siedlungsweisen
und Lebensformen   59

Felicitas Heimann-Jelinek
Musealisierung des Judentums. Zwischen Präsentation und
Repräsentation   81

Stefan Lang
Die »nagenden Würmer«. Traditionen, Hintergründe und
Strukturen der Judenfeindschaft in Württemberg vom 15. bis
zum 20. Jahrhundert   99

Joachim Brüser
Der Herzog und sein Jude. Joseph Süß Oppenheimer als Sündenbock
für die Politik Herzog Karl Alexanders von Württemberg 1737/38   125

Stefan Knödler
Berthold Auerbach: Vom Studenten der mosaischen Theologie
in Tübingen zum Schriftsteller von Weltruhm   145

Wilfried Setzler
»Das Zusammenleben von Christen und Israeliten dahier ist das
herzlichste und friedlichste«. Zur Geschichte der jüdischen Gemeinde
in Wankheim von ihrem Beginn 1774 bis zu ihrer Auflösung 1882   165

Benigna Schönhagen
»Selbstbewusst und wehrhaft«. Der Centralverein deutscher
Staatsbürger jüdischen Glaubens in Württemberg, 1893–1938   187

Matthias Morgenstern
Briefpartner, Hilfskräfte, Objekte der NS-»Judenforschung«,
Gastredner. Juden an der Evangelisch-Theologischen Fakultät
und am Institutum Judaicum der Universität Tübingen
im 20. Jahrhundert   211

Zur Situation von Juden heute in Deutschland   231

Benigna Schönhagen im Interview mit Andreas Nachama,
Rabbiner in Berlin   233

Benigna Schönhagen im Interview mit Barbara Traub,
Vorstandssprecherin der Israelitischen Religionsgemeinschaft
Württemberg   243

Michael Blume
Siege der Bildung, Wunder des Lebens: Wie wichtig jüdisches
Leben für unser Land ist   255

Glossar   265

Autorinnen und Autoren   267

Bildrechtenachweise   269

Einführung

Erst Jahrzehnte nach dem Holocaust setzte in Deutschland die Beschäftigung mit jüdischer Geschichte ein. Im wissenschaftlichen Diskurs wie in der öffentlichen Wahrnehmung standen dabei lange Zeit die Schoa und der mit ihr verbundene Zivilisationsbruch im Vordergrund. Angesichts der unfassbaren Verbrechen geriet in Vergessenheit, dass Jüdinnen und Juden zuvor Jahrhunderte lang im deutschen Sprachraum gelebt haben. Auch im deutschen Südwesten ist jüdische Geschichte mehr als nur eine Vorgeschichte der Katastrophe. Die lange und wechselvolle jüdische Geschichte im Gebiet des heutigen Deutschlands war, auch wenn sie in der katastrophalen Vernichtung der europäischen Judenheit endete, keineswegs nur eine Geschichte von Hass, Verfolgung und Gewalt. Die Forschungen der letzten Jahre – von der Stadtarchäologie über die Kunstgeschichte und Sachkulturforschung bis zur Regional- und Ortsgeschichte – haben bislang weitgehend unbeachtete Phasen funktionierenden Zusammenlebens von christlicher Mehrheit und jüdischer Minderheit aufgedeckt – im Mittelalter wie in der Neuzeit. Sie haben den Blick gelenkt auf Transferprozesse, kulturellen Austausch und die Vielfalt an Kontakten, die neben Repressionen und verweigerter Zugehörigkeit die Lebenswirklichkeit von Jüdinnen und Juden eben auch prägten.

Mit dieser Perspektive bekannt zu machen und das Bewusstsein für die lange Koexistenz von Juden und Christen auch in Schwaben zu schärfen, war Ziel der Ringvorlesung im Studium Generale, die der 2019 am Institut für Geschichtliche Landeskunde und Historische Hilfswissenschaften gegründete *Arbeitskreis Jüdisches Schwaben* für das Sommersemester 2020 geplant hatte. Kaum zu glauben, war es die erste Ringvorlesung, die sich an der Universität Tübingen jüdischer Geschichte widmete. Pandemiebedingt musste die Vortragsreihe dann um ein Jahr verschoben werden. Dadurch fügte sie sich in das *Fest- und Gedenkjahr 1200 Jahre jüdisches Leben in Deutschland* ein, das in Erinnerung an die erste Erwähnung von Juden im späteren Deutschland in einem Dekret Kaiser Konstantins an den Statthalter in Colonia Agrippina, dem heutigen Köln, 2021 ausgerufen worden war. Es wurde mit zahlreichen Veranstaltungen vielfältig gefeiert, auch wenn kontinuierliches jüdisches Leben erst seit dem 10. Jahrhundert hier belegt ist.[1]

In der Ringvorlesung zeigten elf Forscherinnen und Forscher unterschiedlicher Fachrichtungen neue Blickweisen auf das Zusammenleben von Juden und Christen auf. Gleich ob der Mediävistik oder Judaistik, der Landesgeschichte, der Literaturwissenschaft und Museologie oder der Bauforschung zugehörig, galt ihr Fokus nicht dem Verfolgungsnarrativ, sondern der Klärung so basaler Fragen wie: Wo lebten Juden in Schwaben? Wer legte die Bedingungen für ihre Existenz fest? Wie weit konnten sie eigene Interessen einbringen, welcher Wandel ihrer Lebensbedingungen lässt sich ausmachen und wie wird heute an jüdische Kultur und Geschichte erinnert? Für diesen Band wurden alle Vorträge überarbeitet und aktualisiert. Zeitlich spannen die Beiträge den Bogen jüdischer Existenz vom Mittelalter bis in die Zeit nach dem Holocaust; Fragen der jüdischen Gegenwart und der Erinnerungskultur thematisieren abschließend zwei Interviews mit Repräsentanten der jüdischen Gemeinschaft und ein Beitrag des Beauftragten der Landesregierung Baden-Württemberg gegen Antisemitismus.[2]

Der geografische Rahmen der Beiträge reicht über das heutige Bundesland Baden-Württemberg hinaus. Er umreißt die historische Landschaft des »Lands zu Schwaben«, also das Gebiet zwischen Oberrhein und Lech, Heilbronn und Konstanz. Bis zum Ende des Alten Reichs bildete es für Juden wie Christen gleichermaßen einen Bezugsraum, weil es Juden an den Rändern der großen, judenfeindlichen Herrschaften Württemberg und Bayern Rückzugsräume und Lebensmöglichkeiten bot. Dabei ermöglicht gerade der geografisch fokussierte Blick der Landesgeschichte auf das Nebeneinander unterschiedlicher Bedingungen ein differenzierteres, vollständigeres Bild der komplexen jüdischen Lebenswirklichkeit.

Schon für das Mittelalter kommt Johannes Heil mit seiner Untersuchung über *Religionsgespräche und Religion im Gespräch zwischen Juden und Christen* zu dem Schluss, »dass Minderheit nicht Abgeschiedenheit und schon gar nicht Konfrontation als Dauerzustand meint«. So deutet er Judeneide wie den Erfurter vom Ende des 12. oder den Tübinger aus der Mitte des 13. Jahrhunderts als Rahmen für einen gemeinsam gestalteten »Aktionsraum«, ohne die abfälligen Beispiele zu negieren. In diesem »neutralen« Raum war es bei aller Fragilität nicht nur möglich, dass Christen für jüdische Neubürger bürgten, wie 1347 in Ravensburg, sondern dass auch christliche Musiker mit jüdischen gemeinsam musizierten und Christen und Juden miteinander tanzten. Heil betont, dass es »Lernprozesse« und »respektvolle Aushandlungen« waren, die über alle Religionsgrenzen hinweg, »Phasen auskömmlichen Zusammenlebens« zwischen den religionsverschiedenen Gruppen schufen.

Stefan Paulus' *Neue Einblicke in die Topographie jüdischer Einrichtungen und Siedlungsbereiche im mittelalterlichen Schwaben* ergeben am Beispiel des gemischt bewohnten »Judenhofs« in Schwäbisch Gmünd (Imhofstraße 9) ebenfalls überraschende Belege für Phasen friedlichen christlich-jüdischen Zusammenlebens. So räumen die Forschungen zur Lage und Architektur jüdischer Viertel nicht nur mit der falschen Übertragung des neuzeitlichen Ghetto-Begriffs auf mittelalterliche jüdische Wohnquartiere auf. Die Synopse bauhistorischer Forschungsergebnisse mit den bekannten schriftlichen Quellen führt auch zu einer Korrektur der bisher geltenden Deutung der Lage jüdischer Viertel als peripher. Architektur und Lage des »Judenhofs« erweisen sich in Schwäbisch Gmünd vielmehr als Ausdruck der Integration von Juden in stadtplanerische Prozesse.

Für die Zeit nach den Austreibungen am Ende des Mittelalters arbeitet Sabine Ullmann (*Das Judentum Schwabens in der Frühen Neuzeit. Siedlungsweisen und Lebensformen*) aus den vielfältigen und oft auch gegenläufigen Entwicklungslinien in der fragmentierten, »kleinräumigen Territorialwelt« Schwabens ebenfalls »Juden als Akteure« der Siedlungspolitik heraus. Aus den asymmetrisch verteilten kleinen jüdischen Siedlungen am Rand der großen Territorien entwickelten sich in den vorwiegend niederadligen und geistlichen Herrschaften nach dem Dreißigjährigen Krieg jene »Judendörfer«, die mit einem jüdischen Anteil von bis zu 50 Prozent der Ortseinwohner den späteren baden-württembergischen wie bayerischen Teil Schwabens charakterisierten. In diesen Dörfern und kleinen Städten lebten Juden nicht im Ghetto, vielmehr zeichnete eine große räumliche, ökonomische wie soziale Nähe zu den christlichen Bewohnern der Ortschaften ihre Lebensweise aus. Trotz des allgegenwärtigen Vorwurfs der Kirche, Juden seien Gottesmörder, und den davon immer wieder befeuerten judenfeindlichen Aktionen erwuchsen Konflikte, so Ullmanns Befund, weniger aus grundsätzlicher Fremdheitserfahrung als aus wirtschaftlichen Konkurrenzängsten.

Wirtschaftliche und gesellschaftliche Konkurrenz bildeten in der Regel auch den Hintergrund für die in Altwürttemberg praktizierte Judenfeindschaft, die das Herzogtum seit der Regimentsordnung von 1498 bis 1803 für Juden verschloss, wie Stefan Lang in seinem Beitrag *Die »nagenden Würmer«. Traditionen, Hintergründe und Strukturen der Judenfeindschaft in Württemberg vom 15. bis zum 20. Jahrhundert* nachweist. Bezeichnenderweise waren es die Landstände und die Landeskirche, die – zeitweise auch gegen den Regenten – konsequent eine judenfeindliche Politik betrieben. Und es waren die altwürttembergischen Führungsschichten, die sich den Versuchen verweigerten, die Lebensbedingungen von Juden im 1806 gegründeten Königreich Württemberg zu verbessern, und Stimmung gegen ihre Gleichstellung machten.

Diese Landstände fühlten sich insbesondere durch die wirtschaftlichen Freiräume bedroht, die die absolutistischen Herrscher im Zeitalter des Merkantilismus der kleinen, aufsteigenden Gruppe der Hoffaktoren einräumten. Wie Joachim Brüser (*Der Herzog und sein Jude. Joseph Süß Oppenheimer als Sündenbock für die Politik Herzog Karl Alexanders von Württemberg 1737/38*) ausführt, waren sie die treibende Kraft hinter dem Justizmord, dem der Hoffaktor Joseph Süß Oppenheimer nach dem Tod Herzog Karl Alexanders 1738 zum Opfer fiel. Sie propagierten das Image eines bösartigen Ratgebers für einen schwachen Herzog, weil es ihnen ermöglichte, die ungeliebte Maßnahmen des Herzogs zu revidieren, ohne sich dem Vorwurf der Majestätsbeleidigung auszusetzen.

Felicitas Heimann-Jelinek setzt sich mit der *Musealisierung des Judentums* auseinander, die *Zwischen Präsentation und Repräsentation* changiert. Den Beginn der Präsentation von »Jüdischem« sieht sie in dem »Juden-Cabinet« Augusts des Starken. In ihm wurde neben einem Modell des Tempels ein »ausgestopfe[r] Rabine« wie in einer Wunderkammer zur Schau gestellt. Die seit 1895 gegründeten Jüdischen Museen der Vorkriegszeit fungierten dann als Orte jüdischer Selbstdarstellung, sie stellten eine autonome Repräsentanz von Juden dar. Die nach der Schoa gegründeten Jüdischen Museen verfolgten eine andere Intention. Sie wollten vor allem das ›Verlorene‹ sichtbar machen, ohne die Zerstörung zu thematisieren und sich mit den fehlenden jüdischen Inhalten auseinanderzusetzen. Beispielhaft für diese Form einer demonstrativen Wiedergutmachung führt die Autorin »überrestaurierte und geschönte« Synagogen an. Diesen stellt sie ein aufwändiges und komplexes Kunstprojekt um eine Replik der Laubhütte aus dem schwäbischen Fischach, die heute im Israel Museum ausgestellt ist, als gelungenen Versuch

»einer authentischen Auseinandersetzung mit der Geschichte einer kleinen jüdischen Gemeinde in Bayerisch-Schwaben« gegenüber.

Stefan Knödlers Beitrag Berthold Auerbach: *Vom Studenten der mosaischen Theologie in Tübingen zum Schriftsteller von Weltruhm* führt ins 19. Jahrhundert. Er macht anschaulich, welche Möglichkeiten sich nun trotz der zögerlichen Emanzipationspolitik für Juden öffneten, aber auch welche Identitätsfragen *als Deutscher und als Jude* für den Bestsellerautor dadurch entstanden. In seinen *Schwarzwälder Dorfgeschichten* spielen Jüdinnen und Juden nur selten eine Protagonistenrolle, gehören aber selbstverständlich dazu. Umso heftiger traf ihn der nach der Reichsgründung von 1871 wieder aufflammende Judenhass, nun im Gewand eines Rassenantisemitismus.

Wilfried Setzlers Beitrag *Zur Geschichte der jüdischen Gemeinde in Wankheim von ihrem Beginn 1774 bis zu ihrer Auflösung 1882* demonstriert am Beispiel dieser erst spät gegründeten jüdischen Gemeinde vor den Toren Tübingens, wie neue Funde – in diesem Fall der Dienstkalender des Ortspfarrers und seine Autobiographie – und ein genauer Blick auf die bekannten Quellen zu neuen Ergebnissen führen können. So legt er dar, wie Ende des 18. Jahrhunderts durch die Vermittlung einer aufgeklärten Ortsherrschaft alltagspragmatische Lösungen bei Konflikten zwischen Christen und Juden gefunden wurden und wie es dem toleranten Dorfpfarrer gelang, aus Gegensätzen Gemeinsamkeiten zu entwickeln.

Benigna Schönhagens Beitrag über den 1893 gegründeten Centralverein deutscher Staatsbürger jüdischen Glaubens in Württemberg (»*Selbstbewusst und wehrhaft!*«) befreit diesen mitgliederstärksten Zusammenschluss von Juden aus dem lange Zeit herrschenden Postholocaust-Image der Erfolglosigkeit. Sie zeichnet nach, wie entschieden der »C.V.« im Vertrauen auf den Rechtsstaat antisemitische Straftaten vor Gericht brachte und wie vielfältig er Bildungsarbeit für Juden wie Nichtjuden betrieb. Doch bei der nichtjüdischen Mehrheit fehlte die Einsicht, dass Antisemitismus nicht nur Juden, sondern die gesamte Gesellschaft bedrohte.

Matthias Morgenstern schließlich fragt nach der Rolle jüdischer Wissenschaftler vor, während und nach der NS-Zeit an der evangelisch-theologischen Fakultät der Universität Tübingen, die durch prominente Schüler Adolf Schlatters »in die Katastrophe des 20. Jahrhunderts verstrickt« wurde. Der Beitrag *Briefpartner, Hilfskräfte, Objekte der NS-»Judenforschung«, Gastredner zudem an der*

Evangelisch-Theologischen Fakultät und am Institutum Judaicum an der Universität Tübingen im 20. Jahrhundert spiegelt eine ebenso verworrene, wie typische Gemengelage von wissenschaftlicher Verbundenheit, Zusammenarbeit mit jüdischen Gelehrten, eilfertiger Unterstützung des NS-Regimes, menschlicher Ignoranz und Unfähigkeit zur kritischen Selbstreflexion, die jede Aufarbeitung für lange Zeit unmöglich machte.

Die abschließenden Interviews mit Barbara Traub und Andreas Nachama sowie der Beitrag von Michael Blume ermöglichen facettenreiche Einblicke in die aktuelle Situation jüdischer Gemeinden in Deutschland. Gleich ob für Stuttgart oder Berlin vermitteln sie, trotz der strukturellen Unterschiede dieser Gemeinden, das Bild einer selbstbewussten jüdischen Gemeinschaft, die durch die Zuwanderung aus den GUS-Staaten »qualitativ wie quantitativ gewachsen« ist, sich differenziert wie professionalisiert hat und ihre Vielfalt weitaus gelassener lebt, als es in den Medien vermittelt wird.

Allen Autorinnen und Autoren sowie den Repräsentanten der jüdischen Gemeinschaft gebührt unser aufrichtiger Dank. Sie haben die Mühe auf sich genommen, ihre Vorträge zu überarbeiten und auf den aktuellen Stand zu bringen. Alle Beiträge entwerfen ein neues, weil vielfältigeres und komplexeres Bild jüdischer Lebenswelten. Dabei zeigt sich in allen Epochen die Verwobenheit jüdischen Lebens mit der sie umgebenden Umwelt, aber auch die Fragilität dieser Koexistenz. Ohne eine falsche Idylle zu entwerfen, kann diese Sichtweise auf eine gemeinsam erlebte Geschichte auch Hinweise auf mögliche Anknüpfungspunkte aufzeigen für aktuelle Fragen der Koexistenz in einer pluralen Gesellschaft, in der der Stellenwert und das Miteinander von Religionen neu verhandelt werden müssen. Alle Beiträge aber zeigen auf vielfältige Weise den produktiven Ansatz der integrativen Perspektive auf deutsch-jüdische Geschichte. Dass sich dabei auch Forschungslücken auftun und Desiderate sichtbar werden, erweist, dass die regionale Forschung in dieser Hinsicht erst am Anfang steht. Zu den Desideraten gehören etwa die Entwicklung aktualisierter Karten zu jüdischen Siedlungen im Gebiet des heutigen Baden-Württembergs oder die vergleichende Zusammenschau der vielen lokalen Einzelstudien. Insofern ist es unsere Hoffnung, dass dieser Band auch als Impuls für weitere Forschungen zur jüdischen Geschichte in Schwaben gelesen wird.

Zu danken haben wir an dieser Stelle auch allen, die bei der Organisation der Ringvorlesung und der Herstellung des Bandes mitgewirkt haben, allen voran Prof. Dr. Sigrid Hirbodian und ihrem Team. Für die Unterstützung bei der Redaktion und für die Erstellung des Glossars sowie des Autorenverzeichnisses danken wir Valerie Schäfer und Christian Kübler. Nicht zuletzt danken wir dem Förderverein des Instituts für Geschichtliche Landeskunde und Historische Hilfswissenschaften der Universität Tübingen, der diesen Band in seine Publikationsreihe *landeskundig* aufgenommen hat.

Tübingen, im Juli 2023
Benigna Schönhagen und Wilfried Setzler

ENDNOTEN
1 Vgl. die Website des Trägervereins: https://2021jlid.de/, siehe auch Michael BRENNER: Von den Anfängen jüdischen Lebens in Deutschland bis zur Shoah, in: Jüdisches Leben in Deutschland, hrsg. von der Bundeszentrale für politische Bildung, 2021, »CC BY-NC-ND 3.0 DE (zuletzt aufgerufen am 12.07.2023).
2 Die Abschlussdiskussion konnte wegen eines technischen Defekts nicht aufgenommen werden, stattdessen haben wir mit den Diskutanten Interviews geführt.

Religionsgespräche und Religion im Gespräch zwischen Juden und Christen im Mittelalter

Johannes Heil

Vorbemerkungen

Dieser leicht überarbeitete Beitrag zur Tübinger Ringvorlesung des Sommersemesters 2021 ist auf Grundlage eines Beitrags zu einer Tagung des Konstanzer Arbeitskreises für Mittelalterliche Geschichte e. V. zu »Religionsgesprächen im Mittelalter« entstanden, die im Herbst 2019 auf der Insel Reichenau stattfand. Der Beitrag befasste sich vom Tagungsthema leicht abweichend nicht mit Disputationen, in denen Religionsfragen verhandelt wurden, sei es als Protokolle stattgehabter (meist erzwungener) öffentlicher Disputationen, sei es als fingierte Lehrtexte zu Glaubensfragen und -differenzen. Stattdessen unternahm er den Versuch, die Rolle religiöser Fragen im Alltagsgeschehen nachzuzeichnen. Wesentliche Punkte daraus wurden für die Tübinger Vorlesung aufbereitet. Ausgehend vom Befund, dass religiöse Differenz nicht durchgängig konflikthaft ausgetragen wurde und es Phasen eines hinlänglich auskömmlichen Zusammenlebens gegeben hat, befasste sich die Vorlesung mit der Frage nach der Rolle der Religion(en) im alltäglichen Zusammenleben, dem Sprechen über Religion und der Rolle der Religion beim Sprechen. Der Begriff des Gesprächs wird dabei sehr weit verstanden: Als Zwiegespräch zu ganz verschiedenen alltäglichen Gelegenheiten, wie auch als Selbstgespräch zur Eigenverortung in einer herausforderungsvollen Umgebung.

Lernprozesse und Aushandlungen

»Es geht um Ochsen, die am Schabbat pflügen …« – so setzt die Falldarlegung eines halachischen, religionsgesetzlichen Gutachtens (Responsum) aus der Feder R. Isaak ben Menachems von Orléans aus dem 11. Jahrhundert ein. Offenbar teilten sich ein Jude und ein Nichtjude den Besitz an Tieren zur Feldarbeit. Uns würde interessieren, ob sie gemeinsam oder wechselnd pflügten, wie nahe beieinander sie wohnten oder was und wieviel sie miteinander sprachen. Dazu freilich wird nichts gesagt.

Es war aber nicht die Tatsache der Kooperation zwischen einem Juden und einem Nichtjuden abseits der Stadt, die nach Beurteilung verlangte. Problematisch war allein der Einsatz der Nutztiere am Schabbat, den der Nichtjude ohne Verletzung eigener religiöser Normen ja hätte vornehmen können. Der Ertrag aus der Arbeit wäre aber dem jüdischen Mitbesitzer anteilig zugutegekommen, er hätte also am Schabbat einen Gewinn erzielt, was nicht statthaft war. Deshalb wurde eine Regelung angestrebt, die beiden Seiten gerecht würde. Die sah eine vollumfängliche Übertragung des Eigentums an den Ochsen auf den Christen für die Dauer des jüdischen Feiertags vor. Letzten Endes ging es hier mit der Frage der Schabbatruhe auch um Tierschutz, und natürlich um Tora.

Die Episode zeigt, was mit der Suche nach Quellen zum Alltag und mit alltagspragmatischem Geschehen insgesamt gemeint ist. Hier wurde eine alltägliche Kooperation einmal im Nachhinein festgehalten, weil irgendjemand befand, dass die Angelegenheit autoritativer Beurteilung bedürfe. Isaaks Entscheidung wurde später von Raschi von Troyes (ca. 1040–1105) mit Verweis auf sachliche Defizite kassiert. Dabei fällt auf, dass alle Beteiligten die Kooperation der beiden als solche wie einen Normalfall hinnahmen und es einzig um daraus folgende rituelle Kollisionen ging.

Auch die Tatsache jüdischer Landwirtschaftstätigkeit, die das gängige Bild jüdischen Lebens als städtischem Leben in Frage stellt,[1] wird nicht eigens betont und ist auch durch andere Responses belegt.[2] Das können wir schon einmal festhalten: Die meisten Quellen zu Juden beziehen sich auf Städte, weil diese Orte der Schriftproduktion waren, und nicht, weil Juden nur dort gesiedelt und nur stadttypische Berufe ausgeübt hätten.

Ferner wird klar, dass der befragte Isaak ben Menachem den Vortrag der Angelegenheit als Übereifer qualifizierte, wenn er abschließend schrieb:

Wenn also die Betroffenen kommen, um sich bei ihm Rat einzuholen, tut er gut daran, sie in einer Weise zu belehren, die sie zur Erkenntnis der Wahrheit und des rechten Handelns führt. Kommen sie aber nicht, um seinen Rat einzuholen, soll er die Hand auf den Mund legen.

Wer ihm die Frage vorgelegt hatte, bleibt unklar. Wahrscheinlich nicht der Bauer bzw. Landeigner selbst. Denn die religiös ungleichen Partner müssen sich schon zuvor verständigt haben und ohne gelehrte Moderation sich erklärt und die Dinge geklärt haben. Das verlangte Lernbereitschaft und die Fähigkeit zu wechselseitigem Respekt.

Überraschend ist, dass der Jude, den man sich in seinem ländlichen Umfeld doch eher bodenständig als Tora-gelehrt vorstellt, schon im 11. Jahrhundert als bis ins Detail mit halachischen Regeln vertraut präsentiert wird.

Zugegeben, der Fall der Ochsen in geteilter christlich-jüdischer Eigentümerschaft bezeichnet in der mittelalterlichen jüdischen Traditionsliteratur einen Ausnahmefall. Naheliegender war die Frage, ob Bier von christlichen Brauern erlaubt sei – ja, und hier zählte nicht die Religionsverschiedenheit an sich, sondern die Kalenderkongruenz beim Gerstenanbau[3] – oder, ob man christlichen Bauern bei der Herstellung rituell reinen Käses trauen durfte, selbst wenn der Herstellungsprozess wegen der Stadt-Land-Distanz nicht die ganze Zeit überwacht werden konnte.

Erst recht gilt das für die Herstellung von rituell reinem Wein und seinen Transport an Orte, wo kein Weinanbau möglich war. Wein war unentbehrlich, und nicht zufällig bezieht sich etwa die älteste Quelle zur Heidelberger jüdischen Geschichte auf einen Weinberg im nahen Schriesheim. Es musste nicht einmal sein, dass bösartige Beteiligte absichtlich und mit einem einzelnen Handgriff den Wein ungenießbar machen würden. Sorge bereitete allein schon das Wissen um die Unkenntnis halachischer Bestimmungen auf der christlichen Seite. Wein war ein besonders sensibles Gut, denn neben den besonderen Reinheitsanforderungen für Anbau, Herstellung, Transport und Gebrauch konkurrierte es auf der Bedeutungsebene mit dem rituellen Charakter des Messweins der christlichen Seite, bedurfte also besonderen Schutzes.[4]

Überraschen muss dagegen die gelehrte Haltung zum Christentum auf einer grundsätzlicheren Ebene. In einem Responsum des ersten großen aschkenasischen Gelehrten, R. Gerschom ben Jehuda (gest. 1028/40 in Mainz), ging es um die Zulässigkeit christlicher Priestergewänder zur Pfandleihe. Im Unterschied zu Objekten, die unbestritten als Götzenbilder zu gelten hatten wie Kreuze und anderes, wurde hier der Grundsatz aus Babylonischer Talmud (Traktat *Chullin* 13b), stark gemacht, wonach die Nichtjuden außerhalb des Landes Israel nicht als Götzendiener zu betrachten seien.

Der Herausgeber und Übersetzer der frühen rheinischen Responses, Hans Georg von Mutius hat dazu bemerkt, dass Gerschom hier halachische Diskurspraktiken stark machte, um theologische Differenzen zu mindern. Offenbar ging es ihm darum, mögliche Konfliktzonen im Alltag gering zu halten oder gar nicht erst entstehen zu lassen.

Die Konsequenzen von Gerschoms Responsum waren beträchtlich. Wenn er argumentierte, dass *die Nichtjuden außerhalb des Landes Israel keine Götzendiener sind, wiewohl sie Götzendienst praktizieren,* aber *ihr Kult nicht als solcher angesehen wird,*[5] dann öffneten sich für das praktische Zusammenleben eigene Weisen wechselseitigen Respekts jenseits unmittelbar kultischer Angelegenheiten.

Von Gerschoms Bescheid läuft über vergleichbare Argumentationen bei dem Spanier Juda Halevi (ca. 1075–1141) und Jacob Emden (1679–1776), Rabbiner in Altona, eine Deutungslinie bis zur Erklärung orthodoxer Rabbiner zum Christentum vom Dezember 2015, zum 50. Jahrestag der Konzilskonstitution *Nostra Aetate*. Das Dokument von 2015 musste zur Bestimmung des jüdisch-christlichen Verhältnisses also nicht völliges Neuland betreten; seine Verfasser konnten sich bis zurück auf Gerschom auf eine fortschreitende, also halachische Argumentation stützen.[6]

Ich betone das hier auch, weil jüngst ein publizistischer Disput zwischen deutschen Rabbinern um die Frage der historischen Einschätzung des Christentums durch Juden geführt wird. Die liberale Seite behauptet dabei, dass das Orthodoxe Judentum immer und bis heute das Christentum als Götzendienst definiert habe, während die orthodoxen Wortführer auf entsprechende historische Begebenheiten, darunter auch Maimonides, verweisen können. Pikanterweise wird diese Debatte auf den Seiten eines katholischen Organs, der Herder-Korrespondenz, geführt, die im gleichnamigen Freiburger Verlag erscheint. Mit der nächsten Nummer geht die Sache in die nächste Runde (Stand April 2021). Wie ertragreich für solche Debatten der Blick in die Quellen ist, zeigt sich einmal mehr bei Raschi (gest. 1105). Der Gelehrte, der in Worms studiert hatte und dann in seiner Heimatstadt Troyes in der Champagne wirkte, konnte aus eigener Erfahrung berichten, dass gut-nachbarschaftliche Beziehungen sogar Probleme bereiten konnten. Einmal wollte ihm ein Nichtjude Eier und Gebäck anlässlich des Pessachfests zum Geschenk bringen. Das dürfte von Seiten des Christen nicht anders als nur gut gemeint gewesen sein und demonstriert ein bemerkenswertes Maß an Anteilnahme am Festtagskalender des religionsverschiedenen Nachbarn. Allerdings waren die während des Fests gelegten Eier erst nach dessen Ende und das »gesäuerte« (hefehaltige) Backwerk überhaupt nicht zum Verzehr erlaubt.[7]

Ich komme auf diese Angelegenheit am Ende noch einmal zurück. Bis hier dürfte aber klar geworden sein, dass Minderheit nicht Abgeschiedenheit und schon gar nicht Konfrontation als Dauerzustand meinte. Man musste (und wollte) im Alltag miteinander auskommen und sprechen, zumal in der überschaubaren Größe mittelalterlicher Städte oder der Dörfer. Sprechen ist hier im weitesten Sinne gedacht, also unter Einschluss von Verhandlungen bis hin zum Gefälligkeits-Plausch von Haus zu Haus. Diese Feststellung will ich in den Mittelpunkt meines Beitrags zur Annäherung an den mittelalterlichen Alltag und seine Quellen stellen.

Abb. 1: Das eigene Jüdische im Modus der christlichen Umwelt: Disputierende Frauen, mit einem älteren Gelehrten im Giebelraum einer zeittypischen Hausdarstellung mit Mahlszene der »Darmstädter Haggada«, im Rheinland (Worms?) um 1430 geschrieben (und illustriert?) von Israel ben Meir von Heidelberg.

Zum Beleg könnte man zur Schilderung des jüdischen Alltags mit zahlreichen Quellenbelegen auch auf die Lebenswelt jüdischer Frauen und ihren vergleichsweise größeren Handlungsraum eingehen. Oder auf Kinder und die Frage der Breitenbildung im Unterschied zu Elitenbildung auf christlicher Seite. Oder die Gelehrtenwelt und ihre Schulen in den Städten am Rhein und sonst wo, auf spezifische Riten und Gebräuche und anderes mehr. Das ergäbe aber ein unvollständiges Bild und würde den Eindruck von Abgeschiedenheit und das Gewicht von Differenzen nur bekräftigen, mit allen verzerrenden und problematischen Konsequenzen.

Mir geht es um die Gemeinsamkeiten im Alltag und die Religionsgespräche dazu, letztere aber von ganz eigener Art, nämlich solcher, die nicht Glaubensangelegenheiten selbst zum Gegenstand hatten, mithin Glaubensfragen unmittelbar auf ihre Wahrheit hin verhandelten. Die hat es vielleicht ohnehin nur gegeben, wenn sie erzwungen waren oder in den Fiktionen christlicher Autoren. Mich interessieren Alltagsgespräche, die auf der Basis von Religion geführt wurden, denn die Schnittmengen des gemeinsamen Aktionsraums mussten auf den jeweiligen religiösen Grundlagen bestimmt

Abb. 2: Das älteste erhaltene Beispiel für den Bau von Brücken, die das Zusammenleben im Alltag ermöglichen sollten: der Erfurter Judeneid, Faksimile, Alte Synagoge, Erfurt.

werden. Es geht also im Habermasschen Sinne um kommunikatives Handeln auf religionsverschiedener Basis und in mediävistischer Perspektive.

Es geht mir – auch das sei betont – mit meinem Beitrag nicht um ein anderes, gefälligeres Bild, sondern – durchaus als Gratwanderung – um ein vollständigeres, das die Lebenswirklichkeit abseits von Konfliktsituationen und wiederkehrenden Verfolgungen deutlicher macht, ohne das Fragile dieses Zusammenlebens zu ignorieren.

Handlungsräume und soziale Brücken

Der Gestaltung des gemeinsamen Aktionsraums im Alltag dienten die Judeneide, oder zumindest eine Form dieser Gattung, nämlich die praktizierten (pragmatischen) und im Ton entsprechend moderaten. Es gab auch bösartige, entwürdigende Versionen, wohl für den unterhaltsamen Vortrag vor einem entsprechend aufgelegten Publikum, aber das ist ein anderes Thema.

Judeneide wie der Erfurter als ältestes bekanntes Beispiel (Ende des 12. Jahrhunderts) oder der jüngere Tübinger waren ein über die Religionsgrenzen hinweg ausgehandeltes Instrumentarium zur Gewährleistung hinlänglich geregelter Beziehungen, sie ermöglichten »alltagspragmatische Aktionen.« Jede Seite schwor auf die ihm heilige (und damit bindende) Schrift, der Christ auf die Bibel mit dem Neuen Testament, der Jude auf die Tora. Das setzte voraus, dass auf beiden Seiten der Schwurgegenstand des anderen als wirksam, damit also als sakral und bindend, anerkannt wurde. Interessant ist, dass Begriffe wie Tora oder auch *Gesetz des Moses* (*lex Moysi*) dabei meist umgangen wurden. In einem in den Ravensburger Stadtrechten überlieferten Text heißt es, der Eid sei zu leisten auf das *Buch, in dem die Zehn Gebote enthalten sind* (*in libro, in quo continentur decem precepta*).[8] Offenbar bedurfte es zur Feststellung von Rechtssicherheit der Gewissheit, dass das unaussprechliche Buch der anderen etwas enthalte, was beiden Seiten heilig war. Immerhin: Man unternahm einige Mühen und streifte dabei offenbar auch sensible Zonen, um Brücken zu gestalten, die beide Seiten begehen konnten, ohne etwas ihrer eigenen Integrität preiszugeben.[9] Das heißt aber doch nichts anderes, als dass hier schon im Hohen Mittelalter Verfahren definiert wurden, die im Alltag das Zusammenleben religiös-rituell distinkter Gruppen ermöglichen sollten.

Wenn, wie Christine Magin ausführt, diese Akte unter Beteiligung von »Klägern, Verklagten oder Zeugen in der Öffentlichkeit, oft an der Türe der Synagoge (»Schule«, so auch in Ravensburg: *debet ire ad scolam suam et debet iurare*), vor allem dann auf die Tora«[10] abgelegt wurden, dann fanden sie sozusagen an der Nahtstelle des einen sakralen (Stadt-)Raums in den anderen, jüdischen statt. Gewiss, die Synagoge war damit ausdrücklich als different markiert (aber mit dem Eides-Akt als Sakralraum zugleich gewürdigt) und das Verfahren beiderseits religiös (theologisch) abgesichert. Das Verfahren folgte letztlich Augustinus' Unterordnungstheologie, der den Juden zwar Blindheit für die Wahrheit der eigenen Schriften beschieden hatte, sie aber in dieser Rolle als Zeugen der Wahrheit für die Christen unentbehrlich hielt – und damit ihnen einen gesicherten (oft genug danach bestrittenen) Platz und eine Funktion in der christlichen Gesellschaft zuwies.[11]

Ähnlich verhält es sich mit Herrscherprivilegien für Juden. Das soll am Beispiel Heinrichs IV. und den Privilegien für Wormser und Speyerer Juden 1090 verdeutlicht werden. Wenn diese Dokumente in ihren Sachverhaltsschilderungen (*Narrationes*) ausdrücklich die Anführer der Gemeinden als Vorsprecher vor dem Kaiser nennen, ist davon auszugehen, dass diese wohl(-)vorbereitet ihre Vorstellung von der Ausgestaltung des gemeinsamen Handlungsraums mitbrachten. Mehr noch: Vor dem Akt der Begegnung und des Gesprächs mit dem Kaiser dürfte es diskrete Hintergrundgespräche zur Ausmessung des verfügbaren religionsgesetzlichen Raums gegeben haben.[12] Nur so lässt sich erklären, dass das Wormser Privileg von 1090 Satzungen zum Marktschutzrecht enthält, die, wie Friedrich Lotter herausgearbeitet hat, sich aus entsprechenden Talmudtraktaten und nicht aus sonstigen, christlichen Rechten ableiten lassen.

Das Moment der Verhandlung vor Ausfertigung lässt sich schon in den Schutzbriefen für einzelne Juden erkennen, die sich als Formulare in der Sammlung der Kanzlei Ludwigs des Frommen aus der Zeit um 825 erhalten haben. Wenn es etwa hieß, dass Abraham von Saragossa »gemäß seinem Gesetz« (*secundum legem eorum*) leben sollen dürfe, wird man kaum annehmen sollen, dass dieses Zugeständnis einer Idee der kaiserlichen Kanzlei folgte. Denn dieses »Gesetz«, die Tora, war unter Christen als religionsgeschichtliche Größe wohl ein Begriff. Dass aber die Tora in ihrer Ursprünglichkeit von lebenspraktischer Bedeutung für die Juden war, dürfte der kaiserlichen Kanzlei neu gewesen sein.[13]

Offenbar war jener Abraham als Kommunikator und Transmitter (in das muslimische Spanien) dem fränkischen Hof wichtig genug, hier ganz pragmatisch Übergänge zu wechselseitigem Nutzen zu ermöglichen. Das war, am hochmittelalterlichen Horizont gemessen, eine enorme Leistung der Verständigung über die Religionsgrenzen hinweg. Etwas, was man mit Fug und Recht im heutigen Sprachgebrauch als transkulturelle Leistung benennen mag.

Und – ungeachtet aller Gewaltspuren in der jüdisch-christlichen Beziehungsgeschichte (wie zum Ersten Kreuzzug 1096 oder im Zusammenhang der Rintfleisch-Verfolgungen 1298) – sollte man von daher die Kohabitation und nicht die Konfrontation als Normalfall des Alltagslebens voraussetzen. Denn das Bild, das die Quellen vermitteln, ist keineswegs objektiv. Es ist das Problem von Historiker*innen, dass sich in ihren Quellen der Aufruhr und der Skandal leicht niederschlagen, aber die unspektakulären Zeiten kaum Spuren darinnen hinterlassen.

Diese prekäre Normalität muss man dann mühsam aus Quellenschnipseln herauslösen. So ein Schnipsel findet sich in der Beurkundung der Aufnahme des Juden Jakob von Ulm und dessen Ehefrau Jutta zu Bürgern in Würzburg im September 1344. Dabei spricht der Aussteller, der Domdekan Eberhard von Riedern, von den beiden »bescheiden Juden«. Nun kann man das auch so lesen, dass er die Juden ansonsten für unbescheiden hielt (das entspräche dem Stereotyp von den »frechen Juden« in mittelalterlichen Passionsbildern oder in Luthers Schriften); aber immerhin: Hier kommt vielleicht doch einmal eine Wertschätzung zum Ausdruck, die sich in vergleichbaren Quellen kaum findet und in der Sache auch nicht nötig war.[14] Um nur noch einige weitere Beispiele zu nennen:

1335 befanden sich die Pfalzgrafen von Tübingen, weshalb auch immer, in einer recht ungemütlichen Situation. Jedenfalls mussten sie ihren Bürgern alle Einkünfte aus der Stadt überlassen, was anzeigt, dass sie ziemlich klamm gewesen sein müssen und im Effekt ihres Versprechens erst recht sein würden. Bemerkenswert ist, wie sie die Tübinger ansprachen, nämlich nach ihren Gruppenzugehörigkeiten, das aber ungeschieden auf Augenhöhe: dass sie die Bürger Tübingens, es seien Geistliche, Laien, Juden oder Christen (*es sin phaffen, leyen, juden oder cristen*) zu nichts gegen ihren Willen zwingen werden (*nimmer benöten noch betringen süllen wider ir willen*).[15]

1342 stiftete der Esslinger Priester Wortwin ein ewiges jährliches Gedächtnis zu seinem eigenen himmlischen Vorteil. Dass er

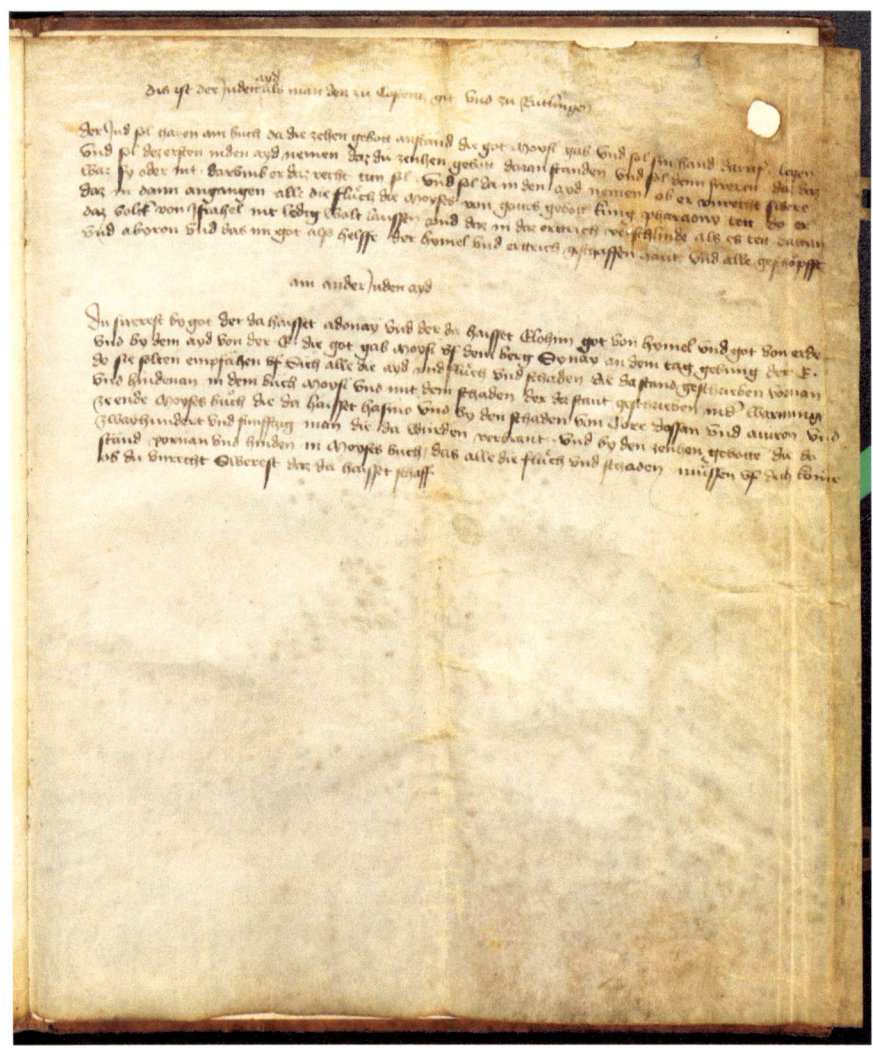

Abb. 3: Die Judeneide von Konstanz und Reutlingen sowie »ain ander Juden ayd«, überliefert im Tübinger Stadtrechtebuch von 1388, Stadtarchiv Tübingen.

im gleichen Zug eine Summe Geldes sowie drei kastrierte Hähne (Kapaunen) auf die Synagoge anwies, hatte wohl nur bedingt mit seinem Seelenheil zu tun; eher ging es um Begleichung von Schulden.[16] Was hier überrascht, ist dann die Selbstverständlichkeit des Nebeneinanders dieser Zwecke, die uns so verschieden erscheinen.

1340 wurde der *scholasticus* Isaak auf fünf Jahre als Bürger in Ravensburg angenommen. Für ihn bürgten, anders als in vergleichbaren Fällen, nicht andere Juden, sondern zwei Christen, Friedrich Holbein und Berthold Imhof. Holbein trat 1347 nochmals mit einem anderen Christen, Johann Wolfegger, als Bürge für jüdische Neubürger auf. Alle drei Christen gehörten der städtischen Elite an und bekleideten zeitweise das Bürgermeisteramt. Der *scholasticus* Isaak dürfte demnach kein einfacher Schullehrer, sondern ein gelehrter Mann gewesen sein, der vielleicht weitere Kapazitäten mitbrachte, derer wegen er für die christlichen Patrone interessant war. Denn ihre Bürgschaft war ja ein recht erheblicher und ggf. riskanter Akt. Diese Christen müssen sich wenigstens ein klares Bild von ihren Schützlingen gemacht und mit ihnen mehr als nur flüchtig bekannt gewesen sein. 1343 bürgte Friedrich Holbein auch für Süßkind von Lindau, diesmal gemeinsam mit dem Juden Tröstlin. Einmal mehr fragt man sich, ob das eine Zufallsbekanntschaft war – eher nicht – und was sie sonst miteinander zu tun und zu sprechen hatten. Tröstlin seinerseits war 1330 ohne Herkunftsbezeichnung *ad ius civile* aufgenommen worden, gebürgt hatten damals die Juden Eberlin und Saklin.[17]

Aneignungen und Selbstvergewisserungen

Bis hier ging es um Aushandlungen über den Brückenbau zwischen Juden und Christen. Die zuletzt für die 1340 genannten Beispiele für Religionsgrenzen überschreitende Netzwerke und die dabei anzunehmenden Gespräche dienen, ich betone es nochmals, nicht der Zeichnung einer Idylle. Zumal: die Ereignisse zum Ende des Jahrzehnts, die Pogrome während der Pestpandemie 1348/49, werden auch in Ravensburg von dieser jüdisch-christlichen Alltagswelt mit ihren Netzwerken kaum etwas übriggelassen haben. Die Beispiele zeigen dann nur, wie rasch hinlänglich stabil erscheinende Beziehungssysteme unter den Bedingungen von Krisen kollabieren können – und hier Abbruchstellen erkennbar werden, wie sie, unter anderen Bedingungen, auch Teil unserer Gegenwart sind.

Ich will im Folgenden deshalb zeigen, wie die Gefahren und auch die Verfolgungserfahrungen nach innen verhandelt wurden, gleichsam als Selbstgespräche, das nicht nur re-aktiv in Krisenzeiten, sondern auch re-flexiv in ruhigeren Zeiten. Beginnen will ich mit einer Episode aus Benjamins von Tudela Bericht von seiner Weltreise der Jahre um 1170 und zeigen, wie die Gegenwart intern mit Blick auf die Zukunft, also eschatologisch, verhandelt wurde. Bei seinem Besuch in Rom zeigte Benjamin sich als interessierter

Beobachter. Er registrierte den hohen Rang der Juden, die am päpstlichen Hof ein- und ausgehen. Zwischen zahlreichen Beschreibungen von antiken Monumenten ist sein Besuch auf dem Lateran eingebettet. Hier wusste er zu berichten, dass die beiden großen kupfernen Säulen des Innern der Johannes-Basilika nicht nur aus dem Tempel König Salomos stammten und man dort die Schrift »Shlomo ben David« eingraviert finden könne. Die Säulen ließen nach dem Zeugnis jüdischer Gewährsleute auch alljährlich zu Tisha be'Av, dem Gedenktag der Tempelzerstörung, Tränen herabströmen. Auch die anderen Monumente auf dem Lateran belegte Benjamin mit jüdischen Namen, Schimschon, David und andere. Er judaisierte solchermaßen den ganzen Hügel, oder, so kann man auch sagen, er beheimatete sich darauf. Hier also, im Zentrum der päpstlichen Macht und wider alle Prachtentfaltung der Christenheit, fand der reisende Jude eindrückliche Bestätigung für die ungebrochene Wahrheit des Judentums.[18]

Eine ähnliche Geschichte berichtete Benjamin von seinem Besuch in Jerusalem und der zufälligen Auffindung der Gräber der Könige Israels, die für die Christen auf wundersame Weise unerreichbar blieben.[19] Die Christen mochten – noch – hier herrschen, die Zeichen sagten ihm aber anderes.

Ähnlich verhält es sich mit der Legende um den Gelehrten Amram von Mainz, der im 10. Jahrhundert gelebt haben soll. Seine Vita und die Berichte von den Wundern, die sich bei der Überführung seines Leichnams ereigneten, suchen die Parallelität zum namensähnlichen Emmeram von Regensburg.[20] Ferner kann man Ephraim von Bonn (gest. nach 1196) nennen, in dessen *Sefer Zechira* der führende französische Gelehrte Rabbenu Tam (gest. 1171) nach einem Angriff durch Kreuzfahrer 1147, den er nur knapp überlebte, gleichsam zu einer jüdischen Christus-Figur modelliert wird.[21] Das bedeutet keineswegs eine Adaption christlichen Gedankenguts, sondern im Gegenteil lediglich die Aneignung von Motiven und Erzählweisen zum Zweck, innerjüdisch stimmige Gegenerzählungen zu gestalten.

Es ließen sich noch eine ganze Reihe solcher Selbstgespräche nennen, denen allen gemeinsam ist, dass sie die christlichen Lesarten von Exegese und Hagiographie unterlaufen und aus ihnen quasi jüdische Hoffnungen beziehen. Man findet solche Verhandlungen auch da, wo man eigentlich größte Innigkeit und Abgeschlossenheit erwarten will: in Texten für die Liturgie. Dabei ging es einmal mehr nicht um Imitationen, sondern um Gegenreden. Das lässt sich im formalen wie in den Inhalten selbst ablesen. Die rheinländischen religiösen Dichtungen (*Piyyutim*) in Nachfolge der Texte des spätantik-byzantinischen Judentums des Ostens (Kallir, Yannai) via Italien bieten sich auch darum an, weil sie als ein Charakteristikum der entstehenden aschkenasischen Kultur gelten dürfen.

Der Aufschwung, den das Genre in den rheinischen Gemeinden von Anfang an nahm, muss wohl noch eigens gedeutet werden. Es ist ja unschwer nachvollziehbar, dass eine Migrationsgesellschaft ihre neuen Lebensumstände religionsgesetzlich bewältigt, und insofern überrascht es nicht, dass halachische Gutachten, aus denen oben kurz zitiert wurde, zu den frühesten Zeugnissen jüdischen Lebens im Norden zählen. Die Intensität der poetischen und alsdann liturgisch adaptierten Textproduktion dagegen muss überraschen.[22]

Als erstes Beispiel wähle ich den mittelalterlichen Gebetsgesang *U-netane toqef*. Er markiert Höhepunkte der Gottesdienste zu Rosh haShana und zu Yom Kippur.

וּנְתַנֶּה תֹּקֶף קְדֻשַּׁת הַיּוֹם כִּי הוּא נוֹרָא וְאָיֹם וּבוֹ תִּנָּשֵׂא מַלְכוּתֶךָ וְיִכּוֹן בְּחֶסֶד כִּסְאֶךָ וְתֵשֵׁב עָלָיו בֶּאֱמֶת

»Lasst uns die Größe der Heiligkeit des Tages [Yom Kippur] schildern, denn er ist furchterregend und ernst, und an ihm wird sich Dein Reich erheben, und auf Gnade wird Dein Thron gegründet sein, und Du wirst auf ihm sitzen in Wahrheit.«

Weiter heißt es darinnen:

בְּרֹאשׁ הַשָּׁנָה יִכָּתֵבוּן, וּבְיוֹם צוֹם כִּפּוּר יֵחָתֵמוּן. כַּמָּה יַעַבְרוּן, וְכַמָּה יִבָּרֵאוּן, מִי יִחְיֶה, וּמִי יָמוּת, מִי בְקִצּוֹ, וּמִי לֹא בְקִצּוֹ, מִי בַאֵשׁ, מִי בַחֶרֶב, וּמִי בַחַיָּה, מִי בָרָעָב, וּמִי בַצָּמָא, מִי בָרַעַשׁ, וּמִי בַמַּגֵּפָה, מִי בַחֲנִיקָה, וּמִי בַסְּקִילָה, מִי יָנוּחַ, וּמִי יָנוּעַ, מִי יִשָּׁקֵט, וּמִי יְטֹרָף, מִי יִשָּׁלֵו, וּמִי יִתְיַסָּר, מִי יַעֲנִי, וּמִי יַעֲשִׁיר, מִי יִשָּׁפֵל, מִי יָרוּם. וּתְשׁוּבָה וּתְפִלָּה וּצְדָקָה מַעֲבִירִין אֶת רֹעַ הַגְּזֵרָה.

»Am Neujahrstag werden sie eingeschrieben, am Versöhnungstag wird besiegelt, wie viele dahinscheiden, wie viele geboren werden, wer leben und wer sterben soll, wer zu seiner und wer vor seiner Zeit, wer durch Feuer und wer durch Wasser, wer durch den Sturm und wer durch Hunger […]«.[23]

Neben dem eindrücklichen Text selbst, der vielfach aufgegriffen und vertont wurde – etwa auch als »Who by fire, who by water« durch Leonard Cohen 1973 – interessiert die Legende, die um den Text herum entstand. Im Kompendium *Sefer Or Sarua* des in Würzburg und

Wien wirkenden Isaak ben Moshe wird von einem sonst nicht belegten Rav Amnon berichtet, der vom Mainzer Erzbischof zur Taufe gedrängt worden sei. Dafür erbittet sich der Jude drei Tage Bedenkzeit, kehrt nach deren Ablauf aber gegen die Absprache nicht zurück. Zur Strafe werden ihm in einem grausamen Akt die Glieder abgehackt. Solchermaßen verstümmelt und leidend lässt sich der Gelehrte am Neujahrstag zur Synagoge tragen, wo er den Gesang vorträgt, ihn also neu in den Gottesdienst einführt. Nach diesem Akt wird er vor den Augen der Betenden entrückt und erscheint nach Ablauf dreier Tage seinem Schüler Kalonymos ben Meshullam im Traum, um den gesamten Text des *U-netane toqef* zu diktieren.

In diesem Stück jüdischer Hagiographie sind die Entrückung und die Zahl der drei Tage bis zum Wiedererscheinen sicher nicht zufällig genannt; sie übernehmen von der christlichen Seite die drei Tage der Passion und des Todes. Das Vorgehen erinnert an Benjamin von Tudela und sein Unterlaufen christlicher Deutungen, in der Amnon-Legende freilich mit dem Christusbezug sehr pointiert formuliert. Hier interessiert der Ausgangspunkt der Erzählung, nämlich das Gespräch des Bischofs mit dem Juden, das wie eine gängige Alltagssituation zwischen Amnon und dem Bischof dargestellt wird. Im Anschluss wechselt die Erzählung zur Eskalation einer bis dahin pragmatisch einvernehmlichen Beziehung, die eine gewisse Intensität und Vertrautheit im Umgang miteinander gehabt haben muss; ja die Glaubensverschiedenheit scheint bis dahin eine so geringe Rolle gespielt zu haben, dass der Bischof allen Ernstes annahm, der Übertritt müsse Amnon ein Leichtes sein. Nur so lässt sich die Drastik seiner Reaktion erklären, die erfolgt, sobald sich der Gegenüber dem Werben um Glaubensübertritt verweigerte. Als der Jude sich dem Werben des Potentaten widersetzt, ist sein Schicksal besiegelt.[24]

Als weiterer Text soll ein anderer, weniger prominenter, aber für den Zusammenhang besonders aussagekräftiger vorgestellt werden, »Die von Dir Geliebten lieben Dich aufrichtig […]«, ein *Jozer Schabbat* in der Pessachwoche (אהוביך אהובכה *ehowecha ahewucha*). Darin findet sich im sechsten System mit »Mein Erlöser lebt, des bin ich eingedenk« (גאלי חי אני מזכרת) ein Hiob-Zitat (19:25), das auf der christlichen Seite eine zentrale Stellung in den Osterfeierlichkeiten einnimmt.

Pessach und Ostern – es konnte (und kann) unter bestimmten Kalenderkonstellationen durchaus sein, dass diese Verse in der Synagoge während des Gottesdienstes zum Schabbat der Pessachwoche rezitiert wurden, bezogen auf den christlichen Kalender also am Karsamstag, wenige Stunden vor der Osternachtsliturgie.[25] Mit solch dichter Feiertagskoinzidenz konnte diesen *Jozer* als antizipierte Antwort auf das christliche Verständnis des Hiob-Verses und seine christologische Interpretation gelesen werden.[26]

Es wäre sicher zu kurz gegriffen, die auffallend dichte liturgisch-literarische Produktion gerade des frühaschkenasischen Judentums einzig von ihrer apologetischen Funktion her, als selbstvergewissernden Dialog mit der christlichen Seite, zu lesen. Allerdings fällt auf, dass gerade bei Psalmverdichtungen mit gezielten Fortschreibungen einzelner Verse bestimmte Lesarten festgelegt wurden, die in Opposition zum christologischen Gebrauch des Psalms im Stundengebet der Klöster standen und die solchermaßen als Korrekturen einer für falsch befundenen Lesung markiert wurden.

Klangräume als Alltagsspiegel

Als letzter Bereich soll ein Feld betreten werden, das im Mainstream der Jüdischen Studien wenig vertreten ist: die judaistisch-historische Musikwissenschaft. Auch und eigentlich besonders im Bereich der Musik wurde von distinkten, religiös genormten Standorten her ein gemeinsamer Raum begangen und bespielt, in der die Religionsverschiedenheit der Akteure unbestritten blieb, aber nicht bestimmend sein oder gar exkludierend wirken durfte. Anders wäre ein Konzertieren im konkreten wie übertragenen Sinne nicht zu Stande gekommen. Dieser Raum war naturgemäß auch ein Raum des Gesprächs, einmal mehr nicht notwendig des unmittelbaren Gesprächs über Religionsangelegenheiten, eher einer in der Alltagspraxis jenseits davon. Dieser Bereich ist auch deshalb ertragreich, weil man landläufig annimmt, dass im Zeichen der Verfolgungen und Vertreibungen während des späten Mittelalters die Kommunikationsintensität geringer und die Grenzen schärfer geworden seien. Zum späten Mittelalter aber bietet die Musikgeschichte, die für die davorliegende Zeit über wenig Quellen verfügt, reicheres Quellenmaterial, und lässt man sich darauf ein, dann ist der Befund keineswegs so desaströs, wie man angesichts der prekären Lebensbedingungen der Juden im 14. und 15. Jahrhundert, vor allem vor dem Hintergrund der Vertreibungen aus Städten und Territorien annehmen wollte.

Eine Analyse des so genannten Oxforder *Wallich-Manuskripts* der Zeit um 1600 und seines Umfelds konnte besonders die semiliturgische Liedsphäre als Ort dichten Austauschs (Interferenzen) über Religionsgrenzen ausmachen. Das heißt, »christliche Weisen« wurden für jüdische Texte adaptiert. Ohne die Schwelle der Reformation für das Liedschaffen zu übersehen, darf angenommen werden, dass einiges von dieser Konstellation auch für die Zeit des Hohen und Späten Mittelalters zutrifft.[27]

Solche Konstellationen werden leichter fassbar, wenn man, um nur ein prominentes Beispiel zu nennen, davon ablässt, mit geradezu völkisch gespeistem Eifer zu bestreiten, dass Süsskind von Trimberg ein Jude war, der sich in der Welt der christlichen Sänger und Höfe bewegte. Mahieu le Juif bietet für Frankreich nur eines unter mehreren Vergleichsbeispielen. Trotzdem sollen, wenn man manchen Darstellungen folgt, diese Juden in christlichen Sälen allesamt Kunstfiguren oder wenigstens Ausnahmen gewesen sein. Da wirkt in der Forschung wohl noch immer etwas von Richard Wagners Behauptung der Unfähigkeit der Juden zum Kunstschaffen nach. Die Realität jedenfalls dürfte komplexer gewesen sein. Immerhin formulierte schon die Wiener Provinzialsynode von 1267, die so eifrig wie in der Praxis erfolglos darauf bedacht war, die Segregationsbestimmungen des Vierten Laterankonzils (1215) auf die Diözesanebene herunterzubrechen (nebst Provisionen zu den üblichen »Scandala«) auch solche gegen das gemeinsame Musizieren und Tanzen von Christen und Juden.[28]

Besonders das Beispiel des Lautenisten und Tanzmeisters Giulelmo Ebreo da Pesaro (~1420–1484) ist ungeachtet seiner späteren Konversion als Beispiel eines Lebens und Wirkens im Überschreiten von Grenzen einschlägig, zumal schon sein Vater, Moses da Pesaro, in ähnlicher Position gewirkt hatte. Giulelmo, Schüler Domenicos da Piacenza, wirkte im selben kulturellen und sozialen, hier höfischen Raum (Sforza, Mailand) wie sein christlicher Lehrer Domenico da Piazenca.[29] Ganz gleich, wie oft die beiden ihre Religionsverschiedenheit direkt angesprochen haben, darf angenommen werden, dass sie diese Differenz für ihr Zusammenwirken immer wieder neu aushandeln mussten. Und Guilemo und sein Vater sind beileibe nicht die einzigen, die, (wollte man diesen artistisch-persönlichen Beziehungsgefügen weiter nachspüren), hier genannt werden müssten,[30] bevor man zum Hof von Mantua und dem großen Salomone Rossi (~1570–1630?) gelangt.[31]

Dass auffallend viele jüdische Musiker auch anderes oder gar keine als jüdisch zu charakterisierende Musik komponierten und praktizierten, war gewiss der Position und den Ambitionen fürstlicher Hofhaltungen wie jener der Gonzagas oder der Sforzas geschuldet, setzte aber auf jüdischer Seite entsprechende ältere Traditionen des Umgangs mit Instrumenten und der Kunst ihrer Bespielung voraus, die es ermöglichten, als Nichtchristen in den Kapellen christlicher Potentaten zu wirken,[32] zumindest solange es diesen gefiel. In diesem Feld ist aber vieles wie die Anstellung jüdischer Musiker bei Christen – nicht nur an Höfen – und umgekehrt für Tänze, Hochzeiten und dergleichen mehr oder die fluide Welt der Melodien überhaupt erst noch zu erschließen. Aber schon jetzt lassen die einsehbaren Situationen alltagspragmatischen Zusammenwirkens erkennen, dass es eben, anders als Israel Yuval annimmt, zwischen Juden und Christen keine immerwährend-unüberwindliche »invisible wall of hostility« gegeben hat.[33]

Zum Schluss: Nachbarn

Um noch einmal auf Raschi zurückzukommen: im Unterschied zu seinen Vorgängern wirkt er manches Mal wie ein Buchhalter der Halacha. Und so ließ er in seiner Stellungnahme zu den prekären Pessachgeschenken seines christlichen Nachbarn nicht erkennen, wie die gute Absicht des Christen auf ihn wirkte und was die brüske Zurückweisung bei seinem Nachbarn bewegt haben mag. Im Grunde wäre zu hoffen gewesen, dass Raschi wenigstens einen Fingerzeig gegeben hätte, wie er seinem Gegenüber die eigene, (womöglich verstörende) Reserve vermittelt hat. Immerhin versicherte der Gelehrte an anderer Stelle, dass Nichtjuden, zumal sie keinen Profit aus einem Betrug (hier bei der Herstellung von Käse) beziehen konnten, kaum etwas zum Schaden der Juden unternehmen würden[34] – und unterstellte dem Handeln der anderen Seite eine grundsätzliche, sozial begehbare Rationalität.

Religionsgespräche mussten – und das zeigt nach den Dichtern und Musikern eben auch Raschi eindrücklich – nicht eigens bestellt sein oder fingiert werden. Sie waren, selbst wo nicht explizit geführt, unausweichlich und damit alltäglich. Das Gespür dafür muss, gerade weil das Religiöse heute als Privatsache gilt, erst wieder geschärft werden. Das dürfte aber Mehrwert über eine rein historische Perspektive hinaus bergen, denn vielleicht können die Erfahrungen, zumal die Verwerfungen, die dieses Gespräch in der

Vergangenheit auch bereitet hat, einer zunehmend pluralen Gesellschaft, in der religiöse Momente plötzlich wieder neu verhandelt werden müssen, Orientierung bieten, und wenn es nur um »bad practice«-Belege geht, wie heutige Herausforderungen keinesfalls zu bewerkstelligen sind. Der begehbare Raum war damals wie heute zunächst neutral gestaltet. Es fällt immer leicht, darinnen Barrieren zu errichten. Diese sind stets ideologischer Natur, einst mit religiöser Fundierung, heute als kulturbezogene Alteritätskonstruktionen ganz unterschiedlicher Art. Passagen in diesem Raum zu gestalten, mag anstrengender sein. Dass es möglich war, sollten die hier gebotenen Beispiele zu belegen reichen.

ENDNOTEN

1. Vgl. Toch: Juden im mittelalterlichen Reich, S. 6, 11; ferner Cluse: Jewish Community, S. 165–191.
2. Vgl. Tschuwot Geonim qedumim, § 123, S. 37a, übers. in von Mutius: Rechtsentscheide rheinischer Rabbinen, Bd. 1, S. 34f.; Übersicht: Toch: Juden im mittelalterlichen Reich, S. 95–98, 138–142.
3. Vgl. von Mutius: Rechtsentscheide mittelalterlicher englischer Rabbinen, S. 27f.
4. Vgl. etwa von Mutius: Rechtsentscheide rheinischer Rabbinen, Bd. 2, S. 139–144 (Jakob ben Moses Gaon, Narbonne, Ende 10. Jh.).
5. Von Mutius: Rechtsentscheide rheinischer Rabbinen, Bd. 1, S. 56–61, mit S. 61, Anm. 1; ebd. S. 82 mit Anm. 7; ebd., Bd. 2, S. 102.
6. Vgl. in der Erklärung orthodoxer Rabbiner vom Dez. 2015 unter https://www.cjcuc.org/2015/12/03/orthodoxe-rabbinische-erklarung-zum-christentum/ [zuletzt aufgerufen am 10.01.2021].
7. Tshuwot Rashi, § 114, S. 142, übersetzt bei von Mutius: Rechtsentscheide Raschis, S. 145.
8. Haverkamp/Müller: Corpus der Quellen zur Geschichte der Juden, URL: https://www.medieval-ashkenaz.org/KN01/KN-c1-003p.html [zuletzt aufgerufen am 01.04.2023], künftig nur URL zitiert.
9. Zimmermann: Die Entwicklung des Judeneids.
10. Magin: »Wie es umb der iuden recht stet«, S. 291f.
11. Cohen: Living Letters of the Law, S. 23–71.
12. Auch diese Bemerkung bedarf noch genauerer Untersuchung: Lotter: Talmudisches Recht in den Judenprivilegien Heinrichs IV.?, S. 36–38.
13. Formulae Merowingici et Karolini aevi: Nr. 30–31, S. 309f., Nr. 52, S. 325; vgl. Sagasser: Juden und Judentum, S. 150–170.
14. https://www.medieval-ashkenaz.org/WB01/WB-c1-001c.html [zuletzt aufgerufen am 01.04.2023].
15. https://www.medieval-ashkenaz.org/KN01/CP1-c1-006s.html [zuletzt aufgerufen am 01.04.2023].

16 https://www.medieval-ashkenaz.org/KN01/CP1-c1-00bx.html; https://www.medieval-ashkenaz.org/KN01/CP1-c1-00bj.html; https://www.medieval-ashkenaz.org/KN01/KN-c1-005x.html [zuletzt aufgerufen am 01.04.2023].
17 https://www.medieval-ashkenaz.org/KN01/CP1-c1-00df.html [zuletzt aufgerufen am 01.04.2023].
18 Übersetzung nach SCHREINER: Jüdische Reisen, S. 15f.
19 SCHREINER: Jüdische Reisen, S. 45–47.
20 RASPE: Jüdische Hagiographie, S. 176–180.
21 Vgl. VON MUTIUS: Ephraim b. Jakob von Bonn.
22 Übersichten: ELBOGEN: Der jüdische Gottesdienst; WEINBERGER: Jewish Hymnography, S. 4–14, passim.
23 Hebräischer Text mit Übersetzung in HIRSCHHORN: Thora, S. 56–61; vgl. RASPE: Ein *legendärer Sänger*, S. 1–5.
24 Vgl. ebd.
25 HIRSCHHORN: Thora, S. 201f.; REIF/HOLLENDER: Liturgy and Piyut, S. 648–677.
26 Zu weiteren Beispielen poetisch gefasster Apologie WEINBERGER: Jewish Hymnography, S. 167–169.
27 Vgl. MATUT: Dichtung und Musik, Bd. 2: Kommentar, S. 42.
28 BRUGGER/WIEDL: Regesten zur Geschichte der Juden, Nr. 45.
29 Guglielmo Ebreo of Pesaro: De pratica seu arte tripudii.
30 Etwa der Lautinist Salomone Ebreo am Hof von Brescia; vgl. POLK: Chamber musicians, singers and performance practices, S. 185–196.
31 BIRNBAUM: Jüdische Musiker, S. 192, passim.
32 Vgl. SALMEN: Jüdische Musikanten und Tänzer.
33 YUVAL: Two Nations in Your Womb, S. 33: »Even if the houses of Jews and Christians were very similar, they were seperated by an invisible wall of hostility.«
34 Vgl. VON MUTIUS: Rechtsentscheide Raschis, Bd. 2, S. 2–4.

LITERATURVERZEICHNIS

BIRNBAUM, Eduard: Jüdische Musiker am Hofe von Mantua von 1542–1628, Wien 1975.

BRUGGER, Eveline/WIEDL, Birgit (Bearb.): Regesten zur Geschichte der Juden in Österreich im Mittelalter, Bd. 1: Von den Anfängen bis 1338, Innsbruck 2005.

CLUSE, Christoph: Jewish community and civic commune in the high Middle Ages, in: Andreas GESTRICH/Lutz RAPHAEL/Herbert UERLINGS (Hgg.): Strangers and Poor People. Changing Patterns of Inclusion and Exclusion in Europe and the Mediterranean World from Classical Antiquity to the Present Day, Frankfurt am Main, 2009, S. 165–191.

COHEN, Jeremy: Living Letters of the Law. Ideas of the Jew in Medieval Christianity, Berkeley 1999.

ELBOGEN, Ismar: Der jüdische Gottesdienst in seiner geschichtlichen Entwicklung, Frankfurt am Main 1931.

Formulae Merowingici et Karolini aevi (MGH Formulae), hg. von Karl ZEUMER, Hannover 1886.

Guglielmo Ebreo of Pesaro: De pratica seu arte tripudii / On the practice or art of dancing, hg. von Barbara Sparti, Oxford 1993.

Haverkamp, Alfred/ Müller, Jörg R.: Corpus der Quellen zur Geschichte der Juden im spätmittelalterlichen Reich, Trier/Mainz 2020, URL: https://www.medieval-ashkenaz.org/KN01/KN-c1-003p.html [zuletzt aufgerufen am 01.04.2023].

Hirschhorn, Simon: »Tora, wer wird dich nun erheben?« Pijutim mimagenza. Religiöse Dichtungen der Juden aus dem mittelalterlichen Mainz, Darmstadt 1995.

Lotter, Friedrich: Talmudisches Recht in den Judenprivilegien Heinrichs IV.? Zu Ausbildung und Entwicklung des Marktschutzrechts im frühen und hohen Mittelalter, in: Archiv für Kulturgeschichte 72 (1990) S. 23–61.

Magin, Christine: »Wie es umb der iuden recht stet«: Der Status der Juden in spätmittelalterlichen deutschen Rechtsbüchern, Göttingen 1999.

Matut, Diana: Dichtung und Musik im frühneuzeitlichen Ashkenas, Leiden 2011.

Polk, Keith: Chamber musicians, singers and performance practices in the early 15th century, in: Brian E. Power (Hg.): The Sounds and Sights of Performance in Early Music. Essays in Honour of Timothy J. Mcgee, Farnham 2009, S. 185–196.

Raspe, Lucia: Ein legendärer Sänger: Amnon von Mainz, in: Kalonymos 6,4 (2003), S. 1–5.

Raspe, Lucia: Jüdische Hagiographie im mittelalterlichen Aschkenas, Tübingen 2006.

Reif, Stefan C./Hollender, Elisabeth: Liturgy and Piyut, in: Robert Chazan (Hg.): The Cambridge History of Judaism, Bd. 6: The Middle Ages: The Christian World, Cambridge 2018, S. 648–677.

Sagasser, Amélie: Juden und Judentum im Spiegel karolingischer Rechtstexte (Diss. phil. Heidelberg/Paris 2017), Frankfurt am Main 2021.

Salmen, Walter: »…denn die Fiedel macht das Fest«: Jüdische Musikanten und Tänzer vom 13. bis 20. Jahrhundert, Innsbruck 1991.

Schreiner, Stefan: Jüdische Reisen im Mittelalter. Benjamin von Tudela, Petachja von Regensburg. Aus dem Hebräischen übersetzt mit Anmerkungen und einem Nachwort, Leipzig 1991.

Toch, Michael: Die Juden im mittelalterlichen Reich (Enzyklopädie deutscher Geschichte, Bd. 44), München ^{3}2013.

von Mutius, Hans-Georg: Ephraim b. Jakob von Bonn. Hymnen und Gebete. Ins Deutsche übersetzt und kommentiert, Hildesheim 1989.

von Mutius, Hans-Georg: Rechtsentscheide mittelalterlicher englischer Rabbinen, Frankfurt am Main 1995.

von Mutius, Hans-Georg: Rechtsentscheide Raschis aus Troyes (1040–1105), 2 Bde., Frankfurt am Main 1986–1987.

von Mutius, Hans-Georg: Rechtsentscheide rheinischer Rabbinen vor dem ersten Kreuzzug (Judentum und Umwelt, Bd. 13), 2 Bde., Frankfurt am Main 1984–1985.

Weinberger, Leon J.: Jewish Hymnography. A Literary History, London 1998.

Yuval, Israel: Two Nations in Your Womb. Perceptions of Jews and Christians in Late Antiquity and the Middle Ages, Berkeley 2006, deutsche Ausgabe: Zwei Völker in deinem Leib: Gegenseitige Wahrnehmung von Juden und Christen in Spätantike und Mittelalter, Göttingen 2007.

Zimmermann, Volker: Die Entwicklung des Judeneids. Untersuchungen und Texte zur rechtlichen und sozialen Stellung der Juden im Mittelalter, Bern 1973.

»Inter Judeos« – Neue Einblicke in die Topographie jüdischer Einrichtungen und Siedlungsbereiche im mittelalterlichen Schwaben

Simon Paulus

Einführendes

Im Gegensatz zu den reichhaltigen Schriftzeugnissen, die über Konfrontationen und Konflikte im christlich-jüdischen Zusammenleben des Mittelalters Auskunft geben, müssen die Beispiele eines friedvollen Miteinanders und des alltäglichen Umgangs zwischen Juden und christlicher Mehrheitsumgebung eher mühsam aus dem Quellenmaterial heraussondiert und interpretiert werden. Einblicke in diesen Kontext mittelalterlicher Lebenswelt(en) und ihrer Fragilität gewähren solche Quellen mitunter nur, wenn man sie zwischen den Zeilen liest.[1]

Inwieweit die Untersuchung der räumlichen Umgebung, der gebauten Sachzeugnisse über dieses Miteinander und den fragilen Lebensalltag jüdischer Gemeinschaften in den Städten des Mittelalters weitere Einblicke liefern können, soll hier an Beispielen aus einigen schwäbischen Städten des Mittelalters vorgestellt werden, wobei im Zentrum und als Ausgangspunkt der Ausführungen der Befund eines Gebäudes in Schwäbisch Gmünd stehen soll.

Doch seien vorweg einige Vorbemerkungen erlaubt: Freilich zeigen generell die archäologisch erfassbaren oder erhaltenen Bauten und Wohnkomplexe jüdischer Ansiedlungen, allen voran die bekannten Synagogen in Erfurt, Speyer, Regensburg oder Köln, vor allem Spuren des Konfliktes: Sie reichen von Spuren von Brandzerstörungen, mutwilligen Beschädigungen, bewussten Überformungen bis hin zur vollkommenen Abtragung der Gebäude. Man kann dies zweifellos als bewusst vollzogene Auslöschung der jüdischen Memoria durch Planierung oder Profanierung interpretieren, beispielsweise durch den Umbau in ein Lagergebäude oder aber als demonstrative Konversion/Überführung in einen christlichen Memorialort durch die Umwandlung in eine Kapelle – selbst wenn es sich dabei um eine

›Sühnekapelle‹ handelt. Auch die Niederlegung ganzer Judenviertel wie in Nürnberg oder Regensburg folgte dieser Absicht.

Aber die bauliche Erscheinung und Architektur der Bauten vor diesen Ereignissen, ihre Lage im gewachsenen und gleichwohl geplanten Organismus der Stadt, die Lage der Wohnbauten und Einrichtungen der jüdischen Gemeinde zueinander und zu den baulichen Koordinaten der Stadt, den Marktplätzen, Stadtzugängen, Klöstern, Pfarrkirchen oder dem Rathaus, selbst infrastrukturelle Merkmale wie die Wasserversorgung bieten besonders aussagekräftige Einblicke in die friedlicheren Phasen jüdisch-christlicher Kohabitation und Kollaboration.

Die Forschung zur Topographie dieser jüdischen Siedlungsareale bemüht sich seit Jahrzehnten, den Begriff und das damit verbundene Bild des abgeschotteten »Ghettos« aus dem Sprachgebrauch für diese Epoche zu entfernen. Das Judenviertel, der Judenhof oder die Judengasse sind weitaus differenziertere räumliche Gebilde, als sie der relativ unkritisch übernommene frühneuzeitliche Terminus definiert. Im jüdischen Viertel treffen und überschneiden sich religiöse und weltliche Rechts-, Lebens- und Denkräume. Sie werden gespeist aus Bedürfnissen einer inneren Segregation gleichermaßen wie aus komplexen wirtschaftlichen, infrastrukturellen oder stadttopografischen und strategisch-planerischen Vorgaben, Bedingungen und Voraussetzungen der bestimmenden Instanzen.

Die einseitige Vorstellung des Ghettos als fest umrissener, stark abgegrenzter Bezirk durchzieht die frühen Forschungen zur Topographie jüdischer Siedlungsareale, allen voran Alexander Pinthus' grundlegende Arbeit aus dem Jahr 1929/30.[2] Auch Helmut Veitshans konnte sich mit seiner 1970 erschienenen, bis heute einmaligen vergleichenden Betrachtung topographischer Gegebenheiten in den schwäbischen Reichs- und Landstädten dieser Vorstellung nicht völlig entziehen.[3] Dagegen haben Cord Mecksepers, Michael Tochs, Alfred Haverkamps oder Markus Wenningers Aufsätze zu den jüdischen Vierteln aus den 1990er Jahren – jeweils aus den Blickwinkeln ihrer unterschiedlichen Forschungsdisziplinen – den Blick für eine weitaus differenziertere Betrachtung frei gemacht.[4] Cord Meckseper gebührt der Verdienst, besonders auf eine übergeordnete, integrative Betrachtung jüdischer Siedlungsareale im Kontext der ganzen Stadt und ihrer phasenweisen baulichen Entwicklung hingewiesen zu haben.

Abb. 1: Schwäbisch Gmünd, grafische Analyse Cord Mecksepers zur Lage des Judenviertels im Stadtkern mit den Klosteranlagen (1990) auf der Grundlage des Plans von Helmut Veitshans (1970).

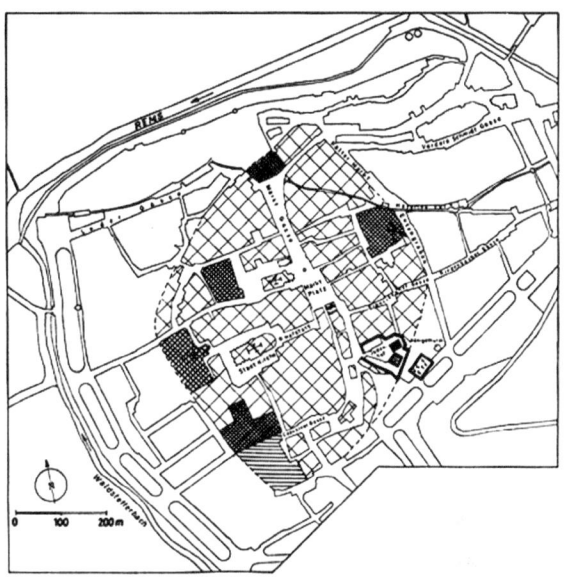

Nur ist seitdem bis auf Einzelstudien wenig weitere Forschung betrieben worden – und wenn, dann betraf sie Orte außerhalb Schwabens. Prägend für die Sicht auf die schwäbischen Städte sind nach wie vor die kartographischen Imaginationen der Veitshans'schen Studie, an denen man mehr oder weniger pauschal das Herausrücken der jüdischen Siedlungsbereiche aus dem Zentrum in die Peripherie für die Zeit vor und nach den Pogromen und Vertreibungswellen um 1350 herauszulesen meinte. Doch es wird sich im Weiteren zeigen: Die vermeintliche Randlage ist nicht immer eine echte Randlage. Und auch die dazu fast widersprüchlich anmutende Beobachtung Michael Tochs, dass im Zuge von Stadterweiterungen die Judenviertel nach 1350 aus der Peripherie ins Zentrum der Stadt rückten, lässt sich nicht ohne weiteres bestätigen.

Dass wir es bei der jüdischen Stadtbevölkerung jedenfalls am wenigsten mit einer »Randgruppe« zu tun haben, für die der Begriff allenfalls für das Hausgesinde eben auch jüdischer Haushalte gelten mag, soll nun also zunächst am Beispiel eines Befundes in Schwäbisch Gmünd demonstriert werden.

Der »Judenhof« in Schwäbisch Gmünd[5]

Als 2014 bei Sanierungsarbeiten hinter der neuzeitlichen Fassade eines am Rande der Altstadt gelegenen Bürgerhauses in Schwäbisch Gmünd das Mauerwerk eines wesentlich älteren Steinhauses zum Vorschein kam, hielt sich die Überraschung zunächst noch in Grenzen. In vielen Gmünder Bürgerhäusern sind solche Mauerwerksreste vielfach heute noch sichtbar oder unsichtbar erhalten. Bereits 1990 hatte eine dendrochronologische Bestimmung einiger Dachbalken des Hauses Imhofstraße 9 ergeben, dass zumindest das Dachwerk noch in großen Teilen aus dem späten 13. Jahrhundert stammt und damit das älteste nachweislich erhaltene Dachwerk eines Profanbaus in der Stadt darstellt. Als sich nun aber im Mauerwerk der Nordseite des Hauses die Überreste des Gewändes eines großen Spitzbogenfensters abzeichneten und zudem auch im Inneren über dem Erdgeschoss eine durchgehende Bohlendecke des 14. Jahrhunderts zu Tage trat, wurde klar, dass es sich hier um ein besonderes Bauzeugnis handeln musste, das in seiner gesamten Höhe vom Kellergeschoss bis zum Dach noch den mittelalterlichen Bau in sich barg. Die Dimensionen und das ursprüngliche Erscheinungsbild des Gebäudes mit seiner einstigen, noch gut ablesbaren repräsentativen Fassadengestaltung waren im Vergleich mit den bis dato bekannten oder erhaltenen Profanbauten dieser Epoche in Schwäbisch Gmünd eher ungewöhnlich. Hinzu kam die besondere lokale Überlieferung des Hauses als früheres *Judenhaus* oder als *Judenkirch*, also als Synagoge einer mittelalterlichen jüdischen Gemeinschaft in der Stadt.

Inzwischen sind die ersten Ergebnisse der von Stefan King, Burkhardt Lohrum, Götz Echtenacher und Cornelia Stegmaier durchgeführten bauarchäologischen und restauratorischen Untersuchungen publiziert.[6] Die daraus entstehenden Erkenntnisse und auch die aufgeworfenen Fragen geben Impulse zu neuen Forschungsinitiativen und werden die Forschung noch in Zukunft beschäftigen.[7] So kann die Lage und der Bautypus mit seiner wechselvollen Geschichte Auskunft zum Selbstverständnis und der Bedeutung der Juden in Schwäbisch Gmünd und darüber hinaus geben.

Im Fall des Hauses Imhofstraße 9 liefern verschiedene Ortschroniken des 17. und 18. Jahrhunderts die entscheidenden Hinweise zur besonderen Gebäudegeschichte und seiner Tradierung als ehemalige mittelalterliche Synagoge. Die Einträge über *das Judenhaus oder die Synagog* lassen sich ohne Schwierigkeiten auf das Gebäude in der Imhofstraße beziehen, das noch bis 1937 unter der Adresse Judenhof geführt und auch im Häuserbuch von 1783 als »Judenhaus« betitelt wurde. Im fünften Band der ab 1780 entstandenen Chronik des Dominikus Debler (1756–1836) ist ihm ein umfangreicher Eintrag gewidmet und noch dazu eine Skizze der nördlichen Hausfront im Zustand vor einem erwähnten Umbau 1788 erhalten geblieben. Diese Skizze liefert einige sehr wertvolle Hinweise, die sich im Abgleich mit den Befunden der Bauforschung im Gebäude selbst zu einem sehr erhellenden Bild seiner ursprünglichen Erscheinung verdichten.

Städtebaulich fällt die abseitige, exponierte Lage am Rande der staufischen Altstadt, direkt an der Stadtmauer auf. Dennoch war das Gebäude wegen der erhöhten Lage des Terrains und vor allem wegen der enormen Bauhöhe von knapp 20 Metern mit dem exponierten Stufengiebel weithin sichtbar, wie es selbst die Stadtansicht von Matthäus Merian d. Ä. noch im 17. Jahrhundert deutlich demonstriert. Das erhaltene Dachwerk, dendrochronologisch auf 1288 datiert, bezeugt, dass der Bau ein Satteldach mit gemauerten Giebelwänden an den Stirnseiten besaß, die sehr wahrscheinlich bereits über eine repräsentative Giebelform verfügten. Ursprünglich stand der vermutlich damals über dem aus großen Sandsteinquadern bestehenden (vielleicht älteren) Untergeschoss auf leicht gestrecktem, rechteckigem Grundriss (ca. 10 x ca. 12 Meter) in Bruchsteinmauerwerk errichtete Bau fast frei. Im Norden und Osten umgaben ihn Gärten bzw. die Freiflächen entlang der älteren staufischen Stadtmauer. Zwischen ihnen gab es vermutlich bereits einen Verbindungsweg zur heutigen Rinderbacher Gasse, so dass das Gebäude und der Hof auch von hier aus zugänglich waren. Im Süden markierte der Bau die nordöstliche Eckposition des hier trapezförmig zusammenlaufenden inneren »Judenhofs«. Denkbar ist, dass das Grundstück Imhofstraße 9 mit den heutigen Grundstücken Imhofstraße 11 und 13 ursprünglich eine Großparzelle auf der Nordseite des Hofs bildete. Sehr wahrscheinlich schloss sich nach Westen an das hohe Steinhaus ein hölzerner Anbau an, der einen Vorgängerbau des heutigen Gebäudes Imhofstraße 11 darstellte und über den auch die Erschließung des Obergeschosses erfolgte. Auch auf der Südseite zum inneren Hof hin könnte ein hölzerner Vorbau gestanden haben. Zur Stadt hin mit dem nur unweit entfernten Marktplatz und der Rinderbacher Gasse, die die wichtigste östliche Zugangsstraße zum Markt bildete, öffneten sich ursprünglich im erhöhten Erdgeschossbereich zwei große spitzbogige Fensteröffnungen mit zweibahniger Maßwerkteilung. Ein dazwischenliegender, kleiner gemauerter Vorbau markierte als Kellerhals einen Zugang zu einem darunterliegenden, ursprünglich mit einer Holzbalkendecke versehenen Kellergeschoss. Ein auf der Westseite liegendes Eingangsportal ermöglichte von außen her den Zugang zum Erdgeschoss. Etwas versetzt darüber befand sich ein ähnliches Portal als Zugang zum Obergeschoss. In beiden Geschossen befand sich jeweils ein großer durchgehender Saalraum, im Erdgeschoss möglicherweise mit einem innenliegenden Zwischengeschoss auf der Südseite mit einer oder mehreren Öffnungen zum Judenhof. Beide Räume scheinen repräsentativ ausgestattet und mit farbigen, teils floralen Wandmalereien ausgeschmückt gewesen zu sein, deren Reste sich noch an vielen Stellen nachweisen lassen.

Im 14. Jahrhundert änderte sich die Binnenstruktur des Bauwerks: Ab 1370/71 wurde die Zwischendecke herausgenommen und anstatt der zwei Geschosse durch den Einzug neuer Deckenkonstruktionen drei Geschosse eingezogen. Von diesen zeichnete sich das Erdgeschoss nach wie vor durch die übernommenen repräsentativen Fensteröffnungen und durch eine aufwendig gefertigte Holzbohlendecke aus – die merkwürdigerweise leicht abfallend eingebaut wurde. Zu Beginn des 15. Jahrhunderts wurde der ursprünglich durchgehende Saalraum im ersten Obergeschoss in mehrere Raumeinheiten unterteilt und eine kleinere, vermutlich beheizbare Bohlenstube eingebaut, deren Deckenbalken durch aufwendig geschnitzte Wappenfelder einen ebenfalls repräsentativen Nutzungsstatus des Raumes erkennen lassen. Im 16. und 17. Jahrhundert erfolgten weitere Umbauten: Der Bau erhielt im Verlauf des 16. Jahrhunderts an der Nordfassade eine repräsentative Fassadengestaltung (Rustizierung und Pilastergliederung im Erdgeschoss); der Keller wurde eingewölbt, das Eingangsportal verschlossen, eines der spitzbogigen Fenster zum Eingang umfunktioniert. Die massive Giebelwand im Süden ersetzte man 1702 teilweise durch eine Fachwerkkonstruktion, deren Anordnung der Öffnungen nun eine Nutzung als Lagergebäude erkennen lässt. Erst Ende des 18. Jahrhunderts wird der Bau wieder als Wohnhaus eingerichtet und ein innenliegendes Treppenhaus eingebaut. Weitere Umbaumaßnahmen erfolgten im 19. Jahrhundert und führten letztendlich zum heutigen Erscheinungsbild.

Bisher konnte nicht eindeutig geklärt werden, in welchen Zeiträumen das Gebäude sicher von den Gmünder Juden genutzt wurde. Eindeutige Befunde für eine jüdische Nutzung wie eine Inschrift oder sonst ein ikonographischer Hinweis fehlen. Das ist jedoch durchaus symptomatisch für bauliche oder bauarchäologische Befunde zu jüdischen Zeugnissen des Mittelalters. Aber neben der örtlichen frühneuzeitlichen Überlieferung zum Gebäude sind auch die erhaltenen mittelalterlichen archivalischen Belege stichhaltig: Sie ergeben eine Überlieferungskette für den Ort und das Gebäude, die in den ersten Jahrzehnten des 13. Jahrhunderts einsetzt und über die Deblersche Chronik bis in die Gegenwart führt.

Auffällig ist, dass sich die ablesbaren Umbauphasen im 14. Jahrhundert und Anfang des 16. Jahrhunderts mit den einschneidenden Ereignissen in der Geschichte der Juden in Schwäbisch Gmünd decken. Die Errichtung oder Aufstockung 1288 und die erste Nutzungsphase fallen in eine Zeit, in der sich in der Stadt die erstmals 1241 greifbare jüdische Gemeinschaft etabliert hatte, bevor sie schließlich 1348/49 den Pestpogromen zum Opfer fiel. Inwieweit der Umbau in den 1370er Jahren mit einer Wiedernutzung oder Nachnutzung durch spätestens seit 1364 wieder in der Stadt ansässige Juden in Zusammenhang steht, lässt sich nur schwer klären. Sicher ist jedoch, dass in den letzten Jahrzehnten des 14. Jahrhunderts (wieder) eine 1354 bzw. 1358 erstmals erwähnte *Judenschule* und ein *Judenschulhof* existierten.

Im Hinblick auf die Nutzungsgeschichte und die Besitzverhältnisse des Gebäudes Imhofstraße 9 kommen für die Jahrzehnte nach 1350 und für das ganze 15. Jahrhundert mehrere Möglichkeiten in Betracht, die auch an anderen Orten vergleichbar zu beobachten sind: So konnte das Gebäude entweder den erneut angesiedelten Juden wieder für die Nutzung als Synagoge überlassen worden sein, verblieb aber unter Oberhoheit der Stadt bzw. des kaiserlichen Statthalters. Die Judenschaft hatte einen Zins auf das Haus und den Hof zu entrichten, führte die Umbauarbeiten aber selbst durch und passte das Gebäude an die neuen Lebens- und Nutzungsverhältnisse an. Oder aber das Haus wurde um 1370 für einen neuen Nutzungszweck unter städtischer Ägide als Wohn- und Lagergebäude umgebaut, zinste aber weiterhin als *Synagoge*, obwohl die Juden keinen oder nur noch einen eingeschränkten Nutzungsanspruch darauf hatten. Der über die Bauforschung nachweisbare Einbau einer Stube im ersten Obergeschoss um das Jahr 1417/18 und die weitere Unterteilung der Räume stünden zu keiner der beiden Nutzungsmöglichkeiten in Widerspruch. Für die kleine Gemeindegröße, wie sie für das späte Mittelalter für Schwäbisch Gmünd über die urkundliche Überlieferung greifbar ist, reichte die Einrichtung eines Betraums aus. Weitere Räumlichkeiten für das Gemeindeleben waren nur bedingt nötig und die hauptsächliche Nutzung des Gebäudes auch als Wohn- und Lagerhaus ist daher mehr als plausibel. Dass auch jüdische Bewohner sich ihre Wohnräume mit ornamentalen oder bildlichen Programmen, darunter auch Wappendarstellungen, repräsentativ ausstatten ließen, ist durch das Beispiel des Hauses Brunngasse 8 in Zürich aus der Zeit um 1330 anschaulich belegbar.

Nach der Ausweisung der Juden 1501 und dem 1520 erlassenen Niederlassungsverbot konnte die Stadt nunmehr frei über das Gebäude und den Hof verfügen ohne irgendwelche Rückgabeansprüche vom Kaiser oder den Juden befürchten zu müssen. Die in diese Zeit fallende repräsentative Neugestaltung der Fassade dürfte mit diesem endgültigen Wegfall möglicher Nutzungsansprüche von jüdischer Seite zu tun haben. Wie an vielen anderen Orten auch wurden ehemals jüdische Immobilien, allen voran die Synagogen, in diesen Jahren zu städtischen Kommunalbauten umfunktioniert. Eine solche kommunale Nutzung, beispielsweise als Zeug- oder Lagerhaus, käme auch für das Haus Imhofstraße 9 in Betracht. Da die archivalische Überlieferung für solche kommunale Nutzungen, gerade was die Unterbringung des städtischen Waffenarsenals betrifft, gerade für die erste Hälfte des 16. Jahrhunderts sehr dürftig ist, ist es abwegig, eine solche Nutzung kategorisch auszuschließen – zumal es Indizien wie die überlieferte Benennung der frühneuzeitlichen Giebelfigur als »Hercules« oder der Fund von steinernen Arkebusenkugeln im Haus gibt. Zumindest bis 1645 scheint die Stadt noch Zugriff auf das Gebäude gehabt zu haben, als sie dort den neuen Guardian für das Gmünder Franziskanerkloster für eine Nacht einquartierte,[8] auch wenn es zu diesem Zeitpunkt vielleicht schon in den privaten Besitz eines städtischen Repräsentanten übergegangen war.

Von Bedeutung sind einige Hinweise aus dem Befund, die sich auf die Nutzung als Synagoge beziehen lassen:

1) Der durch zwei große Bogenfenster repräsentativ ausgezeichnete Saal im Untergeschoss verfügte über eine größere, bauzeitliche Nische in der Ostwand, die anscheinend auch farbig durch eine

Rahmung gefasst war. Vielleicht wurde hier auf die herausgehobene Funktion als Toraschreinnische Rücksicht genommen.

2) Zusätzlich wird diese Annahme durch einen weiteren Befund bestärkt: In der Verfüllung des Portals wurden größere Spolien verbaut, die von einer gotischen, mit Krabben besetzten Giebelrahmung einer Kleinarchitektur stammen könnte. Solche steinernen Giebelarchitekturen sind auch für Toraschreine des 13. bis 15. Jahrhunderts belegbar.

3) Auf der Westseite finden sich nördlich des Portals Hinweise darauf, dass hier eine größere Tafel an der Wand mit Holzdübeln angebracht war, die ebenfalls farbig gerahmt wurde. Denkbar ist im jüdischen Kontext hier die Möglichkeit einer Tafel mit einer Stiftungsinschrift, wie sie die gängige Praxis im jüdischen Stiftungswesen im Zusammenhang mit dem Synagogenbau bis in die Neuzeit widerspiegelt.

4) Das ursprüngliche Bodenniveau des Erdgeschossraumes lag gegenüber vergleichbaren Bauten in Gmünd ungewöhnlicherweise etwas tiefer, so dass man von dem Portal an der Westseite zwei bis drei Stufen in den Raum hinab stieg. Damit könnte eine der talmudischen Bezüge im Synagogenbau erfüllt sein, der sich auf den Psalm 130.1 *Aus der Tiefe, oh Herr, rufe ich zu Dir, höre auf meine Stimme* bezieht.

5) Gleichzeitig erfüllte die auffallende Höhe des Gebäudes, die zudem durch die Topographie noch zusätzlich verstärkt wurde, die halachische Forderung, dass die Synagoge stets das höchste Gebäude im Ort sein solle. Mit repräsentativen hohen Stadthäusern wie es beispielsweise im 14. Jahrhundert auch für ein Haus mit Synagogennutzung in Überlingen überliefert ist, konnte somit diese Forderung erfüllt werden, ohne in Konflikt mit der christlichen Umgebung zu geraten, da den Bauten eine profane Bedeutung als gehobener Wohnsitz ohne sakrale Konnotation zugesprochen wurde.

Die Dimensionen, die Qualität und die Binnenstruktur des Gebäudes mit den beiden Sälen sprechen für eine Errichtung des Bauwerks im Zusammenhang mit einem »Adelshof«[9]. Der Bau stellt mit Ausnahme des Kellerraumes, dessen von Anfang an vorgesehene Nutzung für Lagerzwecke heute noch ablesbar ist, einen reinen Repräsentationsbau dar, der typologisch als Geschlechterhaus oder Festhaus bzw. Tanzhaus zu benennen ist. Das wohl prominenteste Beispiel, das sich vergleichend hinzuziehen lässt, ist das etwas ältere »Schöne Haus« am Nadelberg in Basel: Ein stattlicher Steinbau, um 1270 errichtet, der ebenfalls auf dem rückwärtigen Teil einer Großparzelle direkt an der Stadtmauer errichtet wurde. Bautypologisch und topographisch erlaubt daher der Befund in Gmünd aussagekräftige Einblicke in das Verhältnis und die Beziehungen zwischen der städtischen Elite und der Judenschaft, die den Hof über mehrere Jahrhunderte bewohnte und seine Bedeutung und Wahrnehmung innerhalb der Stadt prägte.

Die frühneuzeitliche Überlieferung datiert den Besitzerwechsel bzw. die Übernahme des Hofes durch jüdische Eigentümer mit wechselnden, ungesicherten Jahresangaben (1208, 1258) bereits in das 13. Jahrhundert und bringt das Gebäude mit der alten städtischen Adelsfamilie der »Steinhäuser« als Bauherren in Verbindung, einem in Gmünd besonders im Hochmittelalter einflussreichen Geschlecht, dessen Familienzweige auch unter dem Namen »von Wolfsthal« oder »Wolf« in Erscheinung treten. Der frühneuzeitliche Chronist Friedrich Vogt konnte offensichtlich für seine Chronik von 1676 zur Untermauerung dieser These noch ältere Schriftstücke heranziehen. Er schreibt:

> *[...] allein findet ich[,] das in solchem Steinhauß die vom Wolfsthall ihr Wohnung gehabt (wie ich gelesen hab) werden die vom Wolfsthall Steinhäußer genannt, weil sie in dem Steinhauß zu Gmünd gewohnt haben, so wird auch auf den heutigen Tag der selbe ganze Plaz der Judenhoff genennt,[...].*[10]

Weitere bedeutende Adelsfamilien wie die »von Rinderbach« treten im Zusammenhang mit jüdischen Rechtsangelegenheiten besonders in den spätmittelalterlichen Quellen auf. Klaus Graf hat die Vermutung geäußert, dass die Herren von Rinderbach nach dem Judenpogrom von 1349 über das Areal verfügten, da 1354 *30 Schilling Heller uss der judenschůl und schůlhofe und waz dar zů gehöret*[11] in eine Rinderbachsche Stiftung einer Kaplanei auf dem Marienaltar der Johanniskirche gingen. Sehr wahrscheinlich ist laut Graf auch der Name des »Leinecker Hofs«, der nördlich an den Judenhof angrenzte und ebenfalls mehrere Hausstellen umfasste, auf einen Zweig der Herren von Rinderbach zurückzuführen, welcher sich nach der Burg Leineck bei Pfahlbronn benannte und wohl den Namen für das Areal ab der zweiten Hälfte des 14. Jahrhunderts tradierte. Graf konnte folglich bei seinen Forschungen zur Gmünder

Topographie eine »bemerkenswerte Massierung des Hausbesitzes derer von Rinderbach«[12] in diesem Bereich der Altstadt feststellen.

Auch entwicklungsgeschichtlich fügt sich die Lage des Hofes und seines hohen Steinhauses sehr gut in die Verteilung der überlieferten aristokratischen Steinbauten in der Altstadt ein. Die typologisch älteren nachweisbaren Vertreter solcher Steinbauten konzentrieren sich im Kern des hochmittelalterlichen, bereits vorstaufischen Stadtbereichs rund um den Münsterplatz und den südöstlich angrenzenden Stadtbereich um die Johanneskirche, für deren Turmunterbau ursprünglich ein solcher Steinbau angenommen wird. Hervorzuheben ist der noch in seiner vollen Traufhöhe und auch im Inneren gut erhaltene Steinbau am Münsterplatz, der im frühen 16. Jahrhundert zum Glockenturm des Münsters umgebaut wurde. Der um 1228 in zwei Bauabschnitten errichtete Wohnturm besitzt annähernd die gleichen Abmessungen (ca. 10,8 x 12,9 Meter) wie der Bau Imhofstraße 9. Allerdings hatte er bereits von Beginn an eine Dreigeschossigkeit mit Kellergeschoss, wie sie in der Imhofstraße 9 erst mit dem Umbau um 1370 geschaffen wurde. Die wenigen Nutzungsspuren, die u. a. der Kamin aufweist, lassen vermuten, dass auch dieser Bau nicht ständig bewohnt wurde, sondern repräsentativen Zwecken diente.

Wie in der Imhofstraße 9 erfolgte bereits bei den hochmittelalterlichen Steinbauten am Münsterplatz und auch bei den weiteren bekannten, etwas jüngeren Bauten die Erschließung des nur wenig eingetieften Kellergeschosses straßenseitig über einen mittig gelegenen Zugang. Bei der Lage der Zugänge zu den Obergeschossen scheint es dagegen keine einheitliche Anordnung gegeben zu haben. Die Besonderheit des Steinhauses auf dem Judenhof wird im Vergleich mit den in unmittelbarer Nähe nachweisbaren Steinbauten deutlich: Entlang der Rinderbacher Gasse und nördlich des Judenhofs auf dem Gelände des »Leinecker Hofs« befanden sich nachweislich drei größere solcher Bauten. Sie standen entweder nahe an der Straße oder nur wenige Meter in den Hof zurückgesetzt und besaßen keinen Bauschmuck oder aufwendigere architektonische Gliederungselemente. Im Erdgeschoss waren diese Bauten zumeist fensterlos oder verfügten nur über kleine Öffnungen.

Ein Vergleich mit der Lage und Schlichtheit dieser Steinbauten zeigt deutlich die Ausnahmestellung des Gebäudes Imhofstraße 9. Es befand sich weitab von einer der Hauptverkehrsachsen, zeichnete sich als »Turmhaus« durch eine besondere Höhe aus und ver-

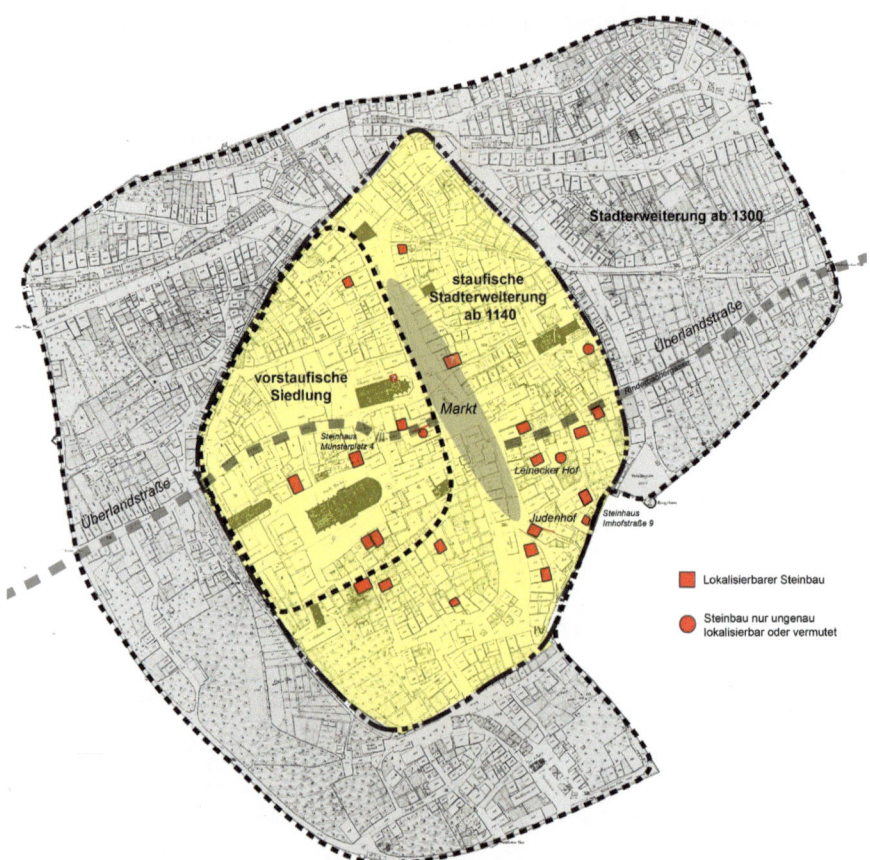

Abb. 2: Nachweisbare mittelalterliche Steinhäuser in Schwäbisch Gmünd auf Grundlage des Katasterplans von 1831.

fügte noch dazu über eine eindeutig ausgerichtete Schaufassade mit großen Fensteröffnungen im Erdgeschoss und vielleicht auch im Obergeschoss. Diese orientierte sich jedoch nicht in Richtung des Hofes und seines Zuganges vom Markt, sondern zur Rinderbacher Gasse hin. Ein Grund hierfür könnte die Bebauungssituation um 1300 gewesen sein. Zum Markt und zur Kornhausstraße hin wurde der Bau bereits weitestgehend verdeckt, zur Rinderbacher Gasse jedoch war er durch die hier bestehende lockere Bebauung mit großen Freiflächen gut sichtbar. Seine Position konnte mit der Schaufassade zwischen den hier befindlichen adeligen Steinbauten, u. a. auf dem »Leinecker Hof«, städtebaulich regelrecht inszeniert werden. Gleichzeitig stützt dies die Vermutung, dass die

Rinderbacher Gasse als östliche Einfallstraße in der Wahrnehmung der mittelalterlichen Bewohner und Besucher der Stadt einen hohen Stellenwert besaß. Wenn also in den mittelalterlichen Quellen das südwestlich des Hauses Imhofstraße 9 am bzw. im Judenhof befindliche Gebäude der Überschlagmühle (Standort Imhofstraße 19) als »hinter« der Judenschule gelegen bezeichnet wird, wäre das aus der durch die Schaufassade repräsentativ inszenierten Sichtachse von der Rinderbacher Gasse aus tatsächlich gut nachvollziehbar.

Meckseper bemerkt mit Blick auf eine offene Stadtlandschaft im Prozess der mittelalterlichen Stadtentwicklung:

»Eine ganz andere Qualität wird aber sichtbar, wenn wir uns die Stadt um 1300, d. h. vor ihren Erweiterungen, ansehen und dabei einige wichtige weitere Elemente einbeziehen. Der Judenhof ist nun auf einmal Teil eines Kranzes, der aus Spital, Klöstern der Dominikaner, Augustiner und der Franziskanerinnen und Ursulinerinnen besteht. Eine ganz neue Qualität der Randlage beginnt sich abzuzeichnen.«[13]

Zur »Randlage« des Judenhofs und des Geschlechterhauses merkt auch Klaus Graf zusammenfassend an:

»Der Gmünder Judenhof aber lag im prestigeträchtigen Wohngebiet der ›eigentlichen‹ Stadt innerhalb der ersten Ummauerung. Unmittelbar innerhalb an der Stadtmauer finden sich etwa der Königsbronner Hof (zuvor Gesäß der Wolf) und das Arenhaus, ein Anwesen der vornehmen Familie Aar. Die Randlage des Judenhofs besagt also nichts über das Sozialprestige dieser Wohnlage.«[14]

Man kann Grafs und Mecksepers Aussagen präzisieren: Die Lage und die Architektur unterstreichen vielmehr, dass sich hier die Gmünder Judenschaft und die städtische Elite des Stadtadels zumindest in ihren baulichen und wohnlichen Statusansprüchen kaum voneinander unterschieden und die Juden in städteplanerische Prozesse eingebunden waren.

Schauen wir uns den Judenhof nochmal genauer an: Die Keimzelle des »Schulhofs« bzw. »Judenschulhofs« bildete also ursprünglich die Großparzelle eines städtischen Adelshofes. Dieser bestand vermutlich weitestgehend aus Holzbauten und kleineren Steingebäuden, lediglich das Gebäude Imhofstraße 9 hob sich als repräsen-

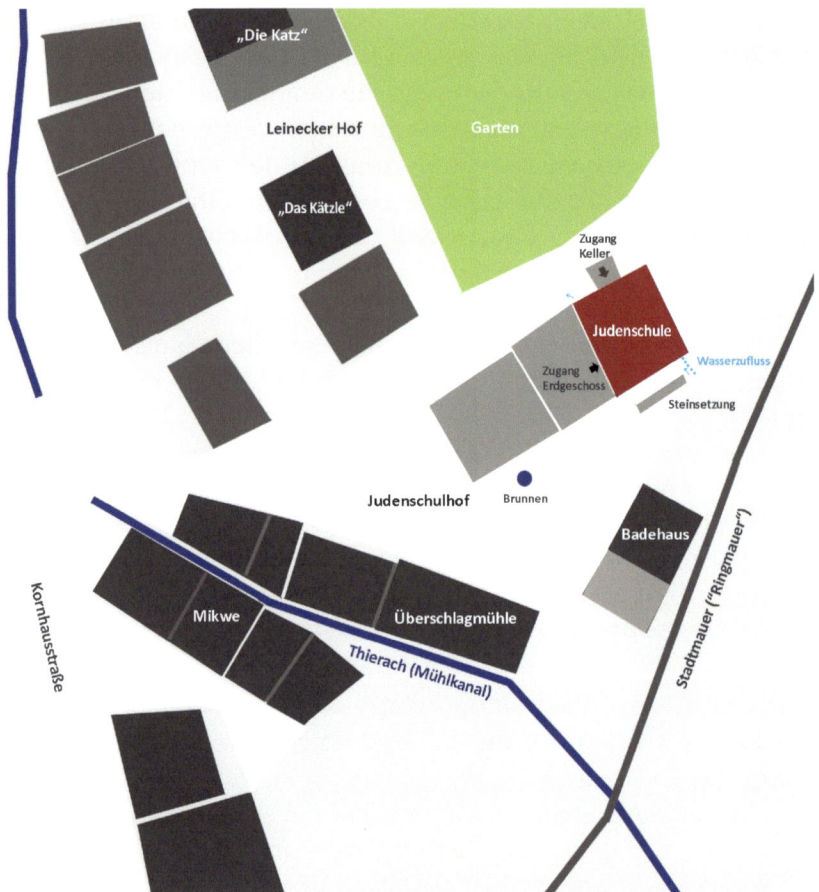

Abb. 3: Situationsplan des Judenhofs in Schwäbisch Gmünd um 1350.

tativer Bau markant von der Umgebung ab. Eine weitere konstante Ortsmarke des Hofs war ein ab dem 15. Jahrhundert mehrfach genannter Brunnen, der sich zwischen der südlichen Seite des Grundstücks Imhofstraße 13 und der heutigen Einfahrt zum Haus Imhofstraße 17 befand und noch 1831 im ersten Katasterplan (Gaierscher Stadtplan) vermerkt wurde. Den Abschluss des Hofs bildete im Südosten die bereits erwähnte ältere Ringmauer. Entgegen früherer Annahmen handelte es sich bei dem Hof nicht um einen durch eine Mauer umschlossenen Bereich – wie ihn Veitshans noch grafisch hervorhob. Er wurde vielmehr durch andere Grenzziehungen, die Ringmauer, den Mühlgraben der Thierach und die Bebauung zum nördlich gelegenen »Leinecker Hof« maßgeblich in seinem Umfang bestimmt.

Südlich an den Hof grenzte das Gebäude Imhofstraße 17 (ab der Mitte des 16. Jh. als *Judenbad* bezeichnet), ein durchgängig von Christen bewohntes und betriebenes Badehaus, das um das Jahr 1593 eine grundlegende Erneuerung und Vergrößerung erfuhr, für die es in seiner Grundfläche deutlich in den Hof hinein erweitert wurde. Seine Rückseite grenzte direkt an die Stadtmauer an. Hier, im südöstlichen Teil des rückwärtigen Bereichs ist noch Bausubstanz älterer Bauphasen zu erkennen, von denen eine dendrochronologisch auf das Jahr 1411 datiert werden kann. Sie dürfte ausschlaggebend dafür gewesen sein, dass das Bauwerk in seiner urkundlichen Überlieferung der ersten Hälfte des 15. Jahrhunderts stets als *neue Badstube* bezeichnet wurde.

Auch das Gebäude westlich davon, die sogenannte Überschlagmühle (heute der Standort des Hauses Imhofstraße 19), für die ab etwa 1550 auch die Bezeichnung *Judenmühle* geführt wurde, ist urkundlich mehrfach seit dem 14. Jahrhundert greifbar. Hier handelte es sich um eine der acht innerstädtischen Mühlen, die seit dem Mittelalter bezeugt sind. In einer Verkaufsurkunde von April 1439 wird die Überschlagmühle als *by der newen badstuben hinder der judenschule un zunehst by der statt ringkmure gelegen*[15] bezeichnet. Betrieben wurde die Mühle durch den Bachlauf der Thierach (Tierbach), die als weitestgehend gefasster Mühlgraben auch die Rückseite der an die Mühle anschließenden Bauten bildete. Erwähnenswert ist hier die noch erhaltene Rückwand des 1888 abgebrochenen Nebenhauses der Mühle (Alte Häusernr. 710) mit einer charakteristischen mittelalterlichen Abortöffnung zur Thierach. Judenschule, Badstube und Mühle bildeten damit als eine Dreierkonstellation gemeinsam mit der Ringmauer topographische Fixpunkte des Judenhofs, wie sie auch heute noch den Ort maßgeblich charakterisieren. Die Quellen des 14. und 15. Jahrhunderts erwähnen daneben eine Reihe von Hausstellen, in denen christliche und jüdische Bewohner genannt werden. Anhand der noch erhaltenen mittelalterlichen Kelleranlagen sind solche Wohngebäude als Vorgängerbauten für die Häuser 11, 13 und möglicherweise Imhofstraße 4 (*Das Kätzle*) anzunehmen. Der Hof wurde also nie im Zeitraum der jüdischen Nutzung ausschließlich von Juden bewohnt, gleichwohl erlaubte die Topographie des Hofes die Befolgung religiöser jüdischer Vorschriften wie der Einhaltung und Abgrenzung des Eruws (Sabbatgrenze). Der Hof wurde auch nachweislich für jüdische Feiertage wie das Laubhüttenfest oder Jom Kippur genutzt, auch eine jüdische Hochzeitsfeier ist belegbar.

Von Bedeutung ist auch, dass die den Eingang zum Hof flankierende Parzelle auf der westlichen Seite (Grundstück Kornhausstraße 21) rückseitig ebenfalls noch zum Judenhof gerechnet wurde. Bei Abrissarbeiten wurden hier 1991 bedeutende Reste eines romanischen Steinbaus des 12. Jahrhunderts beseitigt, darunter der Keller mit einer vermutlich nachträglich aufwendig in den Felsen geschlagenen Beckenanlage, die aufgrund ihrer Größe und Bauart als jüdisches Ritualbad (Mikwe) gedeutet werden konnte. Die Vermutung, dass es sich bei dem Gebäude auch um die einstige Synagoge gehandelt haben könnte, basiert auf der irrigen Annahme, dass Synagoge und Mikwe oftmals eine örtliche Einheit bilden, was aber in der Regel für die mittelalterlichen Beispiele nicht der Fall ist. Der Befund einer Mikwe an dieser Stelle vervollständigt jedoch insgesamt das Bild einer funktionierenden institutionellen Infrastruktur, wie sie für kleinere jüdische Gemeinden des Mittelalters im vergleichbaren Rahmen wie für Schwäbisch Gmünd zu erwarten ist. Gleichzeitig lässt sich feststellen, dass sich der Gmünder Judenhof wegen seiner eher lockeren Bebauung und durchmischten Bewohnerschaft von jenen Judenhöfen unterscheidet, wie wir sie als verdichtete, spätmittelalterliche Hofanlagen aus dem mitteldeutschen und norddeutschen Raum kennen, beispielsweise in Perleberg, Berlin oder Eisleben.

Impulse für die Forschung zu schwäbischen Reichs-, Residenz- und Landstädten

Die Erkenntnisse aus Schwäbisch Gmünd können zur Aufklärung weiterer unklarer Befundsituationen in anderen Städten beitragen. Der Bau Imhofstraße 9 liefert hier zunächst ein anschauliches Beispiel für die hybride Erscheinung eines jüdischen Ritualbaus im Mittelalter: Schriftliche Belege für die Umnutzung, bzw. Adaption von Steinhäusern als Bauten der städtischen Oberschicht für die Zwecke einer sakralen Verwendung finden sich an unterschiedlichsten Orten. So dürfte es sich sehr wahrscheinlich bei dem in der Chronik des Johann von Winterthur als *domum excelsam lapideam*[16] benannten Überlinger Haus, in dem die Juden sich im Zusammenhang mit einem dort 1332 stattgefundenen Pogrom versammelten, auch um die Synagoge gehandelt haben. Die Bemerkung zur Gebäudehöhe legt die Vermutung nahe, dass hier ein turmartiger

Wohnbau, wie er für viele süddeutsche Städte dieses Zeitraums charakteristisch war, für die Zwecke des Gottesdienstes und der Gemeindeversammlung eingerichtet worden war. Die für den Bodenseeraum bedeutende jüdische Überlinger Ansiedlung zeichnet sich topographisch auch dadurch aus, dass ein jüdisches Quartier bisher nicht eindeutig abzugrenzen ist. Hierzu ist ergänzend noch erwähnenswert, dass an der Stelle eines weiteren für Überlingen verbürgten jüdischen Wohnhauses, dem *stainin hus das Gotliep des Juden was* (1351),[17] an der Ecke Franziskanerstraße/Steinhausgasse heute noch ein solch hohes Steinhaus existiert. Der giebelständige, heute viergeschossige Bau ging 1351 in den Besitz des Heiliggeistspitals über. Er erhielt sein heutiges Erscheinungsbild durch einen Umbau zu einem Speichergebäude 1417/um 1420(d). Dennoch ist anzunehmen, dass dabei wesentliche Bausubstanz des älteren Steinhauses übernommen wurde.

Aber gerade topographisch bieten sich Anknüpfungspunkte an die Gmünder Situation. Im Hinblick auf weitere staufische Stadtgründungen in Schwaben lassen sich Parallelen beispielsweise zu den jüdischen Siedlungsplätzen in Rottweil oder Schwäbisch Hall ziehen. Auch hier entpuppt sich die vermeintlich periphere Lage an der Stadtmauer als Wohnbereich privilegierter Bürgerschichten und des Stadtadels. Es ist daher auch kaum verwunderlich, wenn sich beispielsweise in Schwäbisch Hall in unmittelbarer Nachbarschaft zur Synagoge ein adeliger Wohnturm befand, der als *Steinhaus bei der Judenschul* oder auch als *Siedersburg/Siedersturm* benannt, heute noch weitestgehend erhalten ist. Für Rottweil hat bereits Meckseper darauf verwiesen, dass im Bereich der 1315 dort erstmals erwähnten Judengasse, der heutigen Lorenzgasse, auch die Sitze des aus dem Niederadel entstammenden Patrizier zu finden sind.

Bei der Einschätzung solcher Siedlungscharakteristiken ist jedoch mitunter Vorsicht geboten. Eher selten trifft diese Übereinstimmung auch für die Phase nach 1350 zu, sodass beispielsweise Situationen wie in Weil der Stadt, Rottenburg, Leonberg, Memmingen oder Kaufbeuren jeweils im Kontext möglicher jüdischer Neuansiedlungen und Stadterweiterungen nach 1350 zu überprüfen sind, wie sie sich anschaulich für Ehingen, Stuttgart oder Ravensburg feststellen lassen. Auch für Bischofsstädte wie Augsburg und Konstanz oder reichsunmittelbare Städte wie Reutlingen, Donauwörth, Nördlingen, Esslingen, Heilbronn oder Ulm ist die topographische Situation in ihrer Genese jeweils gesondert zu bewerten, wobei sich beispielsweise die ursprünglich vermeintlich abseitige Lage des jüdischen Quartiers um den Ulmer Judenhof an der älteren staufischen Stadtmauer auch bereits für die Phase vor 1350 als siedlungsstrategisch günstig ausweisen lässt. In Nördlingen, Donauwörth, Konstanz, Heilbronn, Reutlingen oder Esslingen dagegen ist die ehemalige zentrale, oftmals privilegierte Lage nahe an den wichtigen Markt- oder Verkehrsachsen gut nachvollziehbar. Das Beispiel Donauwörths zeigt auch schön, wie sich die Wohnsituation nach über 250 Jahren Standortkontinuität dann für die spätmittelalterliche jüdische Ansiedlung deutlich gegenüber der älteren verschlechterte, obwohl es sich eigentlich nur um eine kurze Distanz handelte, um die sich der Bereich verschob. Für Heilbronn (das als eigentlich fränkische Stadt zumindest in der Frühen Neuzeit zum »Schwäbischen Reichskreis« zählte) ist zusätzlich als Besonderheit hervorzuheben, dass sich der erste Friedhof inmitten des jüdischen Quartiers und damit innerhalb der älteren Stadtummauerung in unmittelbarer Nähe des Markts befand – ein unge-

Abb. 4: Donauwörth, Lage der jüdischen Siedlungsquartiere im Verhältnis zu bedeutenden städtischen Institutionen auf der Grundlage des Katasterplans von 1816.

wöhnlicher Fall, für den es außer in Prag kaum vergleichbare Parallelen gibt.

Beispiele dafür, dass außerhalb liegende Friedhöfe der älteren Gemeinden oftmals einer Stadterweiterung weichen und verlegt werden mussten, finden sich auch im schwäbischen Bereich wie in Ulm. Gerade für Ulm sind die Voraussetzungen, das jüdische Quartier der ersten und zweiten Gemeinde parzellenscharf genauer rekonstruieren zu können, eigentlich sehr gut. Glücklicherweise haben sich auf den Urkunden, die ab der zweiten Hälfte des 14. Jahrhunderts über Grundstückverkäufe oder Eigentümerwechsel verfasst wurden, hebräische bzw. jiddische Rückvermerke erhalten, die die Grundstücke in ihrer Lage zueinander aus interner jüdischer Sicht bezeichnen. Ein solcher Vermerk, beispielsweise *über das Haus vor der Türe neben dem Brunnen, das jetzt Fischer Schuster gehört*, enthält so genaue topografische Aussagen, dass sich das Gebäude präzise verorten lässt. Christian Scholl hat anhand dieser Rückvermerke schon elementare topografische Rückschlüsse auf die Häuser und ihre Bewohner ziehen können,[18] doch ein parzellenscharfer Abgleich mit der noch vielfach über die vorhandenen Kelleranlagen und auch aufgehendes Mauerwerk rekonstruierbaren Situation wurde bisher nicht unternommen. Auch so augenscheinlich naheliegende Vergleiche zwischen Ulm und Rothenburg/Tauber in Bezug auf Platzbildungen, die sich nach der Abräumung von Bauten in und auf den vormaligen Synagogenhöfen bzw. »Judenschulhöfen« ergaben, böten sich als tiefergehende Untersuchungsgegenstände an.

Ein anderer Ansatz ließe sich für Esslingen verfolgen: Die hier zwischen 1384 und 1456 fast vollständig erhaltenen Steuerbücher enthalten sehr genaue topografische Angaben, die anhand der Route der sogenannten »Umgänge« der Steuereintreiber parzellengenau nachvollziehbar sind. Für Erfurt haben Barbara Perlich und Maike Lämmerhirt vorgeführt,[19] wie sich anhand solcher Gänge sehr präzise die Häuser und jeweiligen Bewohner zu jeweiligen Zeitschichten für ein Quartier abbilden lassen. Rainer Ewald hat dies zwar bereits 1993 für Esslingen für ausgewählte Zeitschnitte unter der Heranziehung verschiedenster Quellen im Abgleich mit den Steuerbüchern vorgenommen und grafisch anschaulich dargestellt,[20] doch der jüdische Siedlungsbereich bleibt auffällig unscharf – ein Umstand, der angesichts der Bedeutung der Esslinger Gemeinde nicht unbedingt befriedigt. Thomas Wozniak hat in seinem 2018 erschienenen Aufsatz über die Esslinger Steuerlisten auf das hohe Potenzial, auch bezogen auf die jüdische Einwohnerschaft, für eine sozialtopographische Auswertung hingewiesen, welches die »wohl wichtigste Steuerbuchserie nördlich der Alpen«[21] noch in sich birgt.

Die hier nur skizzenhaft aufgezeigten Ansätze ließen sich für die weiteren schwäbischen Reichs-, Bischofs- und Landstädte fast beliebig fortsetzen. Auch außerhalb des mittelalterlichen Territoriums Schwabens ist der Befund in Schwäbisch Gmünd als ein aufschlussreiches Vergleichsbeispiel geeignet. Gerade für das Hochmittelalter und die Phase der Konsolidierung jüdischer Gemeinden im 13. Jahrhundert lässt sich das typologische Phänomen der Adaption städtisch-aristokratischer Wohn- und Hausformen für die Zwecke einer rituellen Nutzung auf den gesamten aschkenasischen Siedlungsbereich einschließlich der Gebiete Nordfrankreichs und Englands ausweiten.[22]

Solche Einblicke, die sich über Vergleiche zum Gmünder Judenhof zur Übernahme der repräsentativen Bautypen der städtischen Oberschicht und ihrer Wohnlagen beobachten und analysieren lassen, können somit dabei helfen, ein bisher kaum berücksichtigtes Phänomen mittelalterlicher Lebenswelten christlich-jüdischen Zusammenlebens in den Städten von Seiten der Stadt- und Baugeschichtsforschung anschaulich zu interpretieren und zu beschreiben. Sie können auch dort neue Erkenntnisse liefern, wo schriftliche Quellen rar sind oder gänzlich fehlen.

ENDNOTEN

1 Dazu sei beispielsweise auf den Beitrag von Johannes Heil in diesem Band verwiesen.
2 PINTHUS: Judensiedlungen der Deutschen Städte.
3 VEITSHANS: Judensiedlungen.
4 TOCH: Juden im mittelalterlichen Reich; HAVERKAMP: Jewish Quarters in German Towns, S. 13–28; HAVERKAMP: Judenviertel in deutschen Städten S. 237–253; MECKSEPER: Lage des Judenviertels, S. 218–222; WENNINGER: Topographie der Judenviertel, S. 81–117.
5 Dieser Abschnitt folgt in überarbeiteter Form weitestgehend den Beiträgen in PAULUS: Ein Adelshof als jüdisches Siedlungsquartier, S. 67–93; PAULUS: »in domo iud(a)eorum«, S. 112–131. Für weiterführende Literatur und genaue Quellennachweise sei daher auf diese verwiesen.

6   Dazu STEGMAIER: »›ein sehr starckes Hauß von Sandquaderstucken gebaut‹«, S. 180–183; STEGMAIER: Architekturoberfläche und Farbbefunde, S. 150–155; KING: Ergebnisse der bauhistorischen Untersuchungen, S. 132–149; KING: Baugeschichte des Gebäudes Imhofstraße 9, S. 174–179.
7   Die bauliche Untersuchung des Gebäudes wird derzeit durch Markus Numberger und Cornelia Stegmaier fortgesetzt. Markus Numberger sei für den Hinweis gedankt, dass das Untergeschoss möglicherweise deutlich älter sein könnte als der Bau von 1288.
8   Staatsarchiv Luzern, URK 550 / 10875.
9   Der Historiker Klaus Graf verwehrt sich zwar gegen diesen ›plakativen‹ Begriff, da er »alle sozialgeschichtlichen Differenzierungen vom Tisch wischt«, doch möchte ich ihn im Sinne einer bautypologischen, topographischen Bezeichnung für einen Wohn- und Wirtschaftshof der städtischen Eliten hier weiter verwenden – zumal er etymologisch auch im Mittelalter selbst seine Wurzeln hat. Zur Kritik Grafs siehe Klaus GRAF: Onlinerezension zu David SCHNUR (Hg.): Jüdisches Leben in der Reichsstadt Schwäbisch Gmünd vom 13. bis ins 17. Jahrhundert, Schwäbisch Gmünd 2021, in: Archivalia-Weblog, URL: https://archivalia.hypotheses.org/132027 [zuletzt aufgerufen am 19.01.2022].
10 VOGT: Chronik der Stadt Schwäbisch Gmünd, S. 463–465.
11 1354 V 13, SABW Ludwigsburg B 366 U 13.
12 GRAF: Topographie der Reichsstadt Schwäbisch Gmünd, Teil 1, S. 199.
13 MECKSEPER: Zur Lage des Judenviertels (wie Anm. 4), S. 222.
14 GRAF: Topographie der Reichsstadt Schwäbisch Gmünd, Teil 2, S. 154.
15 1439 IV 9, SABW Ludwigsburg B 177 Nr. 1762.
16 Zitiert nach Friedrich BAETHGEN: Die Chronik Johanns von Winterthur. Berlin 1924, S. 117.
17 1351 I 16, Spitalarchiv Überlingen Nr. 1229.
18 SCHOLL: Judengemeinde der Reichsstadt Ulm, S. 100–109, 124–143.
19 PERLICH: Siedlungstopographie, S. 80–101.
20 EWALD: Relikte mittelalterlicher Stadtplanung, z. B. den Zeitschnitt 1350/1384, S. 18–20.
21 WOZNIAK: Zu den Esslinger Steuerbüchern, S. 81.
22 Genannt seien beispielsweise Rouen, Lincoln oder Norwich. Vgl. PAULUS: »in domo iud(a)eorum«, S. 128–130. Auch die Synagoge in Montpellier (Südfrankreich) zeigt diesen Typus.

LITERATURVERZEICHNIS

EWALD, Rainer: Relikte mittelalterlicher Stadtplanung im Bestand der Altstadt Esslingen am Neckar, Universität Hannover 1993.

GRAF, Klaus: Zur Topographie der Reichsstadt Schwäbisch Gmünd: Leinecker Hof, Himmelreich und Judenhof. Teil 1: Die chronikalische Überlieferung, Imhof, Leinecker Hof, Himmelreich und Hölle (Einhorn–Jahrbuch Schwäbisch Gmünd, Bd. 28), Schwäbisch Gmünd 2001, S. 191–201.

GRAF, Klaus: Zur Topographie der Reichsstadt Schwäbisch Gmünd: Leinecker Hof, Himmelreich und Judenhof. Teil 2: Judenschule und Judenhof, Überschlagmühle/Judenmühle und Judenbad (Einhorn–Jahrbuch Schwäbisch Gmünd, Bd. 29), Schwäbisch Gmünd 2002, S. 141–156.

Haverkamp, Alfred: The Jewish Quarters in German Towns during the Late Middle Ages, in: R. Pochia Hsia/Hartmut Lehmann (Hgg.): In and Out of the Ghetto. Jewish–Gentile Relations in Late Medieval and Early Modern Germany, New York 1995, S. 13–28.

Haverkamp, Alfred: Die Judenviertel in deutschen Städten während des späten Mittelalters, in: Michael Burgard u. a. (Hgg.): Gemeinden, Gemeinschaften und Kommunikationsformen im hohen und späten Mittelalter, Trier 2002, S. 237–253.

King, Stefan: »ein sehr starckes Hauß von Sandquaderstucken gebaut«. Ergebnisse der bauhistorischen Untersuchungen am Gebäude Imhofstraße 9 in Schwäbisch Gmünd, in: Simon Paulus/Maria Stürzebecher (Hgg.): Inter Judeos. Topographie und Infrastruktur jüdischer Quartiere im Mittelalter (Erfurter Schriften zur jüdischen Geschichte, Bd. 5), Weimar 2019, S. 132–149.

King, Stefan: »ein sehr starckes Hauß von Sandquaderstucken gebaut«. Die Baugeschichte des Gebäudes Imhofstraße 9 in Schwäbisch Gmünd, in: Denkmalpflege in Baden-Württemberg – Nachrichtenblatt der Landesdenkmalpflege, Bd. 47. Nr. 3 (2018), S. 174–179.

Meckseper, Cord: Zur Lage des Judenviertels in der deutschen Stadt, in: Dieter Dolgner (Hg.): Stadtbaukunst im Mittelalter, Berlin 1990, S. 218–222.

Paulus, Simon: Ein Adelshof als jüdisches Siedlungsquartier. Das Gebäude Imhofstraße 9 und der mittelalterliche Judenhof in Schwäbisch Gmünd, in: David Schnur (Hg.): Jüdisches Leben in der Reichsstadt Schwäbisch Gmünd vom 13. bis ins 17. Jahrhundert, Schwäbisch Gmünd 2021, S. 67–93.

Paulus, Simon: »in domo iud(a)eorum«. Der Befund eines »Judenhauses« in Schwäbisch Gmünd und die Frage nach mittelalterlichen »Judenhäusern« im zentraleuropäischen Raum, in: Simon Paulus/Maria Stürzebecher (Hgg.): Inter Judeos. Topographie und Infrastruktur jüdischer Quartiere im Mittelalter (Erfurter Schriften zur jüdischen Geschichte, Bd. 5), Weimar 2019, S. 112–131.

Perlich, Barbara: Siedlungstopographie der Erfurter jüdischen Gemeinden im Mittelalter, in: Simon Paulus/Maria Stürzebecher (Hgg.): Inter Judeos. Topographie und Infrastruktur jüdischer Quartiere im Mittelalter (Erfurter Schriften zur jüdischen Geschichte, Bd. 5), Weimar 2019, S. 80–101.

Pinthus, Alexander: Die Judensiedlungen der Deutschen Städte, Zeitschrift für die Geschichte der Juden in Deutschland II, Heft 2 – 4, Berlin 1930.

Scholl, Christian: Die Judengemeinde der Reichsstadt Ulm im späten Mittelalter. Innerjüdische Verhältnisse und christlich-jüdische Beziehungen in süddeutschen Zusammenhängen, Hannover 2012.

Stegmaier, Cornelia: »ein sehr starckes Hauß von Sandquaderstucken gebaut«. Architekturoberfläche und Farbbefunde am Gebäude Imhofstraße 9 in Schwäbisch Gmünd, in: Denkmalpflege in Baden-Württemberg – Nachrichtenblatt der Landesdenkmalpflege, Bd. 47. Nr. 3 (2018), S. 180–183.

Stegmaier, Cornelia: Architekturoberfläche und Farbbefunde am Gebäude Imhofstraße 9 in Schwäbisch Gmünd, in: Simon Paulus/Maria Stürzebecher (Hgg.): Inter Judeos. Topographie und Infrastruktur jüdischer Quartiere im Mittelalter (Erfurter Schriften zur jüdischen Geschichte, Bd. 5), Weimar 2019, S. 150–155.

Toch, Michael: Die Juden im mittelalterlichen Reich, München 2003.

VEITSHANS, Helmut: Die Judensiedlungen der Schwäbischen Reichsstädte und der Württembergischen Landstädte im Mittelalter, Stuttgart 1970.

WENNINGER, Markus: Zur Topographie der Judenviertel in den mittelalterlichen deutschen Städten anhand österreichischer Beispiele, in: Fritz MAYERHOFER/Ferdinand OPLL (Hgg.): Juden in der Stadt (Beiträge zur Geschichte der Städte des Mittelalters 15), Linz 1999, S. 81–117.

WOZNIAK, Thomas: Zu den Esslinger Steuerbüchern der Jahre 1384 und 1456. Sozialtopographische Auswertungsperspektiven, in: Mark MERSIOWSKY u. a. (Hgg.): Schreiben – Verwalten – Aufbewahren. Neue Forschungen zur Schriftlichkeit, Ostfildern 2018, S. 81–106.

Das Judentum Schwabens in der Frühen Neuzeit. Siedlungsweisen und Lebensformen

Sabine Ullmann

Einleitung

Während der Frühen Neuzeit teilte die Mehrheit der kirchlichen wie der politischen Elite sowie weite Teile der Bevölkerung die Meinung von einem minderen Status der Juden aufgrund einer theologischen Anschauung: Weil Juden die auf Christus bezogene Deutung der alttestamentlichen Prophetie ablehnten, die Messianität Christi und damit die Trinitätslehre bestritten, standen sie unter dem schweren Vorwurf der Gotteslästerung. Daraus waren im Spätmittelalter weitere judenfeindliche Legenden erwachsen, wie die des jüdischen Ritualmordes an christlichen Kindern oder die der Hostienschändung, die sich in stereotypen literarischen Texten und Bildern verfestigten und so weiter durch die frühneuzeitlichen Jahrhunderte hindurch tradiert wurden.[1] Diese Form des Antijudaismus war allgegenwärtiger Bestandteil frühneuzeitlicher Weltbilder und legitimierte die Einstufung von Juden als minderberechtigte Gruppe, aus der verschiedenste Einschränkungen u. a. ihrer Erwerbsweisen, ihrer religiösen Praxis und ihrer Aufenthaltsrechte folgten. Zu den Paradoxien ihrer Stellung innerhalb der Ständegesellschaft gehörte, dass sie nach herrschender theologischer Vorstellung zugleich als schutzbedürftig galten. Im Gegensatz zu Häretikern, denen die Kirche ein Lebensrecht absprach, galten Juden als Anhänger des Alten Testaments als ein Bestandteil der göttlichen Ordnung. Nach den Lehren von Augustinus (354–430) und später insbesondere von Thomas von Aquin (um 1225–1274) war ihr Diasporaschicksal Gottes Strafe für ihre Schuld an der Kreuzigung Christi. Als quasi lebendiges Zeugnis standen sie kraft göttlicher Entscheidung für den Wahrheitsgehalt der Evangelien. Das mittelalterliche Kirchenrecht verbot daher Tötung, Verfolgung sowie Zwangstaufen und stellte sie unter päpstlichen Schutz (*Sicut-Iudaeis-Bullen* 1120 bis 1432). Daraus entwickelte sich der Judenschutz als ein Rechtsprinzip, das zunächst an den mittelalterlichen

Gewalten des Papsttums und des Kaisertums haftete, dann aber als Regalienrecht sukzessive an die geistlichen und weltlichen Fürsten sowie vereinzelt auch an den Niederadel überging. Es beinhaltete die Befugnis zur Aufnahme, zur Besteuerung aber auch zur Vertreibung von Juden und bestimmte bis zur Emanzipationsgesetzgebung im 19. Jahrhundert die Rahmenbedingungen jüdischer Existenz im Reichsgebiet. Von den einzelnen Obrigkeiten konnte es sowohl für die Ansiedlung und Besteuerung von Juden genutzt werden als auch zur Grundlage für restriktive Maßnahmen wie Handels- und Durchzugsverbote, Kennzeichnungspflichten, Leibzollforderungen u. a. herangezogen werden. Prägend für die frühneuzeitliche Judenpolitik der verschiedenen Herrschaftsträger war daher eine ausgesprochene Ambivalenz im Umgang mit der jüdischen Minderheit.

Zugleich lassen sich aber zu Beginn der Frühen Neuzeit Entwicklungstrends beobachten: Insbesondere die größeren Territorien sowie die Reichsstädte verschlossen ihre Gebiete für die jüdischen Gemeinden. Die Folge war eine Verschiebung der jüdischen Siedlungen von den Fürstentümern und städtischen Zentren auf das Land, wodurch sich das urbane Judentum des Mittelalters auflöste und sich das frühneuzeitliche Landjudentum etablierte.[2] Für diese Verdrängungsprozesse hat die Forschung ein ganzes Bündel verschiedenster politischer, sozialer und ökonomischer Ursachen rekonstruiert, wobei die stereotypen judenfeindlichen Bilder den argumentativen Referenzrahmen für die Vertreibungen lieferten.[3]

Im Folgenden sollen die daraus erwachsenen Bedingungen jüdischen Lebens während der Frühen Neuzeit aus einer regionalgeschichtlichen Perspektive im Überblick dargestellt werden. Aus einem räumlich fokussierten Blickwinkel soll dabei der Versuch unternommen werden, die vielfältigen und auch gegenläufigen Entwicklungslinien der deutsch-jüdischen Geschichte zu strukturieren und verschiedene erklärende Zugänge zu eröffnen. Am Ende werden Überlegungen zur Diskussion gestellt, die für die jüdisch-christliche Koexistenz in dieser Phase prägend waren. Ein besonderes Augenmerk wird dabei auf die Zusammenhänge von räumlichen Strukturen, jüdischer Siedlungsweise sowie den spezifischen Problemlagen und Konfliktfeldern, aber auch den Chancen im Zusammenleben von Christen und Juden gelegt.

Der Beobachtungsraum ist Schwaben. Wenn wir von Schwaben in der Frühen Neuzeit sprechen, bedarf es allerdings vorab einer historisch-geographischen Standortbestimmung. Im Anschluss an die landesgeschichtliche Forschung meine ich damit eine historische Landschaft, die von den Zeitgenossen, von Christen wie von Juden, als ›Land zu Schwaben‹ bezeichnet wurde und die einen Bezugsraum darstellte, der sich vom Schwarzwald bis zum Lech und etwa von Heilbronn bis zum Bodensee erstreckte. Dem einheitlichen Raumverständnis der Zeitgenossen stand die politische Fragmentierung gegenüber: die Vielzahl von Territorien unterschiedlicher Größe und Stand, die sich hier konzentrierten. Neben den großen Ländern der Herzöge von Württemberg und der Markgrafen von Baden dominierten an den Rändern und dazwischen die Besitzungen der Grafen, der Reichsritter, der Reichsstädte und Klöster. Geprägt wurde diese Region zudem durch die vorderösterreichischen Herrschaftsgebiete, wodurch die Habsburger eine Doppelrolle als Reichsoberhaupt und als Landesherren einnahmen.

Siedlungsstrukturen im Wandel

Wo lebten Juden in Schwaben während der Frühen Neuzeit? Diese schlichte Frage ist keineswegs leicht zu beantworten, denn Siedlungskarten zur jüdischen Geschichte gehören nach wie vor zu den Forschungsdesideraten. Erschwert werden kartenbasierte siedlungsgeschichtliche Arbeiten für die Region Schwaben in der Vormoderne zudem durch die politischen Entwicklungen im 19. Jahrhundert. Mit der Auflösung des Alten Reiches 1803 erfolgte die schrittweise Aufteilung dieser kleinräumigen Territorialwelt zwischen den neu geschaffenen Königreichen Württemberg und Bayern sowie dem Großherzogtum Baden, und die landesgeschichtlichen Kartenwerke Württembergs und Bayerns orientierten sich fortan an den Grenzen der heutigen Bundesländer. Umso wertvoller ist die im Historischen Atlas von Baden-Württemberg publizierte Siedlungskarte der jüdischen Bevölkerung in den Grenzen des heutigen Bundeslandes. Mit dem Stichjahr 1825 spiegelt sie den Zustand am Beginn der Umbruchszeit hin zum modernen urbanen Judentum und damit noch weitgehend die frühneuzeitlichen Verhältnisse wider.[4] Sie ist im Detail zwar durch die mittlerweile fortgeschrittenen regionalen Forschungen zu ergänzen, aber die Grundstruktur entspricht nach wie vor dem Forschungsstand. Die Karte zeigt alles andere als eine gleichmäßige Verteilung der jüdischen Wohnorte. Es gibt vielmehr Verdichtungen: Entlang des Rheins, kleinere Gruppen finden wir am nordwestlichen Bodensee und am oberen Neckar, und dann im Norden in der Landschaft des Kraichgaus am unteren Neckar. Hier findet sich eine derartige Häufung jüdischer Wohnorte, dass der Kartograph die Situation nur in einem vergrößerten Ausschnitt zur Darstellung bringen konnte. Ansonsten prägen vor allem stark verstreute Orte das Siedlungsbild. Da die Signaturen auch die Siedlungsgrößen visualisieren, erkennen wir zudem, dass hohe jüdische Bevölkerungsanteile sich

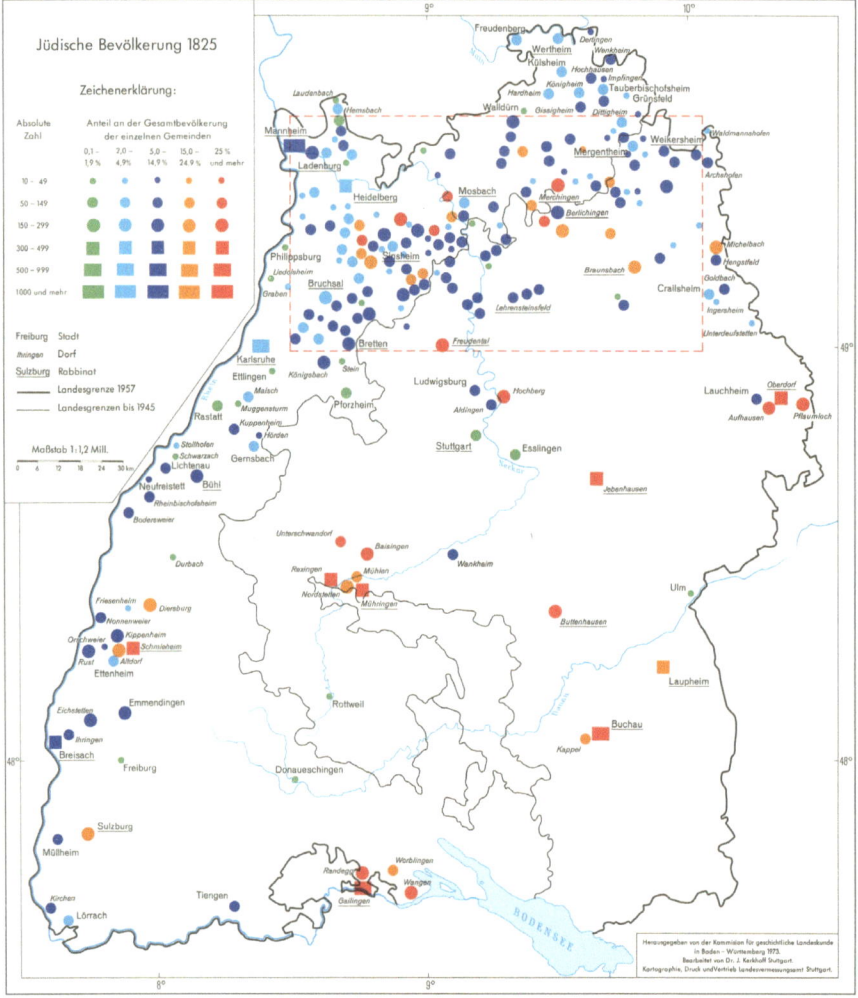

Abb. 1: Übersichtskarte der jüdischen Bevölkerung zum Jahr 1825 im heutigen Baden-Württemberg.

keineswegs in großen Städten finden, sondern vielmehr in Dörfern oder in ausgesprochenen Kleinstädten.

Eine vergleichbare Situation stellt sich im östlichen Teil Schwabens dar, dem heutigen bayerischen Regierungsbezirk Schwaben. Ein digitales Siedlungskartenprojekt für Bayern, das die Siedlungsnachweise zwischen 1500 und 1820 zusammenfasst und zur Darstellung bringt, ermöglicht hier einen Überblick.[5] Einige Siedlungen befanden sich zwar noch in unmittelbarer Nähe der Reichsstadt Augsburg, aber der Großteil lag abseits der urbanen Zentren. Während die frühneuzeitlichen Siedlungsorte im württembergischen Teil – abgesehen vom Kraichgau – als vereinzelte Inseln in einem Umfeld lagen, das mehrheitlich keine Schutzjuden aufnahm, befanden sich die schwäbischen Judenschaften im heutigen Bayern in enger regionaler Nachbarschaft. Sie waren auch hier nicht gleichmäßig verteilt, weil u. a. das Hochstift Augsburg, die Klosterherrschaften oder die Fugger in ihren Herrschaftsgebieten eine judenfeindliche Politik verfolgten, aber die Nachweise sind in Relation zur Raumgröße deutlich dichter.

Diese Situation ist das Ergebnis einer Welle an Ausweisungen aus den schwäbischen Städten. 1429/30 leitete die Ravensburger Ritualmordbeschuldigung das Ende mehrerer Judengemeinden in Oberschwaben und am Bodensee ein – Konstanz (1448), Lindau (1430), Überlingen (1441) blieben seitdem bis ins 19. Jahrhundert hinein für Juden verschlossen. In den folgenden Jahrzehnten schlossen sich die anderen Städte sukzessive dieser restriktiven Politik an: Augsburg (1438/40), Heilbronn, (1476), Ulm (1499), Nördlingen (1507), Reutlingen (1495), Schwäbisch Gmünd (1501), Giengen (1500), Memmingen (wohl auch um 1500) und zuletzt Donauwörth 1517.[6] Der Umbruch vom urbanen Judentum des Mittelalters zum kleinstädtisch-ländlich geprägten Judentum gestaltete sich in diesem Raum besonders gravierend, weil Schwaben mit gut einem Drittel aller im Reich vorhandenen Reichsstädte eine besonders hohe vormoderne Urbanität aufwies. Einen wesentlichen Ausschlag gab dafür weiterhin die Judenpolitik des Herzogtum Württembergs, wo Eberhart im Bart 1492 verfügte, dass seine Nachfolger keine Juden mehr dulden sollten. Eine Regimentsordnung von 1498 bestimmte schließlich unter Einfluss der Landstände die grundsätzliche Ausschließung und an diesem restriktiven Kurs wurde festgehalten, wie Stefan Lang in seiner maßgeblichen Studie dazu zeigen konnte.[7]

Innerhalb der frühneuzeitlichen Phase lassen sich weitere Wandlungsprozesse beobachten, die zwar noch nicht abschließend erforscht sind, aber die Einzelbeobachtungen dazu verdichten sich. Im westlichen Schwaben, also im heutigen Baden-Württemberg, nahmen in der ersten Hälfte des 16. Jahrhunderts angrenzende Adelsherrschaften und der württembergische Lehensadel einzelne Familien auf, die sich nach einer Zählung aus dem Jahre 1544 auf 74 Orte verteilten. In diesem Jahr ließ Herzog Ulrich eine Erhebung der jüdischen Haushalte in den Nachbarherrschaften und beim eigenen Lehensadel durchführen.[8] Sichtbar werden daran der hohe Grad der Vereinzelung sowie die Fluktuationen. An den meisten Orten lebten zwei bis fünf Familien, die ihr Wohnrecht lediglich über zeitlich befristete Schutzverträge absichern konnten. In den folgenden Jahrzehnten verstärkte Württemberg seinen Druck auf den Adel, nötigte ihn sukzessive zur Ausweisung der Schutzjuden und leitete so einen langfristigen, kontinuierlichen Verdrängungsprozess ein. Die Folgen waren eine insgesamt hohe Mobilität und der Rückzug in einzelne Refugien – insbesondere in die Dörfer der habsburgischen Adelsklientel. So konnten sich u. a. in Mühringen, Baisingen oder Nordstetten nun größere und stabile Gemeinden entwickeln, die bis in das 19. Jahrhundert hinein Bestand hatten. Im Zuge der Formierung der schwäbischen Reichsritterschaft lösten sich diese Orte aus dem württembergischen Einflussbereich und erlangten damit auch Handlungsfreiheit für eine eigenständige Judenschutzpolitik.

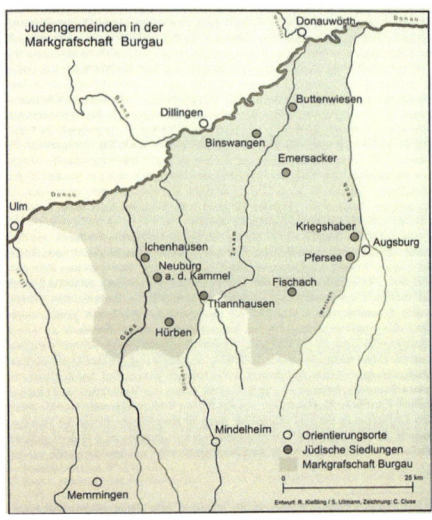

Abb. 2: Karte der jüdischen Gemeinden in der Markgrafschaft Burgau im 17./18. Jahrhundert.

Vergleichbare Entwicklungstrends lassen sich in der Markgrafschaft Burgau in Ostschwaben beobachten.[9] Auch hier wechselten sich im 16. Jahrhundert Vertreibungen und Wiederansiedlungen vielfach ab, bevor es dann nach dem Dreißigjährigen Krieg zu einem Konzentrationsprozess kam, der zugleich eine Stabilisierung zur Folge hatte. Vielfach sind die jüdischen Niederlassungen zunächst nur für wenige Jahre belegt, z. B. für Eisenburg, Grönenbach oder Heimertingen. Und in den meisten dieser Dörfer lebten wie im württembergischen Bereich nur zwei bis vier Familien. Die Siedlungskonzentrationen in Form sog. Judendörfer, z. B. in Binswangen, Buttenwiesen, Fischach, Ichenhausen oder Thannhausen, sind daher erst ein Phänomen der zweiten Hälfte des 17. und dann vor allem des 18. Jahrhunderts.

Juden als Akteure der Siedlungsgeschichte

Die jüdische Siedlungskarte war allerdings nicht allein das Ergebnis obrigkeitlichen Handels der herrschaftlichen Entscheidungsträger, die im Besitz des Judenregals waren und damit Schutzrechte ausüben oder Vertreibungen auslösen konnten. Neben den verschiedenen Territorial- und Ortsherren haben die Juden selbst, manchmal mehr, manchmal weniger erfolgreich, diese Siedlungskarten mitgestaltet. Blicken wir dazu für ein Beispiel auf die Günzburger Judengemeinde, die im 16. Jahrhundert zu den bedeutendsten Judensiedlungen in Schwaben gehörte. Hierher hatten sich die 1499 aus Ulm vertriebenen Juden zurückgezogen und unter dem Schutz Vorderösterreichs und dem Einfluss des wohlhabenden Familienverbands Simon von Günzburgs bis 1618 ein neues Zentrum bilden können. Wie Stefan Rohrbacher in einer detaillierten Untersuchung zeigen konnte, nutzte Simon von Günzburg, der über weitreichende Beziehungen in den geistlichen und weltlichen Adel Schwabens verfügte, seine Netzwerke auch zur Ansiedlung von Geschäftspartnern und Familienangehörigen im Umland der Reichsstadt Augsburg. Auf der Grundlage eines ihm vom Augsburger Bischof gewährten Privilegs für zwei Schutzhaushalte in Oberhausen konnten dort 1553 Nathan Schotten und seine Frau sowie Moses 1567/69 ansässig werden.[10]

Es bedurfte folglich des Zusammentreffens verschiedener Komponenten: einer ansiedlungsbereiten Schutzobrigkeit und einer Initiative von jüdischer Seite. Zumindest die einflussreiche jüdische Familie Ulmo-Günzburg hat sich so Schwaben als Siedlungsraum in gewisser Hinsicht auch selbst miterschlossen. Wie die Schutzjuden dabei im Einzelnen vorgingen, wie sie untereinander Informationen über mögliche attraktive Siedlungsorte oder ansiedlungswillige Schutzobrigkeiten austauschten und dazu Wissensbestände aufbauten und kommunizierten und welche Rolle dabei bereits bestehende Gemeinden vor Ort spielten, bleibt freilich auf der erhaltenen Quellengrundlage vielfach spekulativ und bedarf der weiteren Forschung. Dennoch ist es vorstellbar, dass die Höhe der zu zahlenden Schutzgelder oder günstige Rahmenbedingungen für den Handel ebenso Entscheidungskriterien sein konnten wie die religiös-kultischen Siedlungsqualitäten eines Ortes, z. B. seine Entfernung zum nächsten Friedhof oder eine Synagoge vor Ort.

Dokumentiert ist in den Quellen allerdings nicht nur das Bemühen um die Erschließung neuer Siedlungsmöglichkeiten, sondern auch verzweifelte Versuche an den einmal gewonnenen Wohnorten festzuhalten und angedrohte Ausweisungen zu verhindern. Um diese abzuwehren, klagten die Judenschaften am Reichskammergericht oder am Reichshofrat gegen die Adelsherrschaften, die ihnen den Schutz aufkündigen wollten. Die nach wie vor geltende, oberste Schutzherrschaft von Kaiser und Reich eröffnete ihnen nicht nur den prinzipiellen Zugang zu den beiden obersten Reichsgerichten, sondern auch die Möglichkeit, diesen hier abzurufen und einzufordern.[11] Da die Schutzbriefe zeitlich limitiert waren, musste jedes Aufenthaltsrecht nicht nur regelmäßig neu verhandelt werden, sondern stand dann auch immer prinzipiell zur Disposition. Besonders gut dokumentiert ist dazu ein Fall aus Orsenhausen im heutigen Landkreis Biberach in Baden-Württemberg, der von Stefan Lang und Sabine Frey untersucht wurde:[12] Als in Orsenhausen, einem Dorf der Freiherren von Roth, 1544 der Ortsherr verstarb, verfügte die dort ansässige Judenschaft nur noch über ein zweijähriges verbrieftes Bleiberecht. Im Schutzvertrag hatten die Adelsherren sich explizit zugleich ihr Recht zur Vertreibung verbriefen lassen, falls sie oder ihre Erben nach Ablauf der Schutzfrist keine Juden mehr unter ihrer Herrschaft dulden wollten. Diese Situation trat 1550 ein, als der nachfolgende Sohn, Sebastian von Roth, die Juden auswies – nachdem er sie den Truppen des Schmalkaldischen Bundes zunächst schutzlos überlassen, nach 1548 aber wieder einzelne aufgenommen hatte. Dagegen klagten die Orsenhausener Juden am Reichskammergericht um die Erwirkung eines Mandats gegen die Freiherren – zunächst mit Erfolg. Eine einstweilige Verfügung des Reichskammergerichts untersagte den Herren von Roth die Ausweisung bis zur weiteren rechtlichen Klärung. Während des Prozesses verteidigten die zehn namentlich genannten Juden (Lang Jakob, Berlin, Salomon, Boffit, Feifelmann, Klein Jäcklin, Golda, Isaak, Klein Leo und Isaias) vehement ihre Rechtsstandpunkte. Obwohl das Reichskammergericht das zugunsten der Juden erlassene Mandat zwar wieder aufhob und damit die Ausweisung als rechtens erklärte, wurde diese anscheinend nicht oder nur teilweise durchgeführt – noch im 17. Jahrhundert lebten am Ort jüdische Familien. Den Handlungsspielraum, den ihnen die Reichsgerichte sowie die kaiserliche Schutzfunktion eröffneten, konnten sie also durchaus nutzen. Ihr Vorgehen vor Gericht, das zielgerichtete Einreichen ihrer Privilegien, ihre rechtlich gewandte Argumentation, der Einsatz gelehrter Prokuratoren zeigen eine selbstbewusst agierende Minderheitengruppe, deren Handeln und deren Lebensbedingungen nicht allein aus einer Opferperspektive beschrieben werden können. Dabei spielten die spezifischen politischen Strukturen Schwabens eine entscheidende Rolle: Die besondere Nähe der Region Schwaben zu Kaiser und Reich sowie die Vielzahl kleiner und kleinster Herrschaftsgebiete, deren Obrigkeiten zwar keine einheitliche Schutzpolitik verfolgten, die aber durch ihre Häufung wechselnde Existenzchancen innerhalb einer Region boten. Die Judenschaften konnten nach einer Ausweisung in regionaler Nähe andernorts wieder eine Aufnahme finden.

Nach 1648 waren sie in diesem Bemühen immer erfolgreicher. Nach dem Ende des Dreißigjährigen Krieges kam es zu einer Stabilisierung und vor allem zu einem deutlichen Anwachsen der jüdischen Bevölkerung. An Orten, in denen sie nun Aufnahme fanden oder noch über Schutzbriefe verfügten, konnten sie in vielen Fällen nun stabile Gemeindestrukturen aufbauen. Nun entstand die Reihe an sog. Judendörfern, die für Schwaben nach 1648 prägend wurden und in denen die jüdische Bevölkerung auch zahlenmäßig ein erhebliches Gewicht gewann.

Erklärungsansätze für die Siedlungsmuster und die Siedlungsentwicklungen

Diese Trendwende nach dem Dreißigjährigen Krieg lässt sich in verschiedener Hinsicht erklären: Neben der Motivation, die verwüsteten Dörfer und Landstriche wieder zu besiedeln und den damit verbundenen Rückgang der Steuereinnahmen auszugleichen, spielten grundsätzliche ökonomische Nutzenerwägungen nach einer Belebung der Handelsstrukturen, die durch den langen europäischen Konflikt zerstört waren, eine entscheidende Rolle. Die ökonomische und demographische Krise verbesserte offensichtlich die Position der Schutzjuden in entscheidender Weise. Sie erleichterte denjenigen Obrigkeiten, die auf die Zuwanderung von Schutzjuden zum Auf- und Ausbau ihrer Territorien, Güter und Orte setzten, einen pragmatischen Umgang mit der religiösen Minderheit. Ihre Judenschutzpolitik konnten sie nun unabhängiger von christlichen Ideologien und langtradierten antijüdischen Stereotypen nach ihren Interessen ausrichten. Diese Entwicklung lässt sich quantitativ am Anstieg der jüdischen Bevölkerung auch in Schwaben messen.

Setzt man das jüdische Siedlungsbild in Relation zur Herrschaftskarte erschließt sich der Kurs der einzelnen Herrschaftsträger in diesem Raum nach 1648 im Ergebnis: Im heutigen württembergischen Teil Schwabens waren neben der Markgrafschaft Baden die Regierungen der vorderösterreichischen Besitzungen, die Herrschaftsbereiche der Hohenzollern, die Herrschaftskomplexe der geistlichen Orden und dann vor allem die Bereiche des ritterschaftlichen Adels für den Bevölkerungsanstieg maßgeblich. Und auch einige der kleinsten schwäbischen Reichsstädte, wie Buchau am Federsee, tanzten nun aus der Reihe der ansonsten antijüdischen Politik der Städte. Die größte jüdische Gemeinde unter der Herrschaft des Johanniterordens entwickelte sich seit dem 17. Jahrhundert in Rexingen bei Horb. In Mühringen, ebenfalls am oberen Neckar und zeitweise im Besitz des Deutschen Ordens, dann ein Rittergut im Kanton Neckar-Schwarzwald, befand sich spätestens seit den 1560er Jahren ein jüdischer Friedhof, der auch von den umliegenden Gemeinden genutzt wurde, und seit dem Beginn des 18. Jahrhunderts ein Rabbinatssitz. Zahlreiche Reichsritter lebten von ihren nur wenig einträglichen Gütern, waren auf Anstellungen bei Hofe angewiesen und siedelten Schutzjuden als Kreditgeber an,

Abb. 3: Mühringen um 1830 mit Schloss, katholischer Kirche und Synagoge (Walmdach). Lithographie von Joseph Schott.

mit denen sie über deren Schutzgelder dringend benötigte Zusatzeinnahmen erzielten. Durch diese Politik wuchs die jüdische Bevölkerung am oberen Neckar im 17. Jahrhundert kontinuierlich an. In Mühringen lebten 1744 50 jüdische Familien, in Baisingen 1771 21, in Nordstetten 1772 immerhin noch 18.[13] Auch die ersten und früh von Utz Jeggle untersuchten Gemeinden in Buttenhausen und Jebenhausen lebten unter dem Schutz der schwäbischen Reichsritterschaft im Kanton Donau bzw. Kocher.[14]

Die jüdischen Siedlungsregionen lagen damit nicht nur am Rande des heutigen Bundeslandes Baden-Württemberg, verdrängt durch die antijüdische Politik des großen herzoglichen Herrschaftsbereichs im Zentrum, sondern sie lagen auch in Gebieten, die durch eine ausgesprochene territoriale Kleingliederung gekennzeichnet waren. Sie weisen damit signifikante gemeinsame Strukturmerkmale auf: Meist handelte es sich um Herrschaftsgebiete, die kleinräumig waren, wie die Rittergüter, oder nicht räumlich geschlossen, wie die Besitzungen der geistlichen Orden. In beiden Fällen vollzog sich Regierungs- und Verwaltungshandeln in einer hohen Komplexität auf verschiedenen, neben- und übereinander gelagerten Herrschaftsebenen, zwischen Kommenden, Ballei und Meistertum oder zwischen Kantonen und Ritterkreisen. Über deren Funktions- und Wirkungsweisen im Bereich der Judenpolitik wissen wir aber noch sehr wenig.

Diejenigen Herrschaftsträger, die Juden bevorzugt Schutz gewährten, mussten oft ihren Anspruch auf territoriale Souveränität mit benachbarten Konkurrenten teilen bzw. gegenüber diesen durchsetzen. Das Zusammentreffen konkurrierender Herrschaftsansprüche bedingte ein besonders dynamisches Handeln der politischen Akteure. Konflikte um Hoheitsansprüche sind daher gerade hier ein häufig anzutreffendes Phänomen. Weil der Judenschutz zudem eine Gerechtsame war, die zu den verfassungsrechtlichen Merkmalen der Landeshoheit gehörte, war seine Inanspruchnahme vielerorts umstritten. Territoriale Hoheitskonflikte wurden nicht selten mit und über die Verfügungsgewalt des Judenschutzes ausgetragen, der so zu einer politischen Statusfrage aufgeladen und instrumentalisiert wurde. In der Markgrafschaft Burgau konkurrierten die Habsburger mit den Ansprüchen der sog. Insassen, den ebenfalls in diesem Raum begüterten Adeligen, Reichsklöstern und Reichsstädten;[15] und im württembergischen Schwaben stand die Judenschutzpolitik des ritterschaftlichen Adels im 16. Jahrhundert im Zusammenhang mit ihrem Kampf um Reichsunmittelbarkeit und ihrer Loslösung aus dem württembergischen Territorium.[16]

Welche Folgen konnte dies für die Lebensformen in der Koexistenz mit ihrer nichtjüdischen Umwelt haben und wie gingen die Schutzjuden Schwabens mit diesen Strukturen um? Dass die Judengemeinden Kämpfe um den politischen Status ihrer Schutzobrigkeiten durchaus für ihre eigenen Interessen nutzen konnten, zeigen die Vorgänge in Buchau am Federsee, die Thomas Lau rekonstruiert und beschrieben hat:[17] In der Mitte des 18. Jahrhundert waren die politischen Verhältnisse in einer der kleinsten schwäbischen Reichsstädte derart zerrüttet, dass 1749 nach einem Aufstand der Bürger gegen die Korruption und Misswirtschaft des Rates eine kaiserliche Kommission unter der Führung Württembergs eingesetzt wurde. Diese stabilisierte zwar das bisherige Regiment und verhinderte den geforderten politischen Wechsel, aber die Finanzlage der Stadt verbesserte sich dadurch keineswegs. Die Schuldenkrise wurde vielmehr verstärkt: Die Aufenthaltskosten der Kommissare und Strafgelder evozierten weitere Kreditaufnahmen, die die Stadt in immer größere Abhängigkeit von ihren territorialen Nachbarn brachte, sodass der Status der Reichsunmittelbarkeit zunehmend bedroht war. Während Bürgerschaft und Rat von einer Zahlungskrise in die nächste schlitterten, profitierte die jüdische Gemeinde Buchaus davon eher. Ihre Aufnahme- und Schutzgelder entlasteten nicht nur den städtischen Fiskus, sondern die jüdischen Vieh- und Warenhändler waren für die Bauern und Handwerker in Buchau ein wichtiger Geschäftspartner. Bis zum Ende des 18. Jahrhunderts stieg der jüdische Bevölkerungsanteil auf ein Drittel aller Einwohner an, die Hälfte der städtischen Einkünfte wurde von ihnen bestritten und das Wirtschaftsleben war wesentlich von ihrem Handel bestimmt. In den folgenden Jahren lässt sich diese Judengemeinde – zum Teil im Verbund mit der Bürgerschaft – als ein machtvoller Akteur in Auseinandersetzungen mit Wien um die Abwehr von Zollerhöhungen fassen, und 1765 konnten sie eine verbindliche Begrenzung der Schutzgeldzahlungen durchsetzen sowie die Achtung der innerjüdischen Rechtsprechung.

Nicht nur in Buchau erlangte die jüdische Bevölkerung an einigen wenigen Orten sehr hohe Anteile und damit ein entsprechendes Gewicht sowie eine gewisse Stabilität in ihrer Existenz. Im Vergleich zum 15. und 16. Jahrhundert waren die Chancen auf stabile Lebensverhältnisse im lokalen Kontext erheblich angestiegen und eingebettet in spezifisch räumlich-herrschaftliche Strukturen, die ihre Existenzbedingungen begünstigten.

Konfliktfelder und Chancen der Koexistenz

Die Forschungen zur deutsch-jüdischen Geschichte haben sich schon seit mehreren Jahren vom Verfolgungsnarrativ befreit – ohne die vielfältigen Invektiven, Vorurteilsbildungen und Restriktionen, denen Juden in der Vormoderne ausgesetzt waren zu negieren oder die Verhältnisse im Sinne einer idealisierten, friedlichen Koexistenz zu verklären. Es ist die Gleichzeitigkeit von jeweils erkämpften und erstrittenen Sicherheiten auf der einen Seite und die grundsätzliche Gefährdungslage andererseits, die von einem Antijudaismus ausging, der alle Bevölkerungsschichten durchzog und der jederzeit aktualisiert werden konnte, aber auch fallweise überwunden wurde. Die frühneuzeitliche Epoche hat daher ihre eigenen Signaturen in der langen deutsch-jüdischen Geschichte. Sie lässt sich nicht allein aus den Erfahrungen des Holocausts rekonstruieren und interpretieren. Daher wäre es verfehlt, diese Phase ausschließlich »unter den Vorzeichen der Judenfeindschaft und des Scheiterns als eine unheilvolle Bewegung vom Vorurteil zur Vernichtung« zu betrachten – wie dies Thomas Brechenmacher in seinem historiographischen Überblick eindringlich herausgestellt hat.[18] Zu den spezifischen Ausformungen jüdisch-christlicher Koexistenz in der Vormoderne hat die Landes- und Regionalgeschichte durch differenzierende Blicke auf die verschiedenen räumlich-lokalen Begebenheiten weiterführende Erkenntnisperspektiven eröffnet.

Dazu möchte ich aus dem Raum Schwabens drei Beobachtungen erläutern: Zum einen der Befund, dass (1) das Zusammenleben in den ländlichen Siedlungsräumen der Frühen Neuzeit von einer großen Nähe in räumlicher, ökonomischer und sozialer Hinsicht gekennzeichnet war; zum anderen die Strukturähnlichkeiten (2) der Lebenswelten von Juden und Christen, die in verschiedenen Zusammenhängen und aus ganz unterschiedlichen empirischen und methodischen Blickwinkeln in den letzten Jahren betont wurden; daraus folgten sehr spezifische Konfliktlagen, die durch wiederkehrende Streitanlässe, ähnliche Verhaltensweisen und Argumente der jüdischen wie der christlichen Akteure geprägt waren.

(1) Verkleinert man den Maßstab der Siedlungskarten auf die topographischen Situationen in den einzelnen Orten, wird ersichtlich, dass das frühneuzeitliche Landjudentum Schwabens keineswegs in Ghettos lebte. Eine geographische und topographische Beschreibung der Markgrafschaft Burgau aus den Jahren 1749–1753 gibt für den östlichen Teil Schwabens einen vergleichsweise breiten Einblick, der auch Vergleichsperspektiven eröffnet.[19] Johann Lambert Kolleffel, der im Auftrag der Wiener Regierung eine umfassende Erhebung vornahm, verzeichnete akribisch Lage und Anzahl der jüdischen Wohnhäuser in den einzelnen Dörfern: An seinen Verzeichnungen wird deutlich sichtbar, dass sich die jüdischen Wohnhäuser zwar in einzelnen Straßen und Gassen konzentrierten, wie in Kriegshaber entlang der durch das Dorf führenden Landstraße von Augsburg nach Ulm oder in Binswangen am Ortsrand oder in Buttenwiesen entlang einer Ausfallstraße, ja mancherorts auch einen regelrechten ›Judenhof‹ bildeten, aber dies keineswegs durchgängig der Fall war. Jüdische Wohnhäuser waren auch über den Ort verstreut, lagen auch zwischen christlichen Wohnhäusern, wie z. B. in Pfersee, einem Dorf vor den Toren der Reichsstadt Augsburg.

Diese nahen Wohnsituationen, vielerorts Dach an Dach und immer innerhalb eines Dorfraumes, evozierten typische, wiederkehrende Konflikte: Als Johann Lipp 1670 die Pfarrstelle in Pfersee übernahm, beschwerte er sich nicht nur über die große Anzahl der Juden in seiner neuen Pfarrei, sondern auch über die räumliche Nähe. Gleich neben seinem Pfarrhof stehe das Haus eines Juden, der einen direkten Einblick in die Dorfkirche, den Friedhof und sogar in sein Haus habe. In mehreren Beschwerdeschriften an den Augsburger Bischof zwischen 1670 bis 1688 beklagte er sich, dass diese unmittelbare Nachbarschaft ihn bei seiner *Pfarrlichen verrichtung* beeinflusste, die Juden durch ihre gotteslästerlichen Blicke in den Altarraum das Allerheiligste schändeten. Seine Briefe sind angereichert mit Vor-

Anhang Nr. 14: Topographische Skizze der jüdischen Siedlung in Pfersee 1701

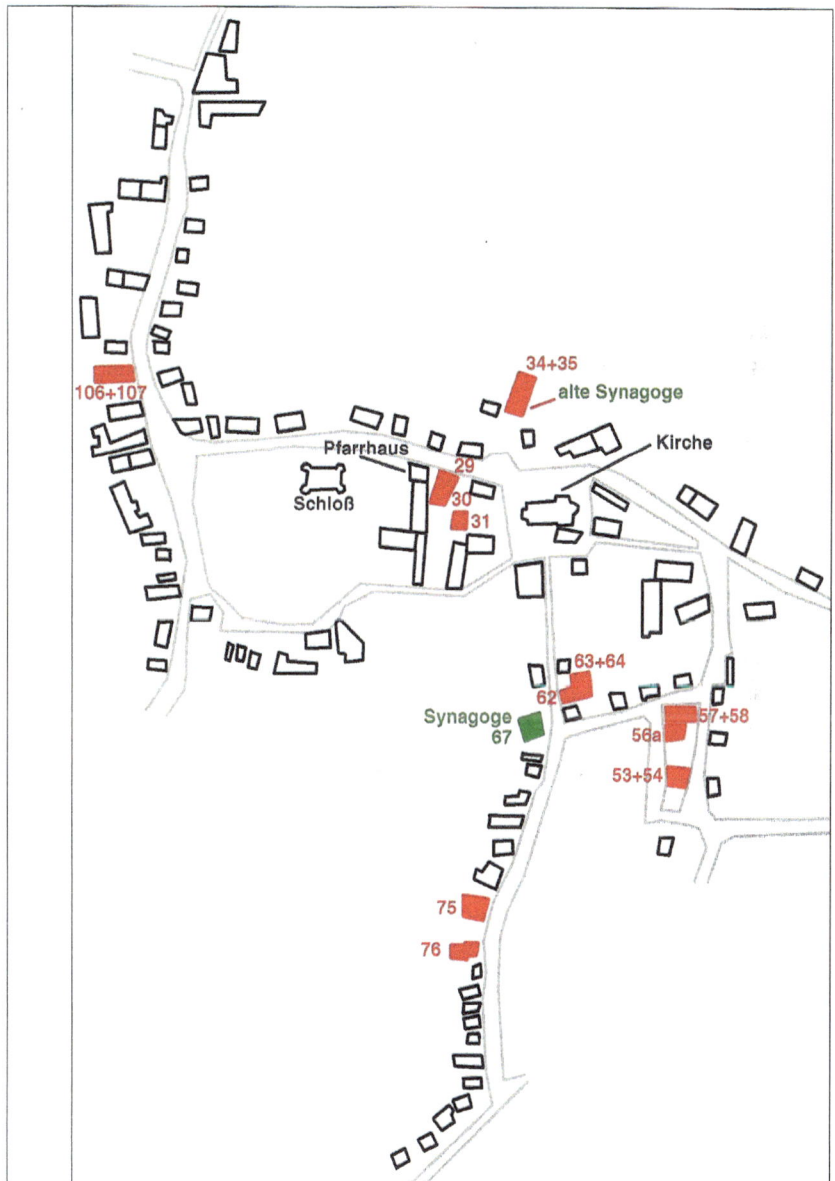

Abb. 4: Topographische Skizze der jüdischen Siedlung in Pfersee 1701.

würfen, die in einem weitverbreiteten und tief verwurzelten religiösen Antijudaismus gründeten. Die Rede ist von *gotteslästernden, unseren Heiland verspottenden schädlichen Juden*. Und wenn er von einem *ohngewohnlichen Judengeschreyes* spricht, das *den gantzen Pfarrhoff oftermals mit ohnleydenlichen Getöß* erfülle, so wird daran auch die Wahrnehmung eines anderen Dialektes, des jiddischen, ersichtlich.[20]

Seine hier vorgebrachten Befürchtungen und Anschuldigungen sind vor den herrschenden antijüdischen Einstellungen zu lesen. So versuchte er – allerdings vergeblich – den Verkauf eines weiteren Anwesens gegenüber der Dorfkirche an eine jüdische Familie zu verhindern. Einer seiner Nachfolger erreichte 1716 allerdings – und daran werden die grundsätzlichen, wiederkehrenden Aspekte dieses Konflikts ersichtlich –, dass der nunmehrige jüdische Besitzer Gerson Oppenheimer, *alle Liechter [Fenster] gegen den Pfarrhoff und dessen zugehör verbauet[n]* lassen musste.[21] Was damit erfolgte war eine sich auch in der baulichen Situation realisierende Grenzziehung. Sie ging in diesem Fall aus von der christlichen Seite und gründete in dem Vorwurf vermeintlicher Schmähungen sakraler Handlungen durch die Anwesenheit und die Blicke von Juden.

Diese Konflikte spiegeln allerdings die sozialen Verhältnisse in den Dörfern nicht allein wider. Vielmehr geben uns die Quellen auch immer wieder Hinweise auf durchaus funktionierende Momente jüdisch-christlicher Koexistenz. So verteidigte sich der Pfarrer Eschenlohr in Buttenwiesen, der vergleichbare Beschwerdeschreiben wie sein Pferseer Amtskollege verfasst hatte, gegen den Vorwurf einer Verletzung des Dorffriedens: Er sei keineswegs gegen alle Juden im Dorf feindlich gesinnt, seinem jüdischen Nachbarn *dem Vorsteher Schlom [habe er] mit darleihung [s]meines eigenen waschzubers und dergleichen schon oft und vielmahlen [einen] gefallen erwießen.*[22] Solidarhandlungen im Kontext von jüdisch-christlichen Nachbarschaften sind allerdings wesentlich spärlicher überliefert als die Konflikte. Diese wurden nicht vor den Dorfgerichten verhandelt, verursachten keine Beschwerdeschreiben oder Eingriffe der Schutzobrigkeiten. Man muss dazu die Quellen gegen den Strich lesen und auf einzelne, versteckte Hinweise achten. Dann zeigt sich, dass Wirtshäuser gemeinsam besucht, Geselligkeiten gepflegt, Feste gemeinsam gefeiert wurden und man sich gegenseitige Hilfeleistungen gewährte im Rahmen der nachbarschaftlichen Ökonomien des vormodernen Dorfes. Wenn etwa ein bischöfliches Dekret für das Hochstift Augsburg 1659 Christen die Teilnahme an jüdischen Festen untersagte, dann ist dies auch ein Hinweis darauf, dass diese offensichtlich stattgefunden hatten.[23]

Die räumliche Nähe hatte eine Entsprechung im ökonomischen Bereich. Über ihre Erwerbsweisen waren die Schutzjuden auf das engste mit ihrer nichtjüdischen Umwelt verbunden. Durch das in der Frühen Neuzeit weiterhin geltende Zunftverbot und den Mangel an Landbesitz waren sie auf den Handel als wichtigste Einkommensquelle angewiesen. Der Siedlungsumbruch erforderte von ihnen eine Anpassungsleistung an das agrarisch-kleinstädtische Umfeld. Aus dieser Situation entwickelten sich spezifische Erwerbsverhältnisse, die im Wesentlichen von drei Schwerpunkten bestimmt waren: dem Viehhandel, dem Kleinwarenhandel und dem Kreditgeschäft. Dieser Anpassungsprozess beinhaltete zugleich eine hohe Diversität und unterschiedliche Vermögensspannweiten. Die jüdischen Händler waren daher keine homogene wirtschaftliche Gruppe. Ihre Tätigkeit reichte vom Viehhandel, dem Verkauf von Agrarprodukten wie Wein und Getreide, zum Handel mit Tuch und Kleidung. Im letzteren Bereich partizipierten sie auch an der protoindustriellen Textilwirtschaft Schwabens sowie in noch weitaus größeren Umfang an der agrarischen und handwerklichen Produktion. Dabei gestalteten sich die Funktionen der jüdischen Händler äußerst vielfältig: Zum einen sorgten sie für den Warentransfer zwischen Stadt und Land, indem sie Kleider, Textilien oder Eisen- und Lederwaren hausierend feilboten, zum anderen übernahmen sie Verteilungsaufgaben innerhalb der ländlichen Ökonomie, im Getreide- und Viehhandel, der auch den Handel mit Tierhäuten umfasste. Dabei finden wir Kleinsthändler, die von einem regelrechten Nothandel lebten, ebenso wie relativ vermögende Landwaren- und Viehhändler bis hinauf zu Finanziers und Handelsagenten, die für die Fürstenhöfe agierten.

(2) Während die Erwerbsweisen im ländlichen Bereich eng verflochten waren, sticht für den gesellschaftlich-sozialen Bereich die Strukturähnlichkeit der beiden Lebenswelten hervor, die jüngst Stefan Brakensiek betont hat.[24] Obwohl beide Religionsgruppen verschiedene Dialekte pflegten, sich hinsichtlich ihrer Schriftsprachen und in ihrem religiösen Kultus voneinander unterschieden – bis hin zur Zeitrechnung und der Einteilung der Woche in Arbeits- und Ruhetage –, lassen sich auch eine ganze Reihe an Parallelen ausmachen. Diese umfassten u. a. die Familienformen und Familienökonomien, die Verhaltensideale sowie die gemeindlichen Or-

ganisationsstrukturen. So findet sich auch im Judentum das von Heide Wunder für die christliche Ständegesellschaft kategorisierte Modell des Arbeitsehepaares. In den jüdischen Viehhandelsfamilien lassen sich Arbeitsteilungen zwischen den umherreisenden Männern und den daheim die Geschäfte bewerkstelligenden Ehefrauen beobachten. Einerseits wurde im Judentum wie im Christentum der männliche Vorrang betont, andererseits sind in beiden Religionsgruppen Frauen in die Erwerbsarbeit eingebunden gewesen. Die Größe und Zusammensetzung der jüdischen Haushalte wurde zwar durch restriktive Schutzaufnahmen bestimmt, aber mit der Stabilisierung der jüdischen Siedlungssituation nach 1648 scheinen sich die Unterschiede in den Dörfern nivelliert zu haben. Am deutlichsten tritt diese Parallelität auf der Ebene der gemeindlichen Strukturen und der Funktionsorgane zu Tage: An der Spitze der dörflichen Judengemeinden standen die Barnossen, die wie die christlichen Vierer das kollektive Führungsorgan im Dorf bildeten. Die Zeitgenossen fanden für diese Strukturähnlichkeit auch einen sprachlichen Ausdruck, indem sie die Barnossen als ›Judenvierer‹ bezeichneten. Sie wurden – wie etwa in Binswangen belegt – oft am gleichen Tag und gemeinsam mit ihren christlichen Amtskollegen durch die örtliche Herrschaft in ihren Amtsfunktionen bestätigt. Ihre Wahl erfolgte, wie bei der christlichen Gemeinde, durch die Gemeindeversammlung, und ihre kommunalen Aufgaben entsprachen in vieler Hinsicht den Tätigkeitsbereichen der Dorfvierer. Sie umfassten z. B. ebenso die Rechnungslegung, die Disziplinar- und Aufsichtsgewalt oder den Steuereinzug in den Gemeinden.[25]

Diese lebensweltlichen Gemeinsamkeiten waren eine wichtige Basis für die funktionierende Koexistenz in den gemischtreligiösen Dörfern. Wenn die jüdische Bevölkerung gleichzeitig und dennoch vielen Anfeindungen ausgesetzt war, so wurzelten diese daher wohl weniger in grundsätzlichen Fremdheitserfahrungen. Eine wichtige Rolle dürften vielmehr Konkurrenzängste gespielt haben. Konkurriert wurde dabei u. a. um gemeindliche Ressourcen, ökonomische Gewinne und nicht zuletzt um den Wahrheitsgehalt der eigenen religiösen Überzeugung. Gerade in einer Epoche, in der religiöse Toleranz selbst zwischen den christlichen Konfessionen noch kein angestrebtes Ideal war, sondern die Existenz anderer religiöser Überzeugungen nur mit großen Vorbehalten lediglich hingenommen und notfalls ausgehalten wurde, war der religiöse Unterschied freilich ein entscheidender Faktor.

ENDNOTEN

1 RENGSTORF/KORTZFLEISCH: Kirche, S. 468–487; ROHRBACHER/SCHMIDT: Judenbilder.
2 BATTENBERG: Stadt.
3 Toch: JUDEN, S. 118–120.
4 Historischer Atlas von Baden-Württemberg Bd. I, Karte VIII,13: Jüdische Einwohner in Baden-Württemberg, Teilkarte 2: Jüdische Bevölkerung 1825.
5 SOWA: Digitale Karte, URL: www.ku.de//juedische-geschichte.
6 LANG: Reich, S. 117f.; KIESSLING: Vertreibung, S. 158.
7 LANG: Ausgrenzung.
8 Ebd. S. 74–76 und S. 358f.
9 ULLMANN: Siedlungsgeschichte.
10 ROHRBACHER: Partnerschaft.
11 KIESSLING: Schutzherrschaft.
12 FREY: Rechtsschutz, S. 50–68; LANG: Ausgrenzung, S. 353–355.
13 KOHLMANN: Ansiedlung, S. 92–94.
14 JEGGLE: Judendörfer.
15 ULLMANN: Nachbarschaft, S. 66–76.
16 LANG: Ausgrenzung, S. 65–110.
17 LAU: Integrationskraft.
18 BRECHENMACHER/SZULC: Geschichte, S. 162f.
19 PFAUD: Städte.
20 Alle Zitate aus: Archiv des Bistums Augsburg, BO 2764, Juden 1608–1784, Johann Lipp Pfarrer zu Pfersee 18.8.1670.
21 Zitiert nach ULLMANN: Nachbarschaft, S. 420.
22 Zitat nach ULLMANN: Nachbarschaft, S. 428.
23 ULLMANN: Nachbarschaft, S. 443.
24 BRAKENSIEK: Überlegungen.
25 ULLMANN: Nachbarschaft, S. 383f.

QUELLEN- UND LITERATURVERZEICHNIS

Archiv des Bistums Augsburg, BO 2764, Juden 1608–1784.
BATTENBERG, Friedrich: Aus der Stadt auf das Land? Zur Vertreibung und Neuansiedlung der Juden im Heiligen Römischen Reich, in: Monika RICHARZ/Reinhard RÜRUP (Hgg.): Jüdisches Leben auf dem Lande. Studien zur deutsch-jüdischen Geschichte (Schriftenreihe wissenschaftlicher Abhandlungen des Leo-Baeck-Instituts, Bd. 56), Tübingen 1992, S. 9–35.
BRAKENSIEK, Stefan: Überlegungen zu den lebensweltlichen Gemeinsamkeiten zwischen christlicher Mehrheit und jüdischer Minderheit in der Frühen Neuzeit, in: Alexander JENDORFF/Andrea PUHRINGER (Hgg.): Pars pro toto. Historische Miniaturen zum 75. Geburtstag von Heide Wunder, Neustadt an der Aisch 2014, S. 99–111.
BRECHENMACHER, Thomas/SZULC, Michal: Neuere deutsch-jüdische Geschichte. Konzepte, Narrative, Methoden, Stuttgart 2017.

Frey, Sabine: Rechtsschutz der Juden gegen Ausweisungen im 16. Jahrhundert. (Rechtshistorische Reihe, Bd. 30), Frankfurt a. M. u. a. 1983, S. 50–68.

Hirbodian, Sigrid: Konzepte und Perspektiven der Landesgeschichte. Das Beispiel »Juden und ländliche Gesellschaft in Württemberg«, in: Dies. u. a. (Hgg.): Pro multis beneficiis. Festschrift für Friedhelm Burgard (Trierer Historische Forschungen, Bd. 68), Trier 2012, S. 271–285.

Historischer Atlas von Baden-Württemberg Bd. I, hg. von der Kommission für geschichtliche Landeskunde in Baden-Württemberg, Stuttgart 1972–1988, Karte VIII,13: Jüdische Einwohner in Baden-Württemberg, Teilkarte 2: Jüdische Bevölkerung 1825, mit Ausschnittskarte, bearbeitet von J. Kerkheff.

Jeggle, Utz: Judendörfer in Württemberg (Volksleben, Bd. 23), Tübingen 1969.

Kiessling, Rolf: Zwischen Vertreibung und Emanzipation. Judendörfer in Ostschwaben während der Frühen Neuzeit, in: Ders. (Hg.): Judengemeinden in Schwaben im Kontext des Alten Reiches (Colloquia Augustana, Bd. 2), Berlin 1995, S. 154–180.

Kiessling, Rolf: Zwischen Schutzherrschaft und Reichsbürgerschaft. Die schwäbischen Juden und das Reich, in: Ders. u. a. (Hgg.): Das Reich in der Region während des Mittelalters und der Frühen Neuzeit (Forum Suevicum. Beiträge zur Geschichte Ostschwabens und der benachbarten Regionen, Bd. 6), Konstanz 2005, S. 99–122.

Kohlmann, Carsten: Ansiedlung von Juden aus Ländern des östlichen Europas im deutschen Südwesten während des 17. und 18. Jahrhunderts, in: Christine Absmeier u. a. (Hgg.): Religiös motivierte Migrationen zwischen dem östlichen Europa und dem deutschen Südwesten vom 16. bis zum 19. Jahrhundert, Stuttgart 2018, S. 85–99.

Lang, Stefan: Ausgrenzung und Koexistenz. Judenpolitik und jüdisches Leben in Württemberg und im »Land zu Schwaben« (1492–1650) (Schriften zur südwestdeutschen Landeskunde, Bd. 63), Ostfildern 2008.

Lang, Stefan: Zwischen Reich und Territorien. Innen- und Außenperspektiven jüdischen Lebens im »Land zu Schwaben« in der Frühen Neuzeit, in: Michael Brenner/Sabine Ullmann (Hgg): Die Juden in Schwaben (Studien zur Jüdischen Geschichte und Kultur in Bayern, Bd. 6), München 2013, S. 115–131.

Lau, Thomas: Die Integrationskraft des Streits. Buchaus Juden vor dem Reichshofrat, in: Stefan Ehrenpreis (Hg.): Kaiser und Reich in der jüdischen Lokalgeschichte (Bibliothek Altes Reich, Bd. 7), München 2013, S. 239–250.

Pfaud, Robert (Hg.): Schwäbische Städte und Dörfer um 1750. Geographische und topographische Beschreibung der Markgrafschaft Burgau von Johann Lambert Kolleffel 1749–1753 (Beiträge zur Landeskunde von Schwaben, Bd. 2), Weißenhorn 1974.

Rengstorf, Karl Heinz/Kortzfleisch, Siegfried: Kirche und Synagoge. Handbuch zur Geschichte von Juden und Christen, Bd. 1, München 1988.

Rohrbacher, Stefan/Schmidt, Michael: Judenbilder. Kulturgeschichte antijüdischer Mythen und antisemitischer Vorurteile, Reinbek 1991.

Rohrbacher, Stefan: Ungleiche Partnerschaft. Simon Günzburg und die erste Ansiedlung von Juden vor den Toren Augsburgs in der Frühen Neuzeit, in: Rolf Kiessling/Sabine Ullmann (Hgg.): Landjudentum im deutschen Südwesten während der Frühen Neuzeit (Colloquia Augustana, Bd. 10), Berlin 1999, S. 192–219.

Sowa, Oliver (Bearb.): Digitale Karte der jüdischen Siedlungen in Bayern zwischen 1500 und 1820, URL: www.ku.de//juedische-geschichte.

Toch, Michael: Die Juden im mittelalterlichen Reich (Enzyklopädie deutscher Geschichte, Bd. 44), München 1998, S. 118–120.

Ullmann, Sabine: Nachbarschaft und Konkurrenz. Juden und Christen in Dörfern der Markgrafschaft Burgau 1650 bis 1750 (Veröffentlichungen des Max-Planck-Instituts für Geschichte, Bd. 151), Göttingen 1999.

Ullmann, Sabine: Siedlungsgeschichte und Migrationsgeschichte. Zur Entwicklung der jüdischen Niederlassungen in Schwaben während des 16. und 17. Jahrhunderts, in: Reinhard Baumann/Rolf Kiessling (Hgg.): Mobilität und Migration in der Region (Forum Suevicum. Beiträge zur Geschichte Ostschwabens und der benachbarten Regionen, Bd. 10), Konstanz 2014, S. 163–186.

Musealisierung des Judentums.
Zwischen Präsentation und Repräsentation

Felicitas Heimann-Jelinek

Eine der ersten halböffentlichen Sammlungen von »Jüdischem«, um es bewusst vage zu benennen,[1] wurde im Dresdner Zwinger präsentiert. Kurfürst August der Starke hatte eine Reihe von Objekten aus der »Lehrsynagoge« des evangelischen Theologen Johann Friedrich Mayer erworben, welcher den Konvertiten Christoph Wallich Anfang des 18. Jahrhunderts beauftragt hatte, diese zu Lehrzwecken und »zum Nutzen der studirenden Jugend« in seiner Bibliothek auszustellen.[2]

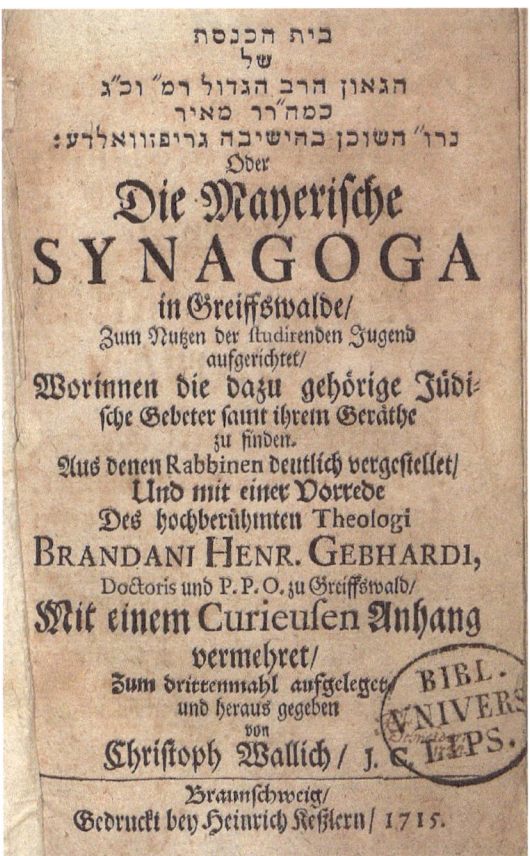

Abb. 1: Christoph Wallich: Die Mayerische Synagoga in Greiffswalde, Braunschweig 1715.

Zu der Präsentation in Dresden gehörte auch ein gigantisches, 12 Quadratmeter großes Holzmodell des Salomonischen Tempels. Es war Ende des 17. Jahrhunderts in Hamburg nach den Plänen des bekannten Jesuiten Juan Bautista Villalpando in Anlehnung an die Vision des Ezechiel entstanden.[3] Gemeinsam mit der »Lehrsynagoge« und einem Modell der Stiftshütte inklusive Priesterpersonal[4] bildete dies ab 1734 das sogenannte »Juden-Cabinet«. Die Synagogeneinrichtung in Dresden wurde 1735 erstmals von einem Reisenden beschrieben. Hinter dem Schloss lag, berichtete er,

der große Zwinger Garten/ welcher fast rundherum mit den schönsten Zimmern pranget. Jedes Zimmer hat besondere Raritaeten in sich/ welche zusammen die curiositaeten Cabineter gennenet worden. Diesen Namen führen sie auch mit recht. Denn/ man siehet darinnen alles/ was nur die Welt curieuses und seltsames hervor bringen kann [...]. Das Juden Cabinet zeiget auch allerhand Raritaeten. In demselben steht ein ausgestopfter Rabine in Manns Größe/ welcher den Hut auf dem Kopff/ eine Brille auf der Nase und einen Mantel um hat. Denselben siehet man vor einem Pult stehen/ auf welchen der Talmud lieget/ den er mit etlichen Fingern betastet. Wer in dieses Cabinet das erste Mahl kommet/ und noch nichts davon gewust hat/ sollte bald darauf schwöhren/ es sey würklich ein lebendiger Rabine, so gut und lebhafft ist er vorgestellet. Darinnen werden auch alle Instrumenta gezeiget/ die bey der Beschneidung und übrigen Jüdischen Gottes-Dienst gebrauchet werden.[5]

Die Beschreibung vom »ausgestopften«, »lebendig« anmutenden Rabbiner lässt nicht nur die Assoziation mit ausgestopften Exotica in den Wunder- und Naturalienkabinetten der Renaissance und des Barock aufkommen, sondern auch die mit dem »Mohren von Wien«, dem kurz vor der Wende zum 19. Jahrhundert verstorbenen und anschließend präparierten Angelo Soliman.[6] Was wollte der parallel zur endgültigen Einrichtung des »Juden-Kabinetts« verstorbene Kurfürst mit dem Kabinett? Er wollte zeigen, dass es nicht nur Preziosen, Rara und Exotica waren, die er beherrschte; auch Juden waren Teil des Kosmos, über den er in jedweder Hinsicht die Verfügungsgewalt hatte. Er wollte dasselbe wie mit den anderen Kabinetten, Naturalien-, Kunst- und Wunderkammern auch: demonstrieren, dass er haben konnte, was er nur begehrte, dass die Wunder der Welt ihm gehörten, auch Issachar Berend Lehmann, der ihm das Geld verschafft hatte, um die polnische Krone zu erlangen, der doch nur – mit wenigen Familienmitgliedern – ein Aufenthaltsrecht von Augusts Gnaden in Dresden erhielt. Die Wunderkammern der Fürsten kommunizierten die Begründung für Hegemonie und Allwissenheit. Es waren Räume, vermittels derer ein Herrscher sich in seiner Machtfülle repräsentiert sehen konnte. Diesem Zweck hatte alles und jeder darin Präsentierte zu dienen.

Demgegenüber sind die Jüdischen Museen der Vorkriegszeit, die Museen, die zwischen 1895 und 1938 in Wien, Kopenhagen, Budapest, Prag, Warschau, Amsterdam, Frankfurt am Main, Berlin, Prešov, London, Lemberg, Mainz, Nikolsburg oder auch in Cincinnati und New York hauptsächlich zur Selbstdarstellung gegründet worden. Auf der einen Seite war ihr Ziel ein apologetisches: Die Schaustellung berühmter jüdischer Persönlichkeiten und ihrer Leistungen signalisierte die tiefe Verankerung der Juden in der europäischen Geschichte, während die Sammlung von Gegenständen, die ursprünglich kultische Bedeutung hatten, und denen im musealen Rahmen nun kulturelle Bedeutung zugewiesen wurde, den Charakter des Judentums als Kulturträger verdeutlichen sollte.

Diesen auf eine externe, nicht zuletzt antisemitische Betrachtungsweise des Judentums reagierenden Anliegen stand eines gegenüber, das auf die Entwicklung der Post-Aufklärungs-Ära reagierte; durch die Emanzipation Verändertes, durch die Säkularisierung Aufgegebenes, durch den Einfluss der Industrialisierung auf kollektive und individuelle Lebenswelten Verdrängtes sollte bewahrt, wieder ins Bewusstsein gebracht, vielleicht sogar reaktiviert werden. Insofern dienten die Jüdischen Museen der Jahrhundertwende als Orte der Begegnung mit sich selbst, mit der eigenen Geschichte, dem eigenen religiösen und kulturellen Ausdruck. In gewisser Weise fügen sie sich in den ungeheuren Facetten- und Disziplinenreichtum der aus der Aufklärung hervorgegangenen Wissenschaft des Judentums ein, welche die traditionelle jüdische Gelehrsamkeit in die Wissenschaftskategorien der modernen Akademia integrierte.[7] Sie wurden geschaffen, nachdem die Standardwerke zur jüdischen Historiographie,[8] zur hebräischen Bibliographie,[9] zum synagogalen Ritus und zur Exegese,[10] zu Mischna und Talmud,[11] zur Entwicklungsgeschichte jüdischer Religion/Theologie,[12] zur Religionsphilosophie[13] und zur Semitistik respektive Orientalistik entstanden waren,[14] Themenbereiche, die ihren Niederschlag eben in diesen neuen Museen, oder zumindest im Zusammenhang mit deren populärwissenschaftlichen Aktivitäten fanden. Und sie wurden nicht zufällig parallel zur Schaffung der Jüdischen enzyklopädischen Werke gegründet, die jüdische Wissensgebiete einer breiten Öffentlichkeit zugänglich machten.[15] Das deutsche Jüdische Lexikon wurde herausgegeben, »weil die allgemeinen Konversationslexika jüdische Wissensgegenstände nur nebenbei und oberflächlich, dabei auch nicht immer objektiv« behandelten und weil »der Stoff eines Jüdischen Lexikons eine gemeinsame Idee, die der Kultur des Judentums«, braucht, um Aussagekraft zu haben.[16] Der Hinweis schließlich, dass »an unserem Lexikon ausschließlich jüdische Mitarbeiter beteiligt waren«,[17] weist nochmals nachdrücklich auf das Streben nach eindeutigen und damit auch repräsentativen Darstellungen hin. Vergleichbar ist Einstellung und Anliegen im überwiegenden Teil der Jüdischen Vorkriegsmuseen gewesen. In ihnen ging es nicht um Präsentation. Sie handelten nicht von Juden als Objekten, sondern waren handelnde Subjekte. Sie hatten nicht nur Vergangenheit im Programm, sondern eher Gegenwart und Zukunft. Sie wollten »der Forschung nach Altem und dem Schaffen nach Neuem in gleicher Weise« dienen,[18] fühlten sich der »Rekonstruktion der Vergangenheit« ebenso verpflichtet, wie »dem Zusammenhang mit dem ewig pulsierenden, immer vorwärts strebenden Leben«[19] und riefen zu »lebendigem Schaffen auf den Grundlagen jüdischen Geistes« auf.[20] Insofern waren sie modern. Sie waren Orte der visualisierenden Kommunikation, der Sichtbarmachung der eigenen Gruppe, ihrer inhaltlichen, kulturellen, politischen und gesellschaftlichen Vertretung, kurz: ihrer Repräsentanz.

Die repräsentative Selbstdarstellung ist auch bei den Judaica-Sammlern der zweiten Hälfte des 19. und Anfang des 20. Jahrhunderts zu konstatieren, noch bevor sie in den Jüdischen Museen greifbar wird. Als auf der World's Columbian Exposition 1893 in Chicago Judaica-Objekte eine Rolle spielten, speiste sich ihre Ausstellung nicht nur aus Material, das im United States National Museum mit viel Fachwissen von Altorientalist und Semitist Cyrus Adler zusammengetragen worden war.[21] Die dort – man möchte fast sagen dramatisch – in Szene gesetzte Ausstellung bezog ihre Schaustücke auch aus einer privaten Sammlung, nämlich der von Efraim Benguiat (1856–1932).[22] Ein Blick in die Chicagoer Ausstellung wie auch auf die orientalisierende Selbstdarstellung von Antiquitätenhändler Benguiat III., dessen Familie über Damaskus, Smyrna und Gibraltar von Spanien nach Boston gekommen war, zeugt nicht nur von exotischem Traditionalismus,[23] sondern von einem stolzen Bekenntnis, ja sogar von einer Zurschaustellung der eigenen Wurzeln. Und das bezeugt nicht nur seine Pose für ein Foto, wie ein kalifornischer Reporter berichtet: »Die malerische Gestalt, der rote Fez und der schwarze Bart von Hadji Ephraim Benguiat, türkischer Jude, Händler von Orientteppichen, ist in den Straßen von San Francisco bekannt.«[24] Nicht exotisch, vielmehr bürgerlich, aber ebenso selbstbewusst lässt Maximilian Goldstein (1880–1941) sich inmitten seiner Judaica-Sammlung in Lemberg porträtieren.[25] Lässig-weltmännisch posiert schließlich auch Lehrer Jakob Bronner (1885–1958) als Repräsentant des alten Jüdischen Museums Wien vor dem Hintergrund seiner Sammlung.[26] Dementsprechend waren die Erwartungen an die eigenen kulturellen Einrichtungen, namentlich an die Museen. Sie sollten »ein möglichst getreues Bild vom Leben und Treiben unserer Väter auf deutschem Boden geben und die Beziehungen darstellen, die seit urdenklichen Zeiten zwischen den christlichen und jüdischen Bewohnern Deutschlands stattgefunden haben.«[27] Damit wurde nicht nur ein historiographischer Wahrheitsanspruch gestellt, sondern auch die Gleichberechtigung in der Repräsentation eingefordert. Museumskurator Erich Toeplitz sah zwar eine pädagogische als »die vornehmste Aufgabe der Museen« an, forderte jedoch, die Sammlung eines Museums hätte die Funktion als »Repräsentation der jüdischen Kultur und deren Vertreter und des Judentums als Kulturfaktor«[28] in der jeweiligen Umgebung zu dienen.

Anders die Nachkriegsmuseen und -kultureinrichtungen. Die gegenüber der Vorkriegszeit brutal dezimierten Jüdischen Gemeinden, die sich nach der Befreiung hüben und drüben re-etablierten, hatten lange Zeit andere Bedürfnisse, Sorgen und Interessen als sich um ihre Darstellung in kulturellen Institutionen oder um übriggebliebene, doch religiös ungenutzte und daher nutzlos gewordene Synagogen zu kümmern. Und so kümmerten sich – seit den Achtzigern eben andere, das heißt nichtjüdische Kulturpolitiker*innen, Parteien, Kommunen und zivilgesellschaftliche oder Graswurzelbewegungen um die Errichtung Jüdischer Museen und die Restaurierung ehemaliger Synagogen. Die Motive waren vielfältig, nicht zuletzt ging es um den Beweis der ideologischen »Besserung«. Insbesondere in Deutschland, aber nicht nur dort, war die Gemengelage schwierig, standen die Museen doch »im Schnittpunkt einer Art widerwilliger Neutralität seitens der jüdischen und seitens der hohen moralisch-ideologischen Delegationen der deutschen Bevölkerung.«[29] Und genau diese Gemengelage war es wohl, die zur Präsentation jüdischer Inhalte führte und nicht zur Präsentation von Inhalten, die aus jüdischer Sicht repräsentativ gewesen wären. Die Museen repräsentierten hauptsächlich »den politischen Willen, etwas sichtbar zu machen, was ›verloren‹ wurde, genauer gesagt: enteignet, vertrieben, zerstört und vernichtet.«[30]

Besonders deutlich wird dies im Umgang mit ehemaligen Synagogen.[31] Beispielsweise der Synagoge im schwäbischen Binswangen, die 1837 eingeweiht worden war und 101 Jahre später ausgeraubt und geschändet wurde. Nach 1945 wurde das Gebäude als Kohlen-, später als Baustofflager verwendet. Als es zur Konkursmasse eines Unternehmens gehörte, wurde es 1987 vom Landkreis Dillingen ersteigert, ab 1993 aufwendig renoviert und im Herbst 1996 als Begegnungsstätte »Alte Synagoge Binswangen« eröffnet. Auch wenn es sich hier nicht um ein Museum, sondern laut Förderkreis Synagoge Binswangen um einen der »schönsten Konzertsäle des Landkreises Dillingen a. d. Donau« handelt, so kann man die vollständige Neutralisierung des ehemaligen Sakralbaus doch durchaus als Musealisierung bezeichnen. Was die ehemalige Synagoge als makelloses Schmuckkästchen repräsentiert, ist die Unfähigkeit oder vielleicht eher der Unwille der Gesellschaft mit der eigenen Geschichte und den Binswanger Jüdinnen und Juden adäquat umzugehen.

Als Gegenbeispiel mag die ehemalige, 1784 fertiggestellte, 1838 umgebaute und 1938 desakrierte Synagoge in Baisingen, heute ein Teilort von Rottenburg am Neckar, dienen. Ab 1940 in privater Hand, diente der kleine Bau als Scheune. Erst 1984 wurde er unter Denkmalschutz gestellt, ab 1988 von der neuen Eigentümerin, der Stadt Rottenburg, eher behutsam gesichert denn restauriert. Im Hauptraum wurde nicht rekonstruiert, vielmehr wurden die Spuren der Zerstörung und Vergewaltigung konserviert. Auf der ehemaligen Frauenempore wurde 1998 eine Dauerausstellung mit Memorabilien aus der Genisa der Synagoge eingerichtet und das Haus der Öffentlichkeit als »Gedenkstätte Synagoge Baisingen« zugänglich gemacht. Auch hier wurde musealisiert, jedoch in Form einer ehrlichen Präsentation. Es könnte eine Reihe überrestaurierter und geschönter Beispiele genannt werden wie auch einige Beispiele für einen vorbildlichen, nicht beschönigenden Umgang mit ehemaligen jüdischen Sakralbauten.[32]

Abb. 2 (a + b): Die ehemalige Synagoge Binswangen nach ihrer Renovierung 1993–1996.

Man sollte den Fehlschluss vermeiden, dass eine jüdische Beteiligung an den beiden und vielen anderen vergleichbaren Projekten in Schwaben oder andernorts diese mehr oder weniger präsentativ, repräsentativer oder »besser« gemacht hätte. Etliche Jüdische Museen, die in den 1980er Jahren gegründet wurden, hatten jüdische Direktionen und trotzdem waren ihre Ausstellungen nicht notwendigerweise repräsentativ für allgemein »Jüdisches« oder für die jüdischen Gemeinden, in deren Umfeld sie stattfanden. Ausstellungen, auch wenn sie unter jüdischer Leitung entstanden waren, Museumspublikationen, auch wenn jüdische Mitarbeiter*innen sie geschrieben hatten, besaßen in den Jahrzehnten nach 1945 einen völlig anderen Charakter als Vorkriegspublikationen, weil sich alle Parameter grundlegend verändert hatten: Nicht zuletzt sind hier die Adressaten von Ausstellungen und Katalogen zu nennen. Sie waren nun im Gegensatz zur Zeit vor 1933/38 vorwiegend nicht jüdisch. Ausstellungen und Texte richteten sich an sie und ihr Unwissen, an eine Gesellschaft, in der Jüdinnen und Juden im Großen und Ganzen nicht mehr bekannt waren. Wissen, das in den Vorkriegsmuseen selbstverständlich gewesen war, über das in populären Vorträgen vor großem Publikum extemporiert worden war, war nun Spezialwissen, das – auf seine einfachsten Grundlagen heruntergebrochen – einem ihm fremd gegenüberstehenden Publikum vermittelt wurde. Insofern blieben die meisten musealen Visualisierungen und Textierungen Präsentationen, die für ihre Inhalte kaum repräsentativ waren. Gegenwärtig zeichnet sich insofern ein Paradigmenwechsel ab, als die europäischen Jüdischen Museen zunehmend aus einer dezidiert jüdischen Perspektive und für eine heterogenere Gesellschaft ausstellen und schreiben.

Amalgame aus Präsentation und Repräsentation hat es in jüdischen Darstellungswelten der Vorkriegszeit auch gegeben, hier hatten sie aber einen religiös-historischen, oftmals sogar eschatologischen Kontext. Ein solches Hybrid war die Sukka der Familie Deller in der schwäbischen Marktgemeinde Fischach. Bereits die Habsburger hatten Juden hier angesiedelt, doch blieb ihre Situation bis ins 18. Jahrhundert hinein prekär. Sie scheint sich erst mit der Einweihung der Synagoge im Jahr 1793[33] konsolidiert zu haben. Die kleine Gemeinde, Mitte des 19. Jahrhunderts rund 300 Seelen zählend,[34] unterstand zumindest zeitweise dem Rabbinat Kriegshaber.[35] Die Bebilderung der Sukka, im 19. Jahrhundert von Naftali und Zilli Deller in Auftrag gegeben, schaut im ersten Moment wie

Abb. 3 (a + b): Die ehemalige Synagoge Baisingen nach ihrer Renovierung 1989–1998.

das Abbild einer beliebigen biedermeierlich-beschaulichen Kleinstadt in Schwaben aus.[36] Die Deller'schen Nachkommen errichteten die Sukka jedes Jahr im Hof ihres Hauses in Deutschland. 1937 wurde die Laubhütte aus Deutschland herausgeschmuggelt und in das damalige Bezalel-Museum, heute Israel Museum, in Jerusalem verbracht.[37]

Die Stirnwand der Sukka trägt eine Darstellung, die von einer Lithographie des Jerusalemer Künstlers Josef Schwartz kopiert wurde und eine Ansicht von Jerusalem mit der Klagemauer im Zentrum zeigt. An den anderen Wänden sind Bilder zu sehen, die das Dorf Fischach und in jener Zeit dort lebende Menschen zeigen: Zilli Deller steht am Eingang ihres Hauses; auf dem Weg zur Jagd ist wohl der örtliche Baron, der Schutzherr der Dorfjuden zu sehen. Eines der abgebildeten Häuser ist überdies ganz konkret einem Jakob Meir im Jahr 1878 zugeschrieben.[38]

Im Hintergrund der mittleren und rechten Wand sind in kleinen Rahmen Darstellungen jüdischer Feiertage zu sehen, Kopien aus Gebetbüchern, die 1826 in Sulzbach gedruckt worden waren. Die

Abb. 4: Die Fischacher Laubhütte heute im Israel Museum in Jerusalem.

Fischacher Sukka repräsentiert auch Jerusalem in klassischer Weise, da sie bildlich etwas vergegenwärtigt, das nicht unmittelbar gegeben ist. Der Sehnsuchtsort lädt die in der Sukka Weilenden ein, sich auf die gedankliche Reise zu dem Ort zu machen, sich in diesen imaginierten Ort zu versenken, auch wenn sie physisch in Fischach bleiben. Sukkot ist eines der Wallfahrtsfeste, an denen die Pilgerreise nach Jerusalem Pflicht war, solange der Tempel stand. Für die Dellers und ihre Mitfeiernden fand die Reise nach Jerusalem im Kopf statt. Das Bild an der Wand steht aber nicht nur für das irdische, sondern auch für das himmlische Jerusalem, so wie die Laubhütte nicht nur das Fest Sukkot repräsentiert, sondern auch die »messianische Hütte« der Frommen in der kommenden Welt. »Der Gerechte«, so schrieb Rachel Wischnitzer »dem das künftige Leben verheißen ist, ist im Machsor Sukkot niemand anderes als eben der Fromme, der das Laubhüttenfest vorschriftsmäßig begeht«.[39] Sie sah in den Visualisierungen der »Hütte« in spätantiken und mittelalterlichen Medien »ein Wunschbild, eine Vision des messianischen Tempels im messianischen Jerusalem«.[40]

Als musealisiertes Objekt völlig de- und rekontextualisiert, eingebaut im Jewish Art and Life Wing des Israel Museums, ist die Repräsentation dessen, was während seiner religiösen Nutzung vergegenwärtigt wurde, nicht mehr präsent, der Zauber der Vision ist verschwunden. Der Sitz des Objekts im Leben ist in der Geschichte geblieben. Im Museum ist die Fischacher Sukka nur mehr Präsentation schwäbisch-jüdischer Geschichte und einer schwäbisch-jüdischen Familie.

Doch wurde in einem inklusiven Projekt versucht, ihr neue Bedeutung zu geben, sie radikal neu zu kontextualisieren, also völlig anders als das in der Dauerausstellung des Israel Museums der Fall ist: Im Winter 2017 baute die Künstlergruppe Sala-Manca (damals mit Nir Yahalom, Ktura Manor, Lea Mauas, Diego Rotman, Adi Kaplan, Shahar Carmel und Max Epstein) nach eingehender Recherche eine Replik der Deller-Sukka.[41] Mauas und Rotman hatten die lange Reise nach Fischach angetreten, den Ort besucht, die Gräber der Familienmitglieder Deller, den Ort der ehemaligen Fischacher Synagoge, das ehemalige Haus der Dellers und mit dem Bürgermeister gesprochen. Sie hatten sich auf eine Suche nach den Wurzeln begeben, ohne in Fischach irgendwelche Wurzeln zu haben.

Die Replik der Sukka ist eine genaue Kopie des Originals, mit Ausnahme einiger bewusst vorgesehener Unterschiede. Als Folge des Replikationsprozesses änderte sich der Charakter der Wandmalereien zunächst unmerklich, aber nachhaltig. Symbolisch änderte sich das Bild Jerusalems von einem liturgisch inspirierten visionären Repräsentationsort zu einem in politische Realität geronnenen Ort konfligierender Ansprüche. Die Szenen des deutschen Marktfleckens mutierten zu einer nostalgischen Erinnerung an einen Ort, eine Zeit und eine Gemeinschaft, die nicht mehr existieren. Parallel dazu machten Künstler in Jerusalem zur Sichtbarmachung der Abwesenheit der Erinnerungslandschaft auch Repliken von Postkarten der Stadt aus der Zeit um 1920. Die Szenerien der Laubhütte erfuhren kleine, aber bedeutsame Veränderungen: An den Wänden der im Ortsbild aufscheinenden Synagoge sind Graffiti-Schriftzüge angebracht, die von ihrer Umwandlung in eine Klinik zeugen: Hier steht der Name des Zahnarztes, dem das Gebäude heute gehört. Er hat mittlerweile einen Magen David an der Wand hängen – zur Erinnerung an das, was dieses Gebäude einmal war. Und das Haus der Familie Deller trägt in der Sukka-Replik nun die Namen der beiden Familien, die heute darin wohnen – eine deutsche und eine türkische. Den Hund in der Deller-Sukka ersetzten Mauas und Rotman durch ein Bild ihres eigenen, eben verstorbenen Hundes. So schrieben sich diejenigen, welche keine Wurzeln

Abb. 5: Replikat der Fischacher Sukka; Sala-Manca Group, Israel 2018.

in Fischach haben, in das Bild Fischachs mit ein, nahmen sich in Argentinien gebürtige Israelis ein Recht auf das jüdische Fischach.

Die nachgebaute Deller-Sukka war in der Ausstellung Absent Landscapes im Hansen House in Jerusalem (der ehemaligen Leprakolonie und dem Krankenhaus) zu sehen.[42] In der Ausstellung war auch ein Film mit dem Titel *Eternal Sukkah* zu sehen, der sich um ein früheres Projekt der Gruppe dreht und die Geschichte von einer beduinisch-jüdischen Sukka erzählte, die 2015 zu einem Ausstellungsstück im Israel Museum wurde. Dabei entstand die Idee, eine Sukka aus dem Museum ins reale Leben zu transportieren. Es findet ein komplexer Dialog zwischen der beduinischen/jüdischen »Ewigen Sukka« und der physischen, metaphorischen und historischen Zusammensetzung der Deller-Sukka in der Ausstellung Absent Landscapes statt. Es ist ein Dialog zwischen Nomadentum und Sesshaftigkeit, Besitzlosigkeit und Besitz, zwischen erzwungener Vergänglichkeit und Vergänglichkeit als religiösem Wert, zwischen abwesenden und gegenwärtigen Landschaften und zwischen individuellen künstlerischen Bemühungen, die jeweils auf ihre Weise das Drama ihrer Zeit veranschaulichen.[43]

Während die Fischacher Sukka im Museum ein ethnographisches Objekt ist, das zwar betrachtet, aber nicht genutzt werden kann, ist die von Sala-Manca geschaffene Replik ein Kunstwerk, dessen Betreten erwünscht ist und das tatsächlich als Sukka aktiviert werden könnte. Es ist ein Objekt, in das viel Zeit, viel Recherche, viel Überlegung und vermutlich auch viel Geld geflossen ist. Ein Objekt, dessen Geschichte eine zeitgenössische Gruppe von Menschen prozesshaft ent-deckt, sich damit auseinandergesetzt hat, und an dem sich die Künstlerinnen und Künstler dieser Gruppe in einer Art reenactment abgearbeitet haben. Damit wird es zu einem Objekt, das repräsentativ für eine authentische Auseinandersetzung mit der Geschichte einer kleinen jüdischen Gemeinde in Bayrisch-Schwaben ist. Eine alternierende Nutzung der Replik der Deller-Sukka in Israel und Schwaben zu Sukkot könnte ihren Charakter als temporären Ort der Repräsentation jüdischen Schwabens über ihren gegenwärtigen Aufstellungsort hinaus sichtbar machen.

ENDNOTEN

1 Vgl. die entsprechenden Diskussionen in: HEIMANN-JELINEK/SULZENBACHER (Hgg.): Ausgestopfte Juden?
2 KOREY: Fragments of Memory, S. 12–26; STEIN KOKIN: Synagoge als Text, Text als Synagoge, S. 153–174.
3 KOREY: Der Tempel Salomonis im Dresdener Zwinger, S. 48–59. Das Modell gelangte 1910 in den Bestand des Museums für Hamburgische Geschichte; vgl.: LAUFFER: Das Modell des Tempels Salomonis, S. 17–24.
4 BÖTTRICH: Die Geschichte der Mayerschen Lehrsynagoge, S. 225.
5 Zit. nach BÖTTRICH: Die Geschichte der Mayerschen Lehrsynagoge, S. 226f.
6 Vgl. BLOM/KOS: Angelo Soliman.
7 Es war Leopold Zunz, der 1818 mit seinem Essay *Etwas über die rabbinische Litteratur* die Forderung für die Etablierung einer Wissenschaft des Judentums formulierte. Vier Jahre später veröffentlichte Immanuel Wolf in seiner Zeitschrift für die Wissenschaft des Judenthums die Grundsatzerklärung *Über den Begriff einer Wissenschaft des Judenthums*.
8 So JOST: Geschichte der Israeliten; GRAETZ: Geschichte der Juden; KAUFMANN: Die Memoiren der Glückel von Hameln.
9 STEINSCHNEIDER: Catalogus Librorum Hebræorum; DERS.: Die hebräischen Handschriften; DERS.: Catalog der hebräischen Handschriften; DERS.: Verzeichniss der hebräischen Handschriften.
10 So ZUNZ: Die gottesdienstlichen Vorträge der Juden historisch entwickelt.; DERS.: Die [sic] Ritus des synagogalen Gottesdienstes geschichtlich entwickelt.
11 So FRANKEL: Darche ha-Mischna; GOLDSCHMIDT: Der babylonische Talmud; SCHECHTER: Studies in Judaism.
12 So GEIGER: Urschrift und Übersetzungen der Bibel; DERS.: Das Judenthum und seine Geschichte; BLAU: Massoretische Untersuchungen.
13 So JOËL: Die Religionsphilosophie des Maimonides; DERS.: Spinoza's heologischpolitischer Tractat; KAUFMANN: Die Theologie des Bachja ibn Pakuda; DERS.: Geschichte der Attributenlehre.
14 FREYTAG: Chrestomathia arabica; DERS.: Kurzgefaßte Grammatik der hebräischen Sprache; GOLDZIHER: Ueber muhammedanische Polemik; DERS.: Über jüdische Sitten und Gebräuche; DERS.: Mélanges judéo-arabes; DERS.: Die islamische und die jüdische Philosophie.
15 Die 12-bändige Jewish Encyclopedia, New York/London 1901–1906; 1906–1913 erschien die 16 bändige Jevrejskaja Entsiklopedija, St.Petersburg; 1927–1930 das Jüdischen Lexikon. Ein enzyklopädisches Handbuch des jüdischen Wissens in vier Bänden, Berlin; und schließlich die Encyclopaedia Judaica. Das Judentum in Geschichte und Gegenwart, 1928–1934 Berlin (nur 10 Bände erschienen).
16 Georg Herlitz/Bruno Kirschner, Einleitung, in: Dies. (Hg.), Jüdisches Lexikon. Ein enzyklopädisches Handbuch des jüdischen Wissens in vier Bänden, Berlin 1927–1930, Bd. 1, S. V–XII, Vf.
17 Ebd., S. VI.
18 SCHWARZ: Das jüdische Museum, S. 217.
19 Ebd., S. 225.

20 Das Jüdische Museum in Berlin, in: Bayerische Israelitische Gemeindezeitung 9, Heft 4 (1933), S. 52.
21 Grossman/Ahlborn: Judaica at the Smithsonian, S. 1f.
22 Adler/Casanowicz: Descriptive Catalogue of a Collection of Objects.
23 Kirshenblatt-Gimblett: Vom Kultus zur Kultur, S. 18ff.
24 The Jewish Museum: Scenes from the collection, masterpieces and curiosities. The Benguiat Collection, New York, URL: https://thejewishmuseum.org/collection/27021-hadji-ephraim-benguiat [zuletzt aufgerufen am 09.08.2022].
25 Vgl. Kohlbauer-Fritz: Judaicasammlungen zwischen Galizien und Wien, S. 136.
26 Vgl. Heimann-Jelinek/Krohn: Das Erste, S. 20.
27 Im Deutschen Reich: Ein jüdisches Museum, S. 338. Zu den unterschiedlichen Auffassungen von Jakob Seidensieder in Nürnberg und Fritz Epstein in Frankfurt vgl. Hoppe: Jüdische Geschichte und Kultur in Museen, S. 77f.
28 Toeplitz: Jüdische Museen, S. 340.
29 Kugelmann: Das Jüdische Museum als Exponat der Zeitgeschichte, S. 51.
30 Loewy: Sind Jüdische Museen »jüdisch«?
31 Vgl. Schönhagen: Wiederhergestellte Synagogen.
32 Vgl. Heimann-Jelinek: Die Synagoge und ihre Metamorphosen, S. 20–30.
33 Archiv des Bistums Augsburg: Bischöfliches Ordinariat, Aktennr. 2168, Pfarrei Fischach, Varia; 1599–1812.
34 Staatsarchiv Augsburg: Bezirksamt Zusmarshausen, Aktennr. 306, Verhältnisse der Israeliten zu Fischach; 1807–1851.
35 Staatsarchiv Augsburg, Regierung: Kammer des Innern, Aktennr. 11.871, Fischach, das israelitische Rabbinat; 1823–1882.
36 Zum Objekt s.: Sukka, URL: https://www.imj.org.il/en/collections/199807 [zuletzt aufgerufen am 10.08.2022]; zum Bildprogramm generell vgl. Feuchtwanger-Sarig: Fischach and Jerusalem, S. 6–21. Zu späteren Veränderungen, Konstruktionen und Rekonstruktionen der Bilder vgl. Sarfati: Restoring the Fischach Succa.
37 Der genaue Hergang scheint nicht verschriftlicht worden zu sein. Die Aktion verdeutlicht jedoch, dass die kulturhistorische Bedeutung der Sukka bekannt war und vorausschauend Schritte zu ihrer Sicherung unternommen wurden.
38 Vgl. Sarfati, wie Anm. 34.
39 Wischnitzer-Bernstein: Die messianische Hütte, S. 377.
40 Ebd., S. 390.
41 Sala-Manca: Deller-Sukka, URL: https://www.yumpu.com/de/document/read/66034221/eg-3-sala-manca [zuletzt aufgerufen am 08.05.2021].
42 Zum Projekt s.: Sala-manca Group (Mauas/Rotman): Diary of a protable Landscape II.
43 S. auch: Hacohen: Sukkah doppelgangers reinvent contemporary Jewish artistry.

LITERATURVERZEICHNIS

Adler, Cyrus/Casanowicz, Immanuel Moses: Descriptive Catalogue of a Collection of Objects of Jewish Ceremonial Deposited in the U.S. National Museum by Hadji Ephraim Benguiat, Washington 1901.

Blau, Ludwig: Massoretische Untersuchungen, Straßburg 1891.

Blom, Philipp/Kos, Wolfgang (Hgg.): Angelo Soliman. Ein Afrikaner in Wien, Wien 2012.

Böttrich, Christfried: Die Geschichte der Mayerschen Lehrsynagoge. Nachrichten und Spuren, in: Ders./Thomas K. Kuhn/Daniel Stein Kokin (Hgg.): Die Greifswalder Lehrsynagoge Johann Friedrich Mayers. Ein Beispiel christlicher Rezeption des Judentums im 18. Jahrhundert, Leipzig 2016, S. 187–246.

Feuchtwanger-Sarig, Naomi: Fischach and Jerusalem. The Story of a Painted Sukkah, in: Jewish Art 19/20 (1993/94), S. 6–21.

Frankel, Zacharias: Darche ha-Mischna. Hodegetik (Einleitung) zur Mischna und den mit ihr in engem Zusammenhange stehenden Büchern Tosefta, Mechilta, Sifra, Sifri, Leipzig 1859, Zusätze 1867.

Freytag, Georg Wilhelm: Chrestomathia arabica, Bonn 1834.

Freytag, Georg Wilhelm: Kurzgefaßte Grammatik der hebräischen Sprache, Halle 1835.

Geiger, Abraham: Das Judenthum und seine Geschichte von der Zerstörung des zweiten Tempels bis zum Ende des zwölften Jahrhunderts. In zwölf Vorlesungen, Breslau 1865–1871.

Geiger, Abraham: Urschrift und Übersetzungen der Bibel in ihrer Abhängigkeit von der inneren Entwicklung des Judenthums, o.O. 1857.

Goldschmidt, Lazarus: Der babylonische Talmud, 8 Bände, Leipzig 1897–1909.

Goldziher, Ignaz: Die islamische und die jüdische Philosophie des Mittelalters, Leipzig/Berlin 1909.

Goldziher, Ignaz: Mélanges judéo-arabes, in: Revue des Études Juives (R. E. J.), Band XLIII. (1901), S. 1–14, Band XLV (1902), S. 1–12, Band XLVII (1903), S. 179–186, Band XLIX (1904), S. 219–230, Band L (1905), S. 182–190, Band LII (1906), S. 187–192, Band LV (1908), S. 54–59, Band LX (1910), S. 32–38.

Goldziher, Ignaz: Über jüdische Sitten und Gebräuche aus muhammedanischen Schriften, in: Monatsschrift für Geschichte und Wissenschaft des Judentums (M. G. W. J.) 29 (1880), S. 302–315, 335–365.

Goldziher, Ignaz: Ueber muhammedanische Polemik gegen Ahl al-kitāb, in: Zeitschrift der Deutschen Morgenländischen Gesellschaft (ZDMG) 32 (1878), S. 341–387.

Graetz, Heinrich: Geschichte der Juden von den ältesten Zeiten bis auf die Gegenwart. Aus den Quellen neu bearbeitet, 11 Bände, Berlin 1853–1875.

Grossman, Grace Cohen/Ahlborn, Richard Eighme: Judaica at the Smithsonian. Cultural Politics as Cultural Model, in: Dies.: Judaica at the Smithsonian, Washington 1997.

Hacohen, Hagay: Sukkah doppelgangers reinvent contemporary Jewish artistry. Lea Mauas and Diego Rotman's vision explores immigration and destiny, in: The Jerusalem Post (12.01.2021), URL: https://www.jpost.com/israel-news/culture/sukkah-doppelgangers-reinvent-contemporary-jewish-artistry-655187 [zuletzt aufgerufen am 12.08.2022].

Heimann-Jelinek, Felicitas/Krohn, Wiebke (Hgg.): Das Erste. Jüdische Museum. Wien 1895–1938, Wien 2005.

Heimann-Jelinek, Felicitas/Sulzenbacher, Hannes (Hg.): Ausgestopfte Juden? Geschichte, Gegenwart und Zukunft der Jüdischen Museen, Göttingen 2022.

Heimann-Jelinek, Felicitas: Die Synagoge und ihre Metamorphosen. Gotteshäuser – Leerstellen – Gedenkstätten, in: Benigna Schönhagen (Hg.): Wiederhergestellte Synagogen. Raum – Geschichte – Wandel durch Erinnerung, Berlin 2016, S. 20–30.

Hoppe, Jens: Jüdische Geschichte und Kultur in Museen. Zur nichtjüdischen Museologie des Jüdischen in Deutschland, Münster u. a. 2002.

Im deutschen Reich. Zeitschrift des Centralvereins deutscher Staatsbürger jüdischen Glaubens: Ein jüdisches Museum, in: Im deutschen Reich 18, Heft 7–8 (1912), S. 336–338.

Joël, Manuel: Die Religionsphilosophie des Maimonides, Breslau 1859.

Joël, Manuel: Spinoza's theologisch-politischer Tractat, auf seine Quellen geprüft, Breslau 1870.

Jost, Isaak Markus: Geschichte der Israeliten seit der Zeit der Makkabäer bis auf unsere Tage, 9 Bände, Berlin 1820–1829.

Kaufmann, David (Hg.): Die Memoiren der Glückel von Hameln, Frankfurt am Main 1896 (Edition des westjiddischen Originaltexts).

Kaufmann, David: Die Theologie des Bachja ibn Pakuda, Verfasser des הלבבות חובות, in: Berichte der Kaiserlichen Akademie der Wissenschaften, Wien 1874.

Kaufmann, David: Geschichte der Attributenlehre in der Jüdischen Religionsphilosophie des Mittelalters von Saadia bis Maimuni, Gotha 1877–1878.

Kirshenblatt-Gimblett, Barbara: Vom Kultus zur Kultur. Jüdisches auf Weltausstellungen, in: Julius H. Schoeps et al. (Hg.): Wiener Jahrbuch für Geschichte, Kultur und Museumswesen, Bd. 1, Wien 1994, S. 11–37.

Kohlbauer-Fritz, Gabriele: Judaicasammlungen zwischen Galizien und Wien. Das Jüdische Museum in Lemberg und die Sammlung Maximilian Goldstein, in: Julius H. Schoeps et al. (Hg.): Wiener Jahrbuch für Geschichte, Kultur und Museumswesen, Bd. 1, Wien 1994, S. 133–145.

Korey, Michael: Fragments of Memory. The Temple of Solomon in the Zwinger of Dresden. Facets of a Baroque Architectural Model and an Early Jewish Museum, Dresden 2010.

Korey, Michael: Der Tempel Salomonis im Dresdener Zwinger. Facetten und Spiegelungen eines Barocken Architekturmodells, in: Dresdener Kunstblätter 4 (2009), S. 48–59.

Kugelmann, Cilly: Das Jüdische Museum als Exponat der Zeitgeschichte. Das Beispiel Frankfurt. Ein Lagebericht und Versuch der Einordnung, in: Julius H. Schoeps et al. (Hg.): Wiener Jahrbuch für Geschichte, Kultur und Museumswesen Bd. 2, Wien 1995/96, S. 43–56.

Lauffer, Otto: Das Modell des Tempels Salomonis. in: Jahresbericht des Museums für Hamburgische Geschichte für das Jahr 1910, Hamburg 1911, S. 17–24.

Loewy, Hanno: Sind Jüdische Museen »jüdisch«?, in: Bundeszentrale für politische Bildung (11.05.2021), URL: https://www.bpb.de/themen/zeit-kulturgeschichte/juedischesleben/328958/sind-juedische-museen-juedisch/ [zuletzt aufgerufen am 10.08.2022].

Sala-manca Group (Mauas, Lea/Rotman, Diego): Diary of a protable Landscape II. The Deller's Sukkah Replica, in: Lea Mauas/Michelle MacQueen/Diego Rotman (Hgg.): Possessing and Dispossessing. Performing Jewish Ethnography in Jerusalem, Berlin/Boston 2022, S. 268–281.

Sarfati, Rachel: Restoring the Fischach Succa. A 19th-century succa displayed at the Israel Museum reveals an intriguing history, in: Jerusalem Post, 18. September 2013, URL: https://www.jpost.com/jewish-world/jewish-features/restoring-the-fischach-succa-326451 [zuletzt aufgerufen am 10.08.2022].

Schechter, Solomon: Studies in Judaism, 3 Bd., London/Philadelphia 1896–1924.

Schönhagen, Benigna (Hg.): Wiederhergestellte Synagogen. Raum – Geschichte – Wandel durch Erinnerung, Berlin 2016.

Schwarz, Karl: Das jüdische Museum. Eine Kulturforderung, in: Jahrbuch für jüdische Geschichte und Literatur 29 (1931), S. 216–255.

Stein Kokin, Daniel: Synagoge als Text, Text als Synagoge. Zur biographischen und wissenschaftlichen Bedeutung von Christoph Wallichs *Die Mayerische Synagoga in Greifswalde*, in: Judaica 73, Heft 2–3, S. 153–174.

Steinschneider, Moritz: Catalog der hebräischen Handschriften in der Stadtbibliothek zu Hamburg, 1878.

Steinschneider, Moritz: Catalogus Librorum Hebræorum in Bibliotheca Bodleiana, Berlin 1852–1860.

Steinschneider, Moritz: Die hebräischen Handschriften der Königlichen Hof- und Staatsbibliothek in München, in: Sitzungsberichte der Philosophisch-Historischen Klasse der Königlichen Akademie der Wissenschaften in München, München 1875.

Steinschneider, Moritz: Verzeichniss der hebräischen Handschriften der Königlichen Bibliothek zu Berlin. 2 Teile, Berlin 1897, 1901.

Toeplitz, Erich: Jüdische Museen, in: Der Jude 8, Heft 5–6 (1924), S. 339–346.

Wischnitzer-Bernstein, Rahel: Die messianische Hütte in der jüdischen Kunst, in: Monatsschrift für Geschichte und Wissenschaft des Judentums 80 (1936), S. 377–390.

Zunz, Leopold: Die [sic] Ritus des synagogalen Gottesdienstes geschichtlich entwickelt. Eine Beschreibung synagogaler Riten, in: Die synagogale Poesie des Mittelalters. Band 2, Berlin 1859.

Zunz, Leopold: Die gottesdienstlichen Vorträge der Juden historisch entwickelt. Ein Beitrag zur Alterthumskunde und biblischen Kritik, zur Literatur- und Religionsgeschichte, Berlin 1832.

Die »nagenden Würmer«.
Traditionen, Hintergründe und Strukturen der Judenfeindschaft in Württemberg vom 15. bis zum 20. Jahrhundert

Stefan Lang

In seinem 1925 veröffentlichten Roman *Jud Süß* lässt der Schriftsteller Lion Feuchtwanger (1884–1958) den württembergischen Landschaftsjuristen Johann Daniel Harpprecht (1693–1750) während der Arbeit an einem Rechtsgutachten zur Stellung der Juden im Land unruhige Visionen erleben, durchsetzt mit dem Begriff der »nagenden Würmer«:

Gegen die Juden gab es Gesetze, Reskripte; aber sie nützen nichts. Die nagenden Würmer, so stand in den Gutachten, Verboten. Das Land verkam, Armut, Elend, Verbitterung, Verlotterung, Verzweiflung riß ein. Die nagenden Würmer saßen im Land, fraßen in seinem Mark. Nagten, wurden fett. [...] Sie austreiben nützte nichts, man rief sie doch immer wieder zurück; ja selbst das primitive Mittel, sie totzuschlagen, brachte keine Lösung. [...] Nagende Würmer. Nagende, schädliche Würmer. Der Professor Johann Daniel Harpprecht zwang sich zurück zu seinen Urkunden, aber sieh da!, der vernünftige, ruhige Mann hatte Gesichte wie ein Schwärmer. Die Buchstaben selber wurden zu Würmern, kriechend, ekel sich streckend, feucht, klebrig, schleimig, mit Köpfen des Herzogs und des Süß. Nagende Würmer, nagende Würmer. Er verzog den Mund, spie aus.[1]

Was Feuchtwanger hier so plastisch einsetzt, entsprang indes nicht seiner Fantasie, sondern gehörte über Jahrhunderte als Konstante, als »Schlagbild«, um mit Aby Warburg zu sprechen, zur judenfeindlich geprägten Identität Altwürttembergs. Der aus dem ausgehenden 15. Jahrhundert stammende Verbalvergleich von jüdischen Menschen mit Schädlingen wurde bis weit ins 19. Jahrhundert in Landesordnungen, Reskripten oder Klagschriften dutzendfach wiederholt, im allgemeinen Bewusstsein verankert und vorrangig dann eingesetzt, wenn es das Kalkül wirtschaftlicher oder gesellschaftlicher Konkurrenz gebot. Im Rassenantisemitismus des »Dritten Reichs« lebten schließlich derartige, scheinbar überwunden geglaubte Hetzbegriffe und Schädlingsbilder wieder auf, wie in den widerwärtigen Bildern des *Stürmer* oder im Propagandafilm *Der ewige Jude* (1940), der jüdische Menschen mit Ratten gleichsetzt.[2]

Neuinterpretation der altwürttembergischen Judenfeindschaft in der NS-Zeit

Seit der 1498 erlassenen Regimentsordnung des jungen Herzogtums Württemberg wurden die Juden als »nagende Würmer« bezeichnet, die der »christlichen Ordnung« entgegenstünden und als Schädlinge am »gemeinen Nutzen« des Landes nicht zu dulden seien. Von wenigen Ausnahmen abgesehen, behielt diese Bestimmung über 300 Jahre ihre Gültigkeit und erfuhr lediglich zeitgemäße Anpassungen. Die Schädlingsmetapher der »nagenden Würmer« sollte dabei stets wiederholt werden und setzte sich im kollektiven Judenbild der Württemberger bis in die Emanzipationsdebatten der 1820er Jahre fort. Im »Dritten Reich« erfolgte ab Mitte der 1930er Jahre mit einer absurden Konstruktion der »Judenfrage« eine Interpretation der Landesgeschichte in antisemitischem Sinn. Württembergische Historiker, Bibliothekare und Archivare dienten sich dem Regime an oder handelten aus persönlicher Überzeugung, die sie nach 1945 zu relativieren oder zu verdrängen versuchten. Der spätere Direktor des Hauptstaatsarchivs Stuttgart und der Landesarchivdirektion, Walter Grube (1907–1992), bemühte sich, in seinem 1938 erschienenen Überblick zu den *Quellen zur Geschichte der Judenfrage in Württemberg* im Rahmen reichsweiter Bestrebungen eine intensivere Beschäftigung nichtjüdischer Historiker mit der jüdischen Vergangenheit des Landes zu fördern. Zudem hoffte der Archivar, anhand der judenfeindlichen Haltung der Landstände feststellen zu können, »wieweit darin rassisches Empfinden des unverbildeten Volkes unbewußt mit wirksam war«. Auch sein Amtsvorgänger Max Miller (1901–1973) lässt bei genauem Blick in seinen Publikationen und Rezensionen der 1930er Jahre mehrfach antisemitische Tendenzen erkennen, die vergessen waren, als er ab 1962 im Auftrag von Ministerpräsident Kiesinger die zentrale »Dokumentationsstelle für jüdische Schicksale in Baden und Württemberg zur Zeit des Nationalsozialismus« aufbaute. Bei weitem übertroffen wurde er allerdings von seinem, an der Tübinger Universitätsbibliothek tätigen Bruder Thomas Miller (1909–1945), der in der Emanzipationsdebatte von 1828 einen Kampf von »Schwabentum gegen Judentum« sah und 1938 in einem Band zu Eberhard im Bart einen Aufsatz zu dessen Judenpolitik beisteuerte. Miller sah hierbei die aktuelle antisemitische Politik in der Nachfolge des populären Landesfürsten:

> *Die Volkstümlichkeit, der sich Graf Eberhard bis auf den heutigen Tag erfreute, verdankt er nicht zuletzt seiner Judenpolitik. Seine Maßnahmen gegen die Juden im Lande zogen einen Schlussstrich unter die halbe und meist verfehlte Judenpolitik des Mittelalters und bildeten zugleich die Grundlage aller späteren Judenpolitik in Württemberg bis in die Zeit der Juden-Emanzipation zu Beginn des 19. Jahrhunderts. [...] Er handelte auch nicht aus zufälliger Laune oder augenblicklichen Bedürfnissen heraus, sondern aus der ganzen Tiefe seiner instinktsicheren Auffassung über das Wesen des Judentums, das einen Fremdkörper im Volk bildet, mit dem am besten jede Berührung im Geschäfts- und Wirtschaftsleben vermieden wird.*

Von welcher brutalen Radikalität Millers Gedankenwelt schon zu diesem Zeitpunkt durchsetzt war, zeigt seine Äußerung zu den verheerenden Judenpogromen von 1348/50: *Fast in allen größeren Städten wurden sie [die Juden] verfolgt und verbrannt [...] Aber diese Aktion truf nur einen Teil der Judenniederlassungen und war nicht nachhaltig genug.*[3]

Diese teilweise bizarren Analysen der NS-Zeit halten letztlich keiner wissenschaftlichen Überprüfung stand – bis auf die Tatsache, dass eine dezidierte Judenfeindschaft gerade im altwürttembergischen Kontext durchaus einen Teil der Landestradition gebildet hatte – freilich jenseits einer Rassenideologie, die Atheisten und Konvertiten gleichermaßen als »Juden« kategorisierte.

Gesellschaftliche Akteure von Judenpolitik und Judenfeindschaft im frühneuzeitlichen Herzogtum Württemberg (1495–1806) waren strukturell gesehen der jeweilige Regent mit seinen Ratgebern, die Landstände um die Führungsschicht der »Ehrbarkeit«, die mit dieser seit der Reformation familiär häufig eng verbundene theologische Elite sowie die »einfache« Bevölkerung des durch Agrarwirtschaft und Handwerk geprägten Landes. Beim Blick auf die Ausrichtung der Politik gegenüber den Juden zeigten sich Regenten und Bevölkerung je nach wirtschaftlichen Interessen zumindest ambivalent, während Landstände und Kirche in der Regel konsequent judenfeindlich und zuweilen in latenter oder offener Opposition zum Regenten agierten. Antijüdische Stereotype waren bei allen Gruppen jedoch immer im Hintergrund vorhanden. Der Gedanke religiöser Toleranz entwickelte sich schließlich erst im Zeitalter der Aufklärung. Insofern waren Judenaufnahmen im Mittelalter und in der Frühen Neuzeit stets rein ökonomisch motiviert. Deshalb erhielt die Diskussion um die Duldung und Gleichberechtigung von Juden in Württemberg erst im frühen 19. Jahrhundert aufgrund massiver politischer Veränderungen neue Argumentationsstrukturen.

Württembergs erster Herzog als Initiator und die Landstände als Garanten der Judenfeindschaft in Württemberg

Die »Landestradition« der Judenfeindschaft setzte unter Eberhard im Bart (1445–1496) ein und fand in den Landständen, die nirgends im Alten Reich einen so starken Einfluss wie in Württemberg besaßen, eine dauerhafte Trägerschicht. In wenigen Sätzen zusammengefasst finden sich die Motivation, die Aggressivität und die politische Umsetzung dieser Weltsicht in der Regimentsordnung von 1498, die nach dem Tod Eberhards bis zur Machtübernahme des jungen Nachfolgers Ulrich die Landespolitik lenken sollte. So hieß es dort:

Nach dem ouch die juden. So gesuch und wucher nehmen. Gott dem allmechtigen, der natur und cristenlicher ordnung hefftig verschmecht und zuwider, ouch dem gemainen arm mann und underthanen verderplich und unlydenlich sind. Deshalben durch wyland unsern gnedigen herrn hertzog Eberharten loblicher gedechtnus in siner fürstlichen gnaden testament von unserm gnedigen herrn yetzo hertzog Eberharten underschriben, besigelt und angenommen, gesetzt und geordnet ist, das in dem fürstenthumb Wirtenberg dehain jud soll gehalten werden. So wöllen wir zu vorderst Gott, dem allmechtigen zu eeren, ouch handthabung vorberürts testaments und letsten willens und von gemains nutz wegen, das dise nagenden würm die juden in disem fürstenthumb nit gehalten. Ouch desselben anstoessern und nachpurn bittlich geschriben werde, die juden ouch nit zuhalten.[4]

Die Juden, hier erstmals mit der Schädlingsmetapher der »nagenden Würmer« belegt, sollten aus religiösen und ökonomischen

Gründen nicht im Land geduldet werden – weil sie die von jeder Obrigkeit angestrebte göttliche und christliche »Ordnung« störten und die Untertanen schädigten. Gott zur Ehre und um des »gemeinen Nutzens« Willen – dieser Kern judenfeindlicher Politik sollte künftig über 300 Jahre erhalten bleiben, ergänzt durch den Passus restriktiver Einflussnahme auf die Nachbarterritorien. Legitimierend berief man sich hier und in den Folgejahrhunderten auf das Testament Eberhards im Bart (reg. 1459–1496) von 1492, in dem der Regent bestimmt hatte, dass zukünftig keine Juden mehr in Württemberg leben sollten. Ob sich aber zu diesem Zeitpunkt überhaupt noch Juden im Land aufhielten, ist zumindest fraglich. Ohnehin hatte es im Verlauf des 15. Jahrhunderts nur in Stuttgart und Tübingen mit je etwa fünf bis zehn Familien nennenswerte Ansiedlungen gegeben. Der im 19. Jahrhundert als Inbegriff eines volksnahen Fürsten stilisierte Eberhard im Bart, der nach Freiburger Vorbild bei der Tübinger Universitätsgründung 1477 die Juden aus der Stadt wies, dürfte als typischer Vertreter zeitgenössischer Judenfeindschaft zu bezeichnen sein. Dabei wird vermutlich auch sein gelehrtes Umfeld, vorneweg sein engster Ratgeber Johannes Naukler (1425–1510), prägend gewesen sein. In dessen Weltchronik finden sich explizit antijüdische Inhalte, die vom Autor nicht nur dokumentiert, sondern auch entsprechend kommentiert wurden. Eberhard besaß ferner für ihn ins Deutsche übersetzte Prozessakten der aufsehenerregenden Trienter Ritualmordverfolgung von 1475 und in seiner Residenz Urach druckte man antijüdische Schriften wie den *Stern des Meschiah*. Mit der testamentarischen Ausweisungsbestimmung orientierte sich der Württemberger möglicherweise an seinem Onkel Pfalzgraf Friedrich, der 1476 ebenfalls einen territorialen Ausschluss der Juden in seinen letzten Willen aufgenommen hatte. Angesichts der geringen wirtschaftlichen Relevanz der wenigen jüdischen Familien, die während des 15. Jahrhunderts in Württemberg gelebt hatten, ist die Aufnahme der Bestimmung in Eberhards Testament – zumal an prominenter Stelle unter persönlichen Angelegenheiten – umso interessanter, da sie deren hohen Stellenwert für den Fürsten und seine Berater unterstreicht.

Parallel zu den Vorgängen in Württemberg sind die im Verlauf des 15. Jahrhunderts in Etappen durchgeführten dauerhaften Vertreibungen der Juden aus nahezu allen schwäbischen Reichsstädten zu beachten – zuletzt verdichtet in der Regierungszeit Maximilians I., der damals gegen Abschlagszahlungen seinen kaiserlichen Judenschutz aufgab. Die judenfeindlichen Stereotype hatten zu dieser Zeit einen Höhepunkt erreicht, zusätzlich hatte die ökonomische Bedeutung der Juden durch Verfolgungen, christliche Konkurrenz im Kreditwesen und fiskalische Auspressung markant abgenommen. Nicht zuletzt muss man mit Blick auf die Quellen konstatieren, dass es sich bei den zwischen 1493 und 1519 in Schwaben vorgenommenen Vertreibungen der Juden um eine eher überschaubare Personenzahl gehandelt haben dürfte, eine wirtschaftliche und gesellschaftliche Position wie vor dem massiven Einbruch durch die Pestpogrome 1348/49 hatte im 15. Jahrhundert nicht mehr erreicht werden können. Somit waren es am Ende meist kühl gefasste Entscheidungen, die zur dauerhaften Vertreibung der Juden führten und kaum konkrete Gründe für oft lang gehegte Absichten.

Das konfessionelle Element – Landstände und Landeskirche als Träger der Judenfeindschaft

Im Herzogtum Württemberg sollten ab dem 16. Jahrhundert sich als Garanten des Staatswohls begreifende Landstände zum dauerhaften Träger der Judenfeindschaft werden. Dieses Phänomen ist zwar in vielen anderen Territorien ebenfalls greif- und belegbar, nur besaßen die Stände und speziell das führende Bürgertum, die »Ehrbarkeit«, in Württemberg eine kaum vergleichbare Machtposition. Konsequenterweise führten selbst die Vertreibung Herzog Ulrichs (1487–1550) und die Besatzung des Landes durch die Habsburger zwischen 1519 und 1534 zu keiner wesentlichen Änderung der Judenpolitik, die nach der Rückkehr des zum Protestantismus

Abb. 1: Schlussstein mit der Kreuzauffindungslegende an der Stuttgarter Stiftskirche um 1480. Rechts im Bild sind die Juden durch ihre besonderen, aber damals schon kaum mehr getragenen Hüte auffällig gekennzeichnet.

konvertierten Fürsten allerdings intensiviert wurde. Nach Ulrichs und seiner Ratgeber Ansicht hatten die Habsburger im Hinblick auf die Juden nicht konsequent genug agiert. Tatsächlich waren ab 1520 zahlreiche Judenansiedlungen nahe den württembergischen Grenzen entstanden, zu denen sich wirtschaftliche Kontakte der herzoglichen Untertanen entwickelt hatten. Die 1498 formulierte restriktive Einflussnahme auf die Nachbarterritorien mit jüdischen Einwohnern sollte nun auch nach der Reformation mit großer Entschiedenheit umgesetzt werden, wozu man 1544 eine Bestandsaufnahme der Juden im Umfeld der württembergischen Oberämter erstellte. In Folge dessen mussten neben der Reichsstadt Esslingen 1544 ritterschaftliche Schutzherren wie die Freyberg, Rechberg oder Thumb zu Neuburg, die man teilweise massiv unter Druck setzte, ihre Juden ausweisen. In der Regierungszeit Herzog Christophs (reg. 1550–1568) erweiterte sich das Spektrum antijüdischer Motive um konfessionelle Komponente und Interaktionsfelder, die sich in späteren Überarbeitungen der württembergischen Landesordnungen finden. Wie bei keinem anderen Herzog Württembergs ist jedoch bei Christoph eine ausgeprägte persönliche Judenfeindschaft zu beobachten, die sichtlich auf tiefer religiöser Überzeugung basierte und sogar in seiner Leichenpredigt an prominenter Stelle eine Betonung fand.[5]

Abb. 2: Herzog Christoph von Württemberg (1515–1568) war überzeugter Lutheraner und dezidierter Judenfeind. Mehrfach versuchte er, die Ausweisung der Juden aus dem Schwäbischen Reichskreis zu initiieren.

Der überzeugte Lutheraner schloss zwar mit dem Beauftragten der Juden im Reich, Josel von Rosheim, zu Beginn seiner Regierung 1551 ein Abkommen, das den Juden Durchzug und Geleit durch Württemberg garantierte, betrieb sonst aber auf den Ebenen des Reichs und des Schwäbischen Kreises eine konsequent antijüdische Politik. Diese hatte es mit Ausweisungsforderungen zwar schon auf dem Augsburger Reichstag von 1530 insbesondere durch die schwäbischen Reichsstädte gegeben, doch mit dem politisch gewichtigen Herzog erhielt sie eine koordinierende und konsequente Triebkraft. Auf dem Reichstag von 1559 verlangte er sogar die reichsweite Ausweisung der Juden als *hochschädliche, nagende, heimliche und immerfressende Würmer, Verräter des Vaterlandes, öffentliche Feinde des Sohnes Gottes und seiner Gemeinde*.[6]

Im Schwäbischen Reichskreis, wo Christoph speziell im Zusammenwirken mit Ulm gegen die Juden agierte und bis 1566 eine kreisumfassende Exklusion derselben in Absprache mit der Reichsritterschaft sowie den Gebieten der Habsburger anstrebte, ließ sich zuletzt kein Erfolg in seinem Sinn erreichen. Die Kernvorwürfe gegen die Juden stellten in dieser Zeit neben dem »Wucher« stets die angebliche »Gotteslästerung« dar, die man als Ursache für göttliche Strafen ansah – in der Epoche der »Kleinen Eiszeit« und der ab den frühen 1560er Jahren verstärkt einsetzenden Hexenverfolgungen kein überraschendes Gedankenkonstrukt. In den zeitgenössischen Hexereibeschuldigungen spielten Juden interessanterweise keine direkte Rolle, obgleich einzelne Elemente des Hexereivorwurfs durchaus auf Vorstellungen wie der Verwendung von Kinderblut oder -leichen zu magisch-rituellen Zwecken zurückgingen und der Begriff »Hexensabbat« sowie die vermeintliche Teufelsanhängerschaft im Kontext älterer antijüdischer Verschwörungslegenden standen.

Einzig die Verschuldung von Untertanen bei auswärtigen Juden und die daraus folgenden Konsequenzen stellten in Schwaben gerade im Zeitraum von etwa 1520 bis 1570 ein reales Konfliktfeld dar, in dem die Schuldklagen jüdischer Kreditgeber gegen ihre Vertragspartner am Hofgericht Rottweil eine zentrale Stellung besaßen. Die Ächtung säumiger Schuldner durch das Hofgericht und die Einsetzung der Juden in deren Besitz waren den Obrigkeiten der Verschuldeten ein Dorn im Auge – zumal sich Privilegien gegen Judenwucher oder gegen das Hofgericht selbst in der Praxis oftmals nur bedingt als wirksam erwiesen. Erst mit einem weitgehenden Boykott des Hofgerichts durch die schwäbischen Kreisstände ab 1572 sank dessen Bedeutung für jüdische Schuldkläger massiv und verlor gegenüber den territorialen Rechtsnormen schnell an Relevanz.

Für Württemberg war dieser Streitpunkt bereits 1551 durch den Vergleich Christophs mit Josel von Rosheim obsolet geworden, indem dort alle künftigen jüdischen Schuldklagen in Rottweil gegen württembergische Untertanen für ungültig erklärt wurden. Insofern lässt sich Herzog Christophs judenfeindliche Politik stärker als bei seinem Vater Ulrich auf die theologische Ebene beziehen. Die Einflüsse der extrem antijüdischen Schriften Martin Luthers aus den 1540er Jahren sollten sich ebenso dauerhaft bei der theologischen Elite Württembergs zeigen, gerade bei Exponenten der »zweiten Generation« wie Jakob Andreae (1528–1590) oder Lukas Osiander (1534–1604). Andreae, Vater der lutherischen Konkordienformel von 1577, warf in Predigtdrucken den Juden vielfach die erwähnte »Gotteslästerung« vor und verlangte deren konsequente Ausweisung aus christlichen Obrigkeiten.[7]

Lukas Osianders aggressiver Antijudaismus entlud sich 1598 in in einer für ihn durchaus riskanten Weise, als der frühere Hofprediger in einem drastischen Schreiben den progressiven Herzog Friedrich I. (1557–1608) wegen der beabsichtigten Niederlassung einer jüdischen Handelsgesellschaft um den Venezianer Maggino Gabrielli in Stuttgart anging. In seiner Eingabe an den Herzog, das mit Hinweisen auf die Judenschriften Luthers versehen war, vereinigte der Theologe Verschwörungsbilder und Schädlingsbegriffe:

Die juden sind allen christen spinnenfeind und wann sie stark gnug weren, würden sie sich umbsehn, alle christen vom erdboden zu vertilgen. [...] Derhalben, wann ein herr will zuesehen und schuldig daran werden, das seine arme underthanen noch ärmer werden und entlich von heuslich ehren kommen, der mag dises verfluchte volck und unzifer in seinem land einnisten lassen.[8]

Auch die weiteren Unterlagen zu dieser Episode eröffnen tiefe Einblicke auf Träger und Strukturen der Judenfeindschaft im Herzogtum, in dessen Umgebung es zu diesem Zeitpunkt kaum mehr jüdische Ansiedlungen gab. Neben Osiander wandten sich führende Theologen, der Landschaftsausschuss, die Bürgerschaft Stuttgarts und sogar Friedrichs engste Ratgeber gegen die Aufnahme der Juden. Wie auf dem Seziertisch dokumentieren die Akten Motive, Einflüsse und Hintergründe der württembergischen Judenfeindschaft zum Ausgang des 16. Jahrhunderts, bei der sich im Lauf der kommenden 200 Jahre allenfalls die religiöse Komponente etwas abschwächen sollte. Die hier massiv angebrachte »Gotteslästerung« zählte dann im späteren 17. und 18. Jahrhundert nicht mehr zu den Hauptvorwürfen.[9]

Man befürchtete in der Summe göttliche Strafen wegen jüdischer Gotteslästerung und Ansehensverlust bei protestantischen Reichsständen, sah das wirtschaftliche Verderben des Landes nahen, berief sich auf die Lutherschriften ebenso wie auf die Landestraditionen seit dem Testament Eberhards, mutmaßte gar eine Gefährdung der Sicherheit des Herzogs und führte sonst ein breites Spektrum antijüdischer Stereotype an – von Ritualmorden und Brunnenvergiftung bis zu Exempeln aus der Kirchengeschichte. Das Projekt der vom mittlerweile entnervten Herzog ins abgelegene Neidlingen verlegten Handelsgesellschaft scheiterte daher bereits nach kurzer Zeit und endete mit einer fluchtartigen Abreise der Juden.

Hofjuden und Landjuden im Fokus landständischer Restriktionen des 17. und 18. Jahrhunderts

Nach diesem kurzen, aber spektakulären Kapitel der jüdischen Geschichte Württembergs, das selbst im 19. Jahrhundert von judenfeindlichen Exponenten gern als Beispiel der Standhaftigkeit gegenüber herzoglichen »Schwächephasen« bemüht wurde, sollten erst in den Krisenjahren des 30-jährigen Krieges wieder einige Juden kurzzeitig im Auftrag des Hofes belegbar sein. Nach 1648 spiegeln periodische Reskripte die landständischen Bemühungen um Einhaltung oder Verschärfung der Judengesetze – meist verbunden mit Verweisen auf die Landestradition und dem Passus der »nagenden Würmer«. Diese Regelungswünsche betrafen ab 1697 besonders jüdische Hoffaktoren, die im Auftrag von Herzog Eberhard Ludwig sowie seinen Nachfolgern agierten und deren Zahl sich 1721 auf sechs Personen mit ihren Familien erhöht hatte. Die Hofjuden erhielten persönliche Ausnahmeregelungen, was mehrfach zu Protesten der Stände führte. Diese waren wiederum die Triebkraft des »Verfahrens«, das sich gegen den 1733 bis 1737 unter Herzog Karl Alexander aufgestiegenen Joseph Süß Oppenheimer richtete. Dessen ökonomische Vollmachten gefährdeten die Kontrolle der Stände über die staatlichen Finanzen und nach dem unerwarteten Tod des Regenten wurde der jüdische Hoffaktor zum Sündenbock für dessen unpopuläre Politik. Nach einem langen und aktenreichen Prozess, aber ohne konkrete Urteilsbegründung, wurde Oppenheimer 1738 vor tausenden Zuschauern außerhalb Stuttgarts hingerichtet. Bald danach traten dennoch wieder jüdische Hoffaktoren in den Dienst der Herzöge, was bis 1806 und auch zukünftig andauerte.

Allgemein hatte sich im schwäbischen Raum zwischen 1648 und 1806 eine Konsolidierung der meist ländlichen jüdischen Siedlungsorte ergeben. Diese waren zwar nicht sehr zahlreich, hatten dafür aber teilweise einen hohen jüdischen Bevölkerungsanteil. Die jenseits der Höfe sehr bescheidenen bis ärmlichen Lebens- und Vermögensverhältnisse der meisten Juden, die ihr Auskommen vorwiegend im Vieh- und Textilhandel, Hausier- und Kleinhandel, Kleinkredit- und Pfandleihwesen hatten, stellten gerade in den ländlichen Lebenswelten einen festen, aber nirgends dominanten Teil des Wirtschaftslebens dar. Wie später im Königreich Württemberg dürfte der prozentuale Anteil der Juden an der Gesamtbevölkerung Schwabens kaum ein Prozent erreicht haben. Trotzdem hielt man in Württemberg ebenso wie in den Reichsstädten mit Ausnahme Buchaus an den Ausgrenzungsbestimmungen fest. Zugang gab es für Juden meist nur zu den öffentlichen Märkten, unter strenger Aufsicht sowie gegen Gebühren. Periodische Verschärfungen der Judengesetzgebung erfolgten meist nach Klagen wirtschaftlicher Konkurrenten – naturgemäß den Zünften oder Berufsgruppen, die mit Textil-, Leder- oder Krämerwaren handelten.

Wie tief sich in der Bevölkerung Altwürttembergs ein durch die permanente Wiederholung bestimmter »Codes« bei Bedarf beliebig abrufbares Bild der Juden festgesetzt hatte, zeigt ein Beispiel aus dem Jahr 1793: In einer Klagschrift an die Regierung brachten Göppinger Handwerker des Textil-, Pelz- und Ledergewerbes an, dass die seit 1777 im Nachbardorf Jebenhausen unter den Freiherren von Liebenstein lebenden Juden *in ihrer leydigen eigenschafft [...] nehmlich als nagende und schädliche würmer dem gemeinen nutzen der unterthanen verderblich*[10] wären. Man fühlte sich durch die in dieser Region bislang ungewohnte Konkurrenz des jüdischen Hausierhandels bedroht und setzte deshalb die fast 300 Jahre alte Formel der »nagenden Würmer« ein, genauso wie man in diesem Zeithorizont der Französischen Revolution weiter auf die Umsetzung der Landesordnung des 16. Jahrhunderts pochte. Die Sorgen der Göppinger Handwerker und Kaufleute sollten allerdings einige Jahre später erheblich zunehmen, als die Juden der niederadeligen Nachbarherrschaft ab 1806 gleichfalls zum württembergischen Untertanenverband gehörten.

Neue Verhältnisse und alte Feindbilder im frühen Königreich Württemberg

Nur wenige jüdische Familien hatten bis zum 19. Jahrhundert an den Residenzen in Stuttgart und Ludwigsburg sowie wenigen exemten »Kammerschreibereiorten«, meist aus adligem Besitz neu erworbene Dörfer wie Freudental oder Hochberg, innerhalb des herzoglichen Territoriums gelebt – unter dem direkten Schutz der Herzogsfamilie und abseits landständischer Exklusionsbestrebungen. Mit der Gründung des Königreichs Württemberg 1806 hatte sich die Zahl der jüdischen Untertanen durch Gemeinden wie Buchau, Laupheim, Jebenhausen, Oberdorf, Braunsbach, Buttenhausen oder Mühringen von 534 auf 5418 jedoch etwa verzehnfacht und durch Zuzug stieg diese weiter auf 8256 jüdische Menschen im Jahr 1817 – wobei diese Religionsgruppe zu keinem Zeitpunkt mehr als 0,7 Prozent der Gesamtbevölkerung Württembergs ausmachen sollten. Der um eine einheitliche Gesetzgebung bemühte König Friedrich I. versuchte, für die aus zuvor meist adeligen Schutzherrschaften stammenden Juden eine zeitgemäße Regelung ihrer Lebensbereiche zu gestalten. Diese Zielvorgabe konnte zunächst aber nur schrittweise erfolgen, da sich die altwürttembergischen Eliten in Verwaltung, Justiz und Kirche diesen Plänen aktiv und passiv widersetzten. Daher scheiterte 1808 eine von Friedrich landesweit geplante Judenordnung. Ihre 94 Paragrafen wurden insbesondere beim Oberappellationstribunal Tübingen so lange verwässert und verändert, bis der König stattdessen eine Umsetzung in Etappen vorzog. Doch selbst gegen Verbesserungen wie die Erlaubnis zum Erwerb von Gütern zur Eigenbewirtschaftung (1807) sowie das Betreiben bürgerlicher Gewerbe und den Eintritt in Handwerkerzünfte (1809) erhob sich oft auf lokaler Ebene Widerstand der wirtschaftlichen Konkurrenz. Diese beharrte vehement auf der Beibehaltung der bisherigen Zustände und einer Benachteiligung der Juden. In der Hungerkrise von 1816/17 wurde teilweise versucht, diesen eine Mitverantwortung an der desolaten Lage zuzuschieben.

Weiterhin konnten auch die Städte und Gemeinden Württembergs eigenständig entscheiden, ob sie jüdische Einwohner aufnehmen wollten. Deshalb blieben viele urbane Siedlungsorte versperrt und ländliche Gemeinden wie Buchau, Laupheim oder Jebenhausen wuchsen bis zur Mitte des 19. Jahrhunderts deutlich in ihrer jüdischen Einwohnerzahl an – einer der zentralen Gründe für eine starke Auswanderungsbewegung junger jüdischer Untertanen nach Nordamerika. Die württembergische Verfassung von 1819 hatte den Juden zwar die Religionsfreiheit und den Zugang zum Hochschulstudium zugesprochen, doch die vollen Bürgerrechte genossen weiterhin nur die drei christlichen Konfessionen im Land. Nach einer Eingabe der Abgeordnetenkammer vom Juni 1820 begannen schließlich die Vorbereitungen der Regierung für ein umfassendes Gesetz zur Regelung der Lebensverhältnisse von knapp 9000 jüdischen Württembergern. Hierzu nahm 1821 eine Kommission ihre Arbeit auf, die unter Einbeziehung jüdischer Mitglieder im Juni 1824 einen ersten Gesetzesentwurf vorlegen konnte.

Abb. 3: Mehrere Motive der »Zizenhausener Terrakotten« aus dem frühen 19. Jahrhundert sind mit judenfeindlichen Inhalten verknüpft, die jüdische Menschen des ländlichen Milieus im Kontext betrügerischer Machenschaften und unfreiwilliger Komik sowie in einer bestimmten Physiognomie darstellen.

Intensive Debatten um das Emanzipationsgesetz von 1828

Im Vorfeld dieses schließlich 1828 verabschiedeten *Gesetz in Betreff der öffentlichen Verhältnisse der israelitischen Glaubensgenossen* entbrannte eine heftige publizistische Debatte darüber, welche Rechte man der jüdischen Bevölkerung zukünftig einräumen wollte. Insbesondere die ökonomische Konkurrenz der Juden, egal ob aus früheren Reichsstädten oder württembergischen Amtsstädten, und Vertreter der bürgerlichen altwürttembergischen Führungsschichten versuchten durch Eingaben und Denkschriften die Stimmung und die politischen Entscheidungsträger zu beeinflussen. Durch dieses letzte »Aufbäumen« der Emanzipationsgegner wird quasi in der Rückschau überaus deutlich, welche Interessensgruppen bereits in der Vergangenheit Träger und Stichwortgeber antijüdischer Politik gewesen waren und mit welchen fast tragikomisch-anachronistischen Argumenten sie vorzugehen versuchten. Sehr klarsichtig zu derlei Motivationen äußerten sich dagegen die *Württembergischen Jahrbücher* 1828 (1830) in einer Rückschau:

> *Ein panischer Schrecken verbreitete sich besonders unter dem Handelsstande, der sich durch die Konkurrenz der Juden in seinen wesentlichsten Interessen bedroht glaubte. Von vielen Handelsstädten: Stuttgart, Heilbronn, Ulm, Urach etc. kamen Bittschriften um Verwerfung des Gesetzes an die Stände ein, während dagegen von Ackerbau und Gewerbe treibenden Gegenden auch nicht eine Protestation einlief. Ueberall war es der Handelsstand, der das Privilegium ansprach, der israelitischen Konkurrenz nicht ausgesetzt seyn zu dürfen.*[11]

Neben den wirtschaftlichen Sorgen über eine gleichberechtigte jüdische Konkurrenz traten durch Vertreter der Eliten des alten Herzogtums traditionell–judenfeindliche Motive zutage, aber zugleich frühantisemitische Inhalte, wie sie in der hasserfüllten Schrift Rudolf Mosers von Filseck (1803–1862) *Die Juden und ihre Wünsche. Ein publicistischer Versuch* enthalten sind. Moser, der einer hochrangigen württembergischen Beamten- und Juristenfamilie entstammte, war nach seinem Studium der Staatswissenschaften in Tübingen ab 1825 im Finanzministerium tätig und sollte sich später als Mitglied des statistisch-topographischen Bureaus und als Autor von Landes- und Oberamtsbeschreibungen sowie Gesetzessammlungen profilieren. Sein ohne Beilagen 288 Seiten umfassendes und von der

Universität Tübingen als Dissertation anerkanntes Werk, das allerdings erst im »Dritten Reich« begeistert rezipiert wurde, ließ Moser vor der finalen Debatte über das Emanzipationsgesetz an die Mitglieder der Ständekammer verteilen. Inhaltlich zeigt die von altwürttembergisch-patriotischem Pathos durchtränkte Schrift eindrucksvoll die Einflüsse des jungen Autors. Neben sattsam bekannten Schädlingsmetaphern und anderen »klassischen« Motiven, die man in Luthers *Von den Juden und ihren Lügen* vielfach vorformuliert findet, zeigen sich hier in oft schier endlosen Satzgebilden bereits Ansätze der Konstruktion einer vermeintlichen jüdischen »Rasse«, die weiter vom Vaterland fernzuhalten sei:

Vor der französischen Unordnung hatte man in vielen teutschen Ländern, wie in Würtemberg, dieses zehrende und nagende Gewürm ganz von sich abgehalten, in andern Gegenden sie scharf beschränkt, nur in einigen kleinen Bezirken, ritterschaftlichen Orten, hatte man ihnen übermäßige Freiheiten gelassen. Von da aus haben sie nun, seitdem der französische Einfluß die heilsamen Bande gesprengt, angefangen, unser ganzes bürgerliches Leben zu durchfressen. [...] In demselben Grade, in welchem sich die Juden durch ihre inneren Eigenschaften, freilich nicht zu ihrem Vortheile, von den andern Bewohnern Europas unterscheiden, ist auch die Verschiedenheit ihres Aeussern, ihrer Gewohnheiten und Eigenheiten auffallend.

Statt der Förderung der Judenemanzipation schlug Moser vor, deren Auswanderung zu unterstützen oder gar die jüdischen Untertanen in Gebiete der einwohnerarmen Oberämter Balingen und Ellwangen in Form von »Colonien« umzusiedeln. Ansonsten entwarf Moser in grellsten Farben wahre Untergangsvisionen für seine Heimat.[12]

Dass Moser kein von jugendlichem Übereifer geleiteter Einzelfall war, zeigen einige in den Protokollen der hitzigen Parlamentsdebatte festgehaltene Äußerungen von Angehörigen der Ständekammer, wie der aus einer altwürttembergischen Pfarrersfamilie stammende Jurist Karl von Hofacker (1794–1866) am 21. Februar 1828:

Noch im Jahr 1802 gab es keinen Juden im ganzen Herzogthum Würtemberg, wenn sich auch hie und da ein Hofjude eingenistet hatte. Das war eine schöne Zeit; sie ist leider verschwunden. [...] Die Juden sind uns zur Last 1) durch ihren aussaugenden Wucher und Schacherhandel, den sie mit

Ausschluß der ordentlichen Gewerbe treiben; 2) durch ihre moralische und physische Verderbniß; 3) durch ihre religiöse und politische Absonderung und feindliche Stellung. [...] Es bleibt immer noch übrig, Juden-Colonien zu errichten, und ich hätte gar kein Bedenken, diese Menschen, welche nicht graben mögen, zum Graben zu zwingen.[13]

Doch es gab auch Stimmen der Aufklärung, wie den katholischen Abgeordneten Joseph Christian von Schliz (1780–1861) aus Mergentheim, der als Mitglied der Kommission das Gesetz vorbereitete:

Im Allgemeinen glaube ich, wird es wohl überflüssig sein, sich darauf einzulassen, welches wohl die richtige Terminologie sei. Es wird gleich sein, ob man Jude oder Israelite sagt. Ueberhaupt glaube ich, daß beide Prädicate unrichtig sind. Sie sind nicht Juden und nicht Israeliten, sondern Württemberger. [...] Eben so lächerlich ist der panische Schrecken vor den Juden. Man hat es ja fürwahr nicht mit reißenden Thieren, sondern mit Menschen, wie wir selbst, zu thun...[14]

Zwischen diesen gegensätzlichen Positionen versuchte Innenminister Christoph von Schmidlin zu vermitteln, der in seinen Äußerungen, jedoch auch in der Drastik seiner Wortwahl vielfach den Gegnern entgegenzukommen suchte und dabei mit Verweis auf frühere Erlasse den Erziehungscharakter des Gesetzes betonte:

So ganz fruchtlos seyen also die von der Regierung im Jahr 1807 und 1809 getroffenen Maaßregeln nicht gewesen. Wenn sie weniger große Früchte getragen haben, so beweise dieß nichts, als, [...], daß es nicht genug sey, um den Juden zu entjuden, ihm bloß zu erlauben, ein nicht jüdisches Gewerbe zu betreiben, daß ihm vielmehr, wie der Gesetzes-Entwurf beabsichtige, auf andere Weise zu Hülfe zu kommen, und insbesondere guter Wille bei ihm zu erwecken sey. [...] Was wir Ihnen Neues vorschlagen, was wir ohne Ihre Zustimmung, ohne Verabschiedung nicht einzuführen befugt wären, das sind die Beschränkungen, die der Gesetzes-Entwurf den Schacherjuden auferlegt, der moralische Zwang, den wir anwenden wollen, um den Juden von dem verderblichen Schacherhandel zum ehrlichen ordentlichen Erwerb zu geleiten, um die schädlichen nagenden Würmer der Landesordnung in nützliche Staatsbürger, in ehrenwerthe Landwirthe, Handwerker und Kaufleute umzuwandeln.[15]

Die hier nur angerissenen geistigen Fronten verliefen in dieser langwierigen Debatte gleichsam zwischen Fortschritt und Restauration. Während Vertreter mit aufklärerischen Überzeugungen auf die fortschreitende Integration der Katholiken in Württemberg als Vergleichsfolie hinwiesen und die Gleichberechtigung aller Menschen betonten, zeichneten ihre Gegner drastische Horrorszenarien auf und sahen das Land wirtschaftlich wie sozial in höchster Gefahr. Das letztlich mit erneuten Einschränkungen verabschiedete Emanzipationsgesetz zielte neben juristischer Vereinheitlichung im religiösen und kulturellen Bereich stark auf eine wirtschaftliche Neuausrichtung der württembergischen Juden. Diese sollten zuvorderst den meist aus der Not geborenen, aber gewohnten »Schacherhandel« aufgeben und in andere Berufszweige integriert werden. Trotz der weiter nicht gewährten vollen Gleichberechtigung und des erzieherischen Charakters des Gesetzes sollte dieses langfristig seinen Teil zur wirtschaftlichen Assimilierung und gesellschaftlichen Eingliederung der Juden beitragen. In seiner *Geschichte der Juden in Württemberg* (1937) beurteilte der Göppinger Rabbiner Aron Tänzer das Gesetz daher sehr positiv:

> *Es [das Gesetz] machte dem bisherigen für Staat und Juden gleich würdelosen Schutzjudentume für immer ein Ende. Das Land, das bisher den Juden nur gefühlsmäßig die Heimat war, wurde ihnen jetzt auch gesetzmäßig eine solche. Aus den »Fremden« waren Württemberger geworden.*[16]

Angesichts der überwiegend positiven Effekte des Emanzipationsgesetzes versuchten Vertreter der jüdischen Bevölkerung ab 1833 durch wiederholte Anträge zu erreichen, dass dieses im Sinn einer vollständigeren Gleichberechtigung überarbeitet würde. Gerade die Freizügigkeit war stark eingeschränkt geblieben, weiterhin dominierten ländliche Lebenswelten sehr deutlich das jüdische Württemberg. Allerdings kam erst mit der Revolution von 1848 neue Bewegung in den Gleichstellungsprozess, als man in den *Grundrechten des deutschen Volkes* formulierte, dass das religiöse Bekenntnis weder die bürgerlichen noch staatsbürgerlichen Rechte einschränken dürfe. 1849/1850 schienen dann eine gesetzliche Umsetzung in Württemberg und die Aufhebung religionsbedingter Einschränkungen in greifbare Nähe gerückt zu sein. Als jedoch die deutsche Bundesversammlung im August 1851 die Grundrechte wieder aufhob, drohte ein Rückschritt auf den Status von 1828. Durch eine königliche Verordnung vom Oktober 1851 konnten zumindest einige Milderungen beibehalten werden, weitreichendere Zugeständnisse kamen aber vorerst nicht zustande.

Die Gleichberechtigung der württembergischen Juden 1864 und die antisemitische Gegenreaktion

Ab 1861 erhielten die württembergischen Juden endlich das aktive und passive Wahlrecht zur Ständeversammlung und im Verlauf des Jahres begannen die formalen Initiativen zur bürgerlichen und gewerblichen Gleichstellung der Juden in Württemberg. Die Parlamentsdebatten vor deren Umsetzung 1864 fielen bei weitem nicht mehr so scharf aus, wie es vor 1828 der Fall war. Während die seitdem vollzogenen Entwicklungen etliche judenfeindliche Stereotype und negative Prognosen offenkundig ad absurdum geführt hatten, traten neue, nun antisemitisch gefärbte Vorurteile in den Parlamentsverhandlungen auf. So wurden mutmaßlich »rassisch« erklärbare Verhaltensmuster der Juden ebenso angeführt wie ihre angeblich überproportionale Beteiligung in der Hochfinanz. In der Debatte am 17. September 1861 äußerte sich der Prälat Gebhard von Mehring (1798–1890) auch bezüglich einer seiner Meinung nach nötigen Differenzierung zwischen »Reformjuden« und »mosaischen« Juden:

Betrachten Sie die Völker vom Ural bis zum Tajo, ob sie ein einziges unter denselben finden, von dem sie sagen können, sein Blut sei unvermischt geblieben bei der großen Völkerwanderung. Nicht ein einziges Volk ist gewesen, das sich nicht mit anderen vermischt hätte! Doch ja eines, eine einzige Ausnahme müssen Sie gestatten, und diese einzige Ausnahme macht das jüdische Volk, überall schwimmt es wie das Öl auf den Wassern.[17]

Der evangelische Jurist Sigmund Schott (1818–1895) sprach sich zwar für die Gleichstellung aus, war gleichzeitig aber nicht frei von Vorstellungen »rassisch« bedingter Charaktereigenschaften oder Verhaltensweisen der Juden:

Die große Fülle von Begabung, welche der jüdischen Race eigen ist, ist vielmehr, wie ich glaube, zum großen Teile an der Abneigung schuld, welche man ihnen gegenüber zur Schau trägt, man fürchtet die Konkurrenz ihrer

Klugheit; wo der Jude hinkommt, wird es lebendig, sei es auf dem Markt oder auf der Börse oder in der Literatur. Dieses Element jüdischer Beweglichkeit kann namentlich uns Süddeutschen nur eine heilsame Zutat sein, die wir bekanntlich etwas an dem Gegenteil leiden. [...] Nur dann, wenn der Jude auf gleicher Stufe mit seinem Nebenmenschen verhandeln kann, wird auch in sein ganzes Verhalten jene Ruhe, jenes männliche Selbstbewusstsein einkehren, welches wir an ihm noch vermissen. Aber [...] selbst wenn die widerwärtigen Eigenschaften, die wir an dem einen oder jenem Juden beobachten, ein Racefehler, wenn sie unauslöschlich wären, könnten wir nicht umhin, endlich einmal zur vollen Juden-Emanzipation zu schreiten. Die Juden sind nun einmal da und niemand von Ihnen wird den Vorschlag machen, sie aus dem Lande zu treiben; es handelt sich also nur um die Wahl, sie als etwas unserem übrigen staatlichen Organismus fremdartiges bestehen zu lassen, oder sie in diesen Organismus gleichsam aufzusaugen.[18]

Widerspruch kam durch den Abgeordneten und evangelischen Theologen Franz Hopf (1807–1894) aus Vaihingen:

Die Israeliten unter uns sind Menschen, die deutsch reden, deutsch denken, deutsch fühlen; in Deutschland sind sie Deutsche, wie sie französisch denken und sprechen, wenn sie in Frankreich sind, sie sehen das Land, in dem sie wohnen, als ihr Vaterland an, wie wir, die wir freilich leider noch keine Nation sind und kein Vaterland haben. [...] Schwer fällt es also, alte Vorurteile zu verwischen und durch falsche Religionsbegriffe eingepflanzte Ansichten zu beseitigen. Die Zeit schreitet langsam vorwärts und gelangt oft erst über die gebrochenen Herzen zu ihrem Ziele; nach Menschenaltern erst kommt oft ein Gedanke der Freiheit, des Rechts zur Reife.[19]

Der Gesetzentwurf fand mit seinen fünf Artikeln letztlich doch die klare Zustimmung beider Ständekammern. In der Zwischenzeit hatte bereits das Nachbarland Baden 1862 als erster deutscher Staat seinen jüdischen Untertanen die rechtliche Gleichstellung gewährt. Nach der königlichen Genehmigung konnte nun am 13. August 1864 in Württemberg das *Gesetz betr. die bürgerlichen Verhältnisse der israelitischen Glaubensgenossen* publiziert werden. Die Folgen dieser Gleichberechtigung der damals 11.610 Menschen zählenden jüdischen Bevölkerung, die mit der etwas später folgenden Aufhebung des Verbots von Mischehen abgeschlossen und mit der Reichsgründung 1871 ohnehin deutschlandweit verankert wurde, zeigte sich besonders in der Entwicklung der Siedlungsstruktur. Diese wandelte sich massiv vom ländlichen zum urbanen Sektor, wobei neben dem dominanten Zentrum Stuttgart als Schwerpunkte Heilbronn, Ulm, Göppingen, Schwäbisch Hall und Esslingen hervorzuheben sind. Wirtschaftlich profitierte das Land während der Folgejahrzehnte speziell im Bereich der Textilindustrie und deren Schwesterbranchen von der Leistungsfähigkeit jüdischer Unternehmer. In keinem Sektor übten sie aber trotz wiederkehrender Vorurteile eine Dominanz aus, selbst wenn sie in einigen Bereichen wie eben der Textilwirtschaft überdurchschnittlich vertreten waren. Eine gewisse Ausnahme könnte man einzig im ländlichen Viehhandel in einigen Regionen wie dem Schwarzwaldkreis mit dem Oberamt Horb erkennen. Zerrbilder von jüdischer »Kontrolle« des Wirtschafts- und Finanzlebens entbehrten dennoch jeder statistischen Grundlage.

Als Gegenreaktion auf die Gleichstellung der Juden und ihre gesellschaftliche Assimilation entwickelte sich im Verlauf des 19. Jahrhunderts der von den traditionellen, wirtschaftlich-religiösen Elementen der Judenfeindschaft abweichende rassische Antisemitismus. Dieser findet sich auch in den weitverbreiteten Schriften des württembergischen Staatsrechtlers Robert von Mohl (1799–1875). Besonders seine auf die erfolgte Emanzipation der deutschen Juden abzielenden Äußerungen in seinem *Staatsrecht* von 1869 sorgten für empörte Gegenreaktionen von jüdischer Seite. Mohl entstammte wiederum aus einer württembergischen Beamten- und Juristenfamilie mit Verbindungen zur Familie Moser. Von 1827 bis 1846 wirkte der Jurist als Professor für Staatswissenschaften in Tübingen und leitete dort zeitweilig die Universitätsbibliothek. Ab 1849 lehrte er in Heidelberg und war 1848/49 Reichsjustizminister, später dann badischer Land- und Bundestagsabgeordneter und badischer Gesandter in München. Wie sein Bruder, der Wirtschaftspolitiker Moritz von Mohl (1802–1888), vertrat Robert von Mohl dezidiert antijüdische Positionen, in denen er sich allerdings von überkommenen Motiven zu distanzieren versuchte. Im Gegensatz zu seiner in Schriften der 1840er und 1850er Jahre scheinbar indifferenteren Haltung, sah er 1869 im dritten Band seines Werks *Staatsrecht, Völkerrecht und Politik* im Teilband zur Politik die gesellschaftliche Stellung der Juden von einem Extrem ins andere verändert und bewertete diese Entwicklung explizit als negativen Trend der Gegenwart: Es seien *in den gesitteten Staaten alle Schleusen gezogen* worden und die Juden *in der gleichen Stellung wie die nationale Bevölkerung*, zu der sie seiner Meinung nach nicht zählten. Mohl hob auf die vermeintliche Doppel–Nationalität der Juden ab, betonte eine Verschiedenheit der jüdischen und germanischen »*Race*« sowie die angebliche Scheu der Juden vor körperlicher Arbeit und ihre fremdartige »Natur« – womit er alten Stereotypen des wirtschaftlich parasitären Juden folgte, selbst wenn er apologetisch einzelne Ausnahmen anführte. Aufgrund ihrer *nationalen Abneigung gegen hartarbeitende Thätigkeit* würden die Juden nie homogen in der Gesellschaft aufgehen können, *sondern nur bestimmte, und keineswegs immer die wünschenswerthesten Schichten* überfüllen. Deshalb wären Beschränkungen nötig gewesen, wie sie das Gesetz von 1828 bestimmt hatte. Eine Revision der aktuellen Zustände sah Mohl indes als unmöglich und zu spät an, da verliehene Freiheiten nur durch einen grundlegenden politischen Umsturz und gegen erhebliche Widerstände rückgängig gemacht werden könnten.[20]

Autoritäten wie Robert von Mohl bildeten eine »Scharnierfunktion« zwischen traditioneller, aber als nicht mehr zeitgemäß empfundener Judenfeindschaft und dem »rassisch« begründeten Antisemitismus. Man distanzierte sich zwar nach einem halben Jahrhundert vordergründig von der pathostriefenden Hassorgie des Altersgenossen Rudolf Moser von 1828, deren Elemente trotzdem teilweise aufgenommen und in ein neues Konzept vermeintlicher jüdischer Rasseeigenschaften integriert wurden. Durch die große Rezeption seiner juristischen Grundlagenwerke war eine Person wie Mohl für Folgegenerationen Kronzeuge und Verstärker eines Weltbilds, das die Juden als fremdartiges und überwiegend negativ besetztes Element in der deutschen Gesellschaft definierte.

Obwohl der Antisemitismus im Königreich bis ins frühe 20. Jahrhundert allenfalls ein politisches Randphänomen bildete, der sich später phasenweise in Organen wie der *Ulmer Schnellpost* unter dem Herausgeber Eugen Nübling mit radikalen Positionen niederschlug, blieben unterschwellige Ressentiments vorhanden. Nichtsdestotrotz schritten in Stadt und auch auf dem Land in den Generationen nach den 1870er Jahren starke Assimilation und gegenseitige Akzeptanz voran, wie der Tübinger Kulturwissenschaftler Utz Jeggle 1969 in seiner Pionierstudie *Judendörfer in Württemberg* konkret für den Zeitraum 1905 bis 1935 dokumentierte.[21]

Doch mit der deutschen Niederlage im Ersten Weltkrieg flammten alte Stereotype, Verschwörungslegenden und Sündenbockdefinitionen wieder auf – was für die überdurchschnittlich patriotisch gesinnten württembergischen Juden eine tiefgreifende Frustration bedeutete.

Zusammenfassung

Wie eingangs ausgeführt, machte der nationalsozialistische Rassewahn vor der württembergischen Landesgeschichtsschreibung nicht halt, die zuvor hinsichtlich der jüdischen Vergangenheit häufig von jüdischen Forschern bearbeitet worden war. Umso begeisterter »entdeckte« man, wie Horst Junginger in einer umfangreichen Studie dargestellt hat, ab 1933 die judenfeindlichen Strukturen der württembergischen Politik und Gesetzgebung seit dem Zeitalter Eberhards im Bart wieder und negierte das vergangene Jahrhundert von Emanzipation und positiver Integration. Über 300 Jahre hatte man seit 1498 die Juden in Württemberg unter dem Begriff der »nagenden Würmer« als Schädlinge am Gemeinwohl verunglimpft und ausgegrenzt. Wirtschaftliches Konkurrenzdenken, politisches Machtkalkül, religiös-kulturelle Vorbehalte, Ängste und Aggressionen sowie fiktive Verschwörungs- und Verbrechenslegenden bildeten in sich wandelnder Ausprägung die Basis dieser Weltsicht. Spezifisch württembergisch war diese Judenfeindschaft inhaltlich nicht, ebenso wenig, wie die von den Forschern der NS-Zeit in den Quellen erhofften »rassischen Urinstinkte« des württembergischen Volkes nachweisbar gewesen wären. Stattdessen basierte, auch im Vergleich mit anderen Territorien, die Kontinuität und Stabilität der restriktiven Politik in der Epoche des Herzogtums Württemberg gegenüber den Juden auf folgenden strukturellen und individuellen Faktoren, die dann im Königreich Württemberg nachwirkten: 1) Die außergewöhnlich starke politische und gesellschaftliche Position der Landstände mit ihren wirtschaftlichen und machtpolitischen Interessen sowie einer Selbstidentifikation als Bewahrer von Tradition und Garanten von Stabilität und Wohlstand, die eine Opposition gegen absolutistische Tendenzen integrierte. 2) Die konsequente Übernahme und Tradierung des lutherischen Judenbildes durch die Landeskirche ab den 1550er Jahren sowie die folgende enge personelle Verflechtung zwischen bürgerlicher und theologischer Elite, die beide in ihrer antijüdischen Einstellung übereinstimmten. 3) Die Orientierung an den populären Leitfiguren der »guten Landesväter« Eberhard im Bart und Herzog Christoph sowie deren idealisierende Instrumentalisierung durch Landstände, Kirche und Historiografie erfolgte in der Politik gegenüber der jüdischen Minderheit bis weit ins 19. Jahrhundert. Beide Herzöge dienten somit im Sinne der altwürttembergischen Eliten als positive Vergleichsfolie für nachfolgende Regenten des Landes und als Symbole einer romantisch-verklärten »guten alten Zeit«: fromm, bescheiden, erfolgreich, friedliebend, kooperativ zu den Landständen und dezidiert judenfeindlich. Die unwissenschaftliche Interpretation ihres Wirkens erfolgte dann im »Dritten Reich« nur ansatzweise in Verbindung mit den historischen Hintergründen und stattdessen im Sinn einer Rassenideologie, an deren menschenverachtendes Weltbild sich zahlreiche Wissenschaftler aus Karrierekalkül und/oder eigener Überzeugung anschlossen. Die religiös motivierten Inhalte der Judenfeindschaft hatten in Württemberg während des 19. Jahrhunderts allmählich ausgedient, während in ihrer Nachfolge verzerrte Bilder angeblicher jüdischer Wirtschaftskontrolle in das System des rassischen Antisemitismus integriert wurden und in Verbindung mit tradierten sowie neu erfundenen Verschwörungslegenden ihre bis heute verheerende Wirkung entfalteten.

ENDNOTEN

1 FEUCHTWANGER. Jud Süß, S. 342–345.
2 *Der ewige Jude*, Deutsche Filmherstellungs- und Verwertungs-GmbH (DFG) für die Reichspropagandaleitung der NSDAP, Originalvertonung 1940.
3 MILLER: Die Judenpolitik Eberhards, S. 83–106.
4 REYSCHER: Sammlung der württembergischen Gesetze, S. 23.
5 BIDEMBACH: Kurzer und wahrhaffter Bericht, S. 44.
6 ERNST: Briefwechsel des Herzogs Christoph, S. 599f.
7 ANDREAE: Vier Christliche Predigten vom Wucher, S. 173.
8 HStAS A 56 Bü 11 Fasz. 3 Q 1.
9 HStAS A 56 Bü 10 Q 5.
10 HStAS A 213 Bü 5741 Q 1.
11 Württembergische Jahrbücher, S. 326f.
12 MOSER: Die Juden und ihre Wünsche, S. 193–198 und 266f.
13 Verhandlungen der Kammer der Abgeordneten, S. 670–746.
14 Ebd., S. 700f.
15 Ebd., S. 730f.
16 TÄNZER: Die Geschichte der Juden in Württemberg, S. 37.

17 Verhandlungen der Württembergischen Kammer der Abgeordneten, S. 4291–4295.
18 Ebd., S. 4299–4301.
19 Ebd., S. 4302–4305.
20 VON MOHL: Staatsrecht, Völkerrecht und Politik, S. 673–680.
21 JEGGLE: Judendörfer in Württemberg, S. 255f.

QUELLEN- UND LITERATURVERZEICHNIS

QUELLEN
HStAS A 56 Bü 11 Fasz. 3 Q 1.
HStAS A 56 Bü 10 Q 5.
HStAS A 213 Bü 5741 Q 1.
Verhandlungen der Kammer der Abgeordneten des Königreichs Württemberg auf dem außerordentlichen Landtage, Drittes Heft, Stuttgart 1828.
Verhandlungen der Württembergischen Kammer der Abgeordneten in den Jahren 1856 bis 1861, 6. Band, Stuttgart 1861.
Württembergische Jahrbücher für vaterländische Geschichte, Geographie, Statistik und Topographie, Jahrgang 1828, Stuttgart 1830.
ANDREAE, Jakob: Vier Christliche Predigten vom Wucher. […], Tübingen 1589 (UBT Gi 327).
BIDEMBACH, Balthasar: Kurzer und wahrhaffter Bericht von dem hochlöblichen und christlichen Leben, auch seligem Absterben Herzog Christophen zu Würtemberg, Tübingen 1570.
ERNST, Viktor (Hg.): Briefwechsel des Herzogs Christoph von Württemberg, 4. Bd. (1556–1559), Stuttgart 1907.
FEUCHTWANGER, Lion: Jud Süß, München 1925.
MOSER, Rudolph: Die Juden und ihre Wünsche. Ein publicistischer Versuch, Stuttgart 1828.
REYSCHER, August Ludwig (Hg.): Sammlung der württembergischen Gesetze, 2. Bd., Stuttgart/Tübingen 1829.
TÄNZER, Aron: Die Geschichte der Juden in Württemberg, Frankfurt 1937.
VON MOHL, Robert: Staatsrecht, Völkerrecht und Politik. Monographien von Robert von Mohl, 3. Band: Politik, 2. Band, Tübingen 1869.

LITERATUR (AUSWAHL)
DEIGENDESCH, Roland: Judenfeindschaft am Uracher Hof?, ZWLG 64 (2005), S. 85–102.
GERBER, Barbara: Jud Süß: Aufstieg und Fall im frühen 18. Jahrhundert. Ein Beitrag zur historischen Antisemitismus- und Rezeptionsforschung, Hamburg 1990.
GRUBE, Walter: Quellen zur Geschichte der Judenfrage in Württemberg, ZWLG II (1938), S. 117–155.
JEGGLE, Utz: Judendörfer in Württemberg, Tübingen 1969/1999.

Jung, Martin: Die württembergische Kirche und die Juden in der Zeit des Pietismus (1675–1780), Berlin 1992.

Junginger, Horst: Die Verwissenschaftlichung der »Judenfrage« im Nationalsozialismus, Darmstadt 2011.

Lang, Stefan: Ausgrenzung und Koexistenz. Judenpolitik und jüdisches Leben in Württemberg und im Land zu Schwaben (1492–1650) (Schriften zur Südwestdeutschen Landeskunde, Bd. 63), Ostfildern 2008.

Lang, Stefan: Die Ausweisung der Juden aus Tübingen und Württemberg 1477 bis 1498, in: Sönke Lorenz/Volker Schäfer (Hgg.): Tubingensia. Impulse zur Stadt- und Universitätsgeschichte. FS für Wilfried Setzler zum 65. Geburtstag, Ostfildern 2008, S. 111–132.

Lang, Stefan: Bauernpredigt, Judenfeindschaft und Fürstenkritik. Lukas Osiander als Abt von Adelberg (1596–1598), in: Hohenstaufen/Helfenstein. Historisches Jahrbuch für den Kreis Göppingen 16 (2006), S. 113–136.

Laux, Stephan: Gravamen und Geleit. Die Juden im Ständestaat der Frühen Neuzeit (15.–18. Jahrhundert), Hannover 2010.

Miller, Thomas: Die Judenpolitik Eberhards, in: Graf Eberhard im Bart von Württemberg im geistigen und kulturellen Geschehen seiner Zeit, Stuttgart 1938, S. 83–106.

Weber, Ottmar: Die Entwicklung der Judenemanzipation in Württemberg bis zum Judengesetz von 1828, Stuttgart 1940.

Ziwes, Franz-Joeseph: Territoriale Judenvertreibungen im Südwesten und Süden Deutschlands im 14. und 15. Jahrhundert, in: Friedhelm Burgard/Alfred Haverkamp/Gerd Mentgen (Hgg.): Judenvertreibungen im Mittelalter und früher Neuzeit, Hannover 1999, S. 165–187.

Der Herzog und sein Jude.
Joseph Süß Oppenheimer als Sündenbock für die Politik Herzog Karl Alexanders von Württemberg 1737/38

Joachim Brüser

Der historische Joseph Süß Oppenheimer ist heute unter zahlreichen Interpretationsschichten der Geschichte verborgen. Seit etwa hundert Jahren versuchen Historikerinnen und Historiker, ihn von diesen Schichten zu befreien, mit denen er seit seinem Wirken im deutschen Südwesten vor allem in den dreißiger Jahren des 18. Jahrhunderts bedeckt wurde. Nährboden und Klebstoff dieser Schichten waren Neid, Hass, Antisemitismus oder eine Kombination dieser drei. Die wirkungsmächtigsten Narrative wurden ihm unmittelbar nach seiner Verhaftung und während seines Prozesses angehängt. Diese wurden bis über die Zeit des Nationalsozialismus hinaus bedient, gepflegt und vermehrt. Ziel soll es im Folgenden sein, diese Schichten Stück für Stück von der historischen Persönlichkeit zu entfernen.

Hoffaktoren in der Frühen Neuzeit

Joseph Süß Oppenheimer wurde 1698 in Heidelberg in eine jüdische Kaufmannsfamilie geboren. Bereits früh begann er nach Reisen nach Amsterdam, Wien und Prag, wo er wohl bei Verwandten und Geschäftspartnern der Familie lernte, eine eigene Tätigkeit im Bereich von Handel und Finanzen zu führen. Schnell war er erfolgreich und erreichte Verträge mit dem Kurfürsten von der Pfalz, dem Kurfürsten von Köln und dem Landgrafen von Hessen-Darmstadt. Seine Tätigkeit war breit gefächert: Er vermittelte Kredite, organisierte Waren nach Wunsch seiner Auftraggeber, übernahm Ausrüstungsverträge im Militärbereich und Edelmetalllieferungen für Münzprägungen. Tätig war er zunächst in Heidelberg, bis er 1722 nach Mannheim zog, da er mehrere Projekte für den Kurfürsten von der Pfalz übernommen hatte. Nach etwa zehn

Abb. 1: Der posthum entstandene Porträtstich zeigt Joseph Süß Oppenheimer in einem reich verzierten Rock auf dem Höhepunkt seines Erfolges in Stuttgart. Die Bildunterschrift, der Galgen im Medaillon sowie Seilzug und Ketten hinter ihm weisen jedoch auf seinen Fall und seine Hinrichtung hin.

Jahren in Mannheim verlegte er Wohnung und Geschäftsräume 1732 nach Frankfurt.

Mit den von ihm übernommenen Projekten bewegte er sich auf Tätigkeitsfeldern, die in der Frühen Neuzeit ganz typisch waren für Hoffaktoren oder »Hofjuden«. Hoffaktoren waren Kaufleute und Bankiers, die für ihre Fürsten Aufträge im wirtschaftlichen oder finanziellen Bereich ausführten. Da diese meist jüdischen Glaubens waren, setzte sich zeitgenössisch deren Bezeichnung als »Hofjuden« durch. Die fürstlichen Aufträge waren sehr vielfältig. Das konnte die Beschaffung konkreter Waren oder eines Kredits sein, die Belieferung der Heere mit Ausrüstung oder Proviant oder auch die Übernahme der Münzprägungen. Durch ihre internationale Vernetzung waren die Hoffaktoren christlichen Kaufleuten und Bankiers meist überlegen.

Nach ersten Vorgängern im Mittelalter gab es Hoffaktoren zunächst am Kaiserhof und dann ab der zweiten Hälfte des 17. Jahrhunderts auch an den zahlreichen anderen Höfen des Reichs. Nach den Zerstörungen des Dreißigjährigen Krieges spielten sie eine nicht unbedeutende Rolle im Wiederaufbau und in der Modernisierung zahlreicher Reichsterritorien. In Württemberg sind die ersten Hoffaktoren bereits im 16. Jahrhundert unter Herzog Ulrich und Herzog Ludwig nachweisbar, im 17. Jahrhundert gingen Johann Friedrich und Friedrich Karl entsprechende Geschäftsbeziehungen ein. Die Blütezeit der Hoffaktoren war in Württemberg wie auch sonst im Reich das 18. Jahrhundert unter den Herzögen Eberhard Ludwig, Karl Alexander, Karl Eugen und Friedrich II.

Rechtlich waren sie vor allem in Territorien, die die Juden ausgewiesen hatten, völlig von ihrem Fürsten abhängig. Dieser versorgte sie mit Privilegien und Vorrechten, die ihnen ihr Wirken vereinfachten oder erst gestatteten. Allerdings konnten ihnen diese Rechte auch ganz unproblematisch und völlig willkürlich wieder entzogen werden, wodurch sie in vielen Territorien des Reichs schutz- und rechtelos wurden. Insgesamt ist das Agieren der Hoffaktoren in der Frühen Neuzeit von dieser extremen Abhängigkeit vom fürstlichen Auftraggeber geprägt.

Im 19. Jahrhundert verschwand das Phänomen der Hoffaktoren wieder. Wirtschaft und Finanzsektor lösten sich aus der Abhängigkeit der Fürstenhöfe, wodurch die Hoffaktoren ihr Betätigungsfeld verloren. Vielen der jüdischen Geschäftsleute des 18. Jahrhunderts gelang es aber, ihren wirtschaftlichen Erfolg auch im 19. Jahrhundert fortzuführen. Davon zeugen die Bankhäuser Rothschild oder Oppenheim, die auf Hoffaktoren der Frühen Neuzeit zurückgehen.

Gleichzeitig mit dem Niedergang der Hoffaktoren begann die Historiographie ab dem 19. Jahrhundert, »Hofjuden« als Symptom des unmodernen und willkürlichen Fürstenstaats der Frühen Neuzeit negativ zu bewerten. Auch der Nationalsozialismus griff dieses Vorurteil bereitwillig auf: Es entstanden antisemitische, pseudowissenschaftliche Arbeiten zu »Hofjuden« der Frühen Neuzeit.[1] Das negative Bild vom verderblichen »Hofjuden« gipfelte 1940 in Veit Harlans Film *Jud Süß*.[2]

Herzog Karl Alexander und Joseph Süß Oppenheimer

Die Verbindung zwischen Joseph Süß Oppenheimer und Württemberg entstand im November 1732 in Wildbad, als Herzog Karl Alexander und seine Frau Herzogin Maria Augusta ihn in ihre Dienste nahmen.[3] Karl Alexander war zu diesem Zeitpunkt einerseits ein nachgeborener Sohn des Hauses Württemberg ohne großes Einkommen oder großen Einfluss, aber mit ungleich größerem Geldbedarf. Andererseits war er im Jahr zuvor als württembergischer Erbprinz anerkannt worden, da der 56-jährige regierende Herzog Eberhard Ludwig keine überlebenden Erben vorweisen konnte. Für den jüdischen Geschäftsmann stellte der geldbedürftige Prinz damit eine sinnvolle Investition in die Zukunft dar, die sich tatsächlich bereits ein knappes Jahr später mit dem Tod Eberhard Ludwigs und dem Regierungsantritt Karl Alexanders auszahlen sollte.

Während der kurzen Regierungszeit Karl Alexanders von Oktober 1733 bis März 1737 bekam Joseph Süß Oppenheimer in Württemberg zahlreiche Aufgaben übertragen. In der Interpretation des Ausmaßes seiner Tätigkeit teilen sich die Meinungen. Wikipedia schreibt ganz typisch für den Duktus der traditionellen Historiographie, dass Süß für den Herzog »so wichtig geworden [war], dass er ihm einen weiten Entscheidungsspielraum in Wirtschafts- und Finanzfragen des Landes einräumte«[4].

Für den Herzog organisierte er immer wieder neue Kredite und sorgte für Zuwachs zur herzoglichen Juwelensammlung. Er übernahm zahlreiche Monopole und Manufakturen in Württemberg. Zum Teil leitete er diese selbst, zum Teil vergab er sie an Subunternehmer weiter. Hierzu zählten unter anderem eine Seiden- und eine Porzellanmanufaktur, eine Tabakfabrikation, Kaffeehäuser oder eine Lotterie. Für die württembergischen Truppen übernahm er Ausrüstungs- und Versorgungsverträge. Seine exzellenten Verbindungen in der jüdischen Finanz- und Wirtschaftswelt konnte er immer wieder zu seinem Vorteil einsetzen.

Im Bereich der Staatsdisziplinierung übernahm Süß Aufgaben im neu errichteten Tutelaramt und Gratialamt, die beide den herzoglichen Einfluss über landständisch dominierte Verwaltungs- und Rechtsbereiche sichern sollten. Das herzogliche Tutelaramt entzog die Vermögensverwaltung für Waisen den landständischen Waisengerichten, das Gratialamt regulierte den Zugang zu allen staatlichen Ämtern gegen entsprechende Zahlungen. Außerdem setzte er eine Besteuerung der Beamtengehälter durch. Eine große Steuerreform Karl Alexanders, die so genannte Schutz-, Schirm- und Vermögensteuer, in deren Konzipierung Süß ebenfalls involviert gewesen sein soll, scheiterte am frühen Tod des Herzogs.[5]

Da Süß seine Geschäftsräume weiterhin in Frankfurt unterhielt, bot es sich für den Herzog an, ihn in der Reichsstadt am Main zum württembergischen Residenten zu machen. Damit erhielt er 1734 die diplomatische Aufgabe, den württembergischen Herzog regelmäßig über Ereignisse zu unterrichten und ihn mit Informationen zu versorgen, die die Messestadt erreichten.

Die finanziell lukrativste Aufgabe, die Karl Alexander Süß in Württemberg übertrug, war die Münze. Durch deren Verpachtung übernahm es Süß, einerseits Edelmetall in ausreichenden Mengen auf den internationalen Märkten zu erwerben und nach Württemberg einzuführen und andererseits die vertraglich bestimmten Mengen der jeweiligen Münzen auszumünzen. Das Gewinnpotential für den Herzog lag dabei in der Differenz zwischen Material- und Nennwert der Münze. Zwar war durch den Reichsmünzfuß der Metallgehalt der Münzen fest definiert, allerdings waren diese Regelungen so veraltet, dass die Einhaltung der Vorschriften die Ausmünzungen automatisch mit einem Verlust verbunden hätte. Deswegen hielten sich die ausmünzenden Reichsfürsten kaum noch an den Münzfuß und der Kaiser, der die Oberaufsicht über das Münzwesen führte, beanstandete Abweichungen bis zu einem gewissen Grad nicht.

Verhaftung, Prozess und Hinrichtung 1737/38

Die für beide Seiten gewinnbringende Zusammenarbeit zwischen Herzog Karl Alexander und Joseph Süß Oppenheimer endete abrupt am 12. März 1737, als der gesundheitlich angeschlagene Herzog im Alter von nur 53 Jahren einigermaßen überraschend starb. Bereits im Vorfeld hatte Süß versucht, aus herzoglichen Diensten entlassen zu werden, was vom Herzog aber immer wieder ausgeschlagen worden war. Bis Januar 1737 hatte er alle seine Geschäfte in Württemberg abgewickelt und auch seine privaten Geschäfte mit dem Herzog abgeschlossen. Im Februar 1737 erhielt er von Karl Alexander ein Absolutorium, das ihm die Rechtmäßigkeit seiner Projekte in Württemberg bescheinigte und ihn vor einer möglichen Strafverfolgung schützen sollte.

Am Tag nach dem Tod des Herzogs kam es zu einem richtiggehenden Staatsstreich des Geheimen Rats und der Landstände, die das Testament des verstorbenen Herzogs zur Seite schoben, um ihre eigene Position im Herzogtum zu sichern. Entgegen der von Karl Alexander vorgesehenen Vormundschafts- und Regentschaftsregelungen für den neunjährigen Karl Eugen wurde der altersschwache Herzog Karl Rudolph von Württemberg-Neuenstadt als Administrator und Vormund eingesetzt, der die Regierung in weiten Teilen dem Geheimen Rat überließ.

Als Rechtfertigung für den Staatsstreich setzten Landstände und Ehrbarkeit das Gerücht eines geplanten katholischen Staatsstreichs in die Welt. Ihr eigenes entschiedenes Handeln hätte Württemberg vor deutlich Schlimmerem bewahrt. Der angeblich geplante Umsturz Karl Alexanders mit Unterstützung des Fürstbischofs von Würzburg hätte Württemberg gegen alle Bestimmungen des Reichs- und Landesrechts wieder katholisch machen sollen.

Innerhalb weniger Wochen wurden im Auftrag des Geheimen Rats etwa 70 Männer verhaftet, die in der Regierung und Verwaltung Karl Alexanders Verantwortung getragen hatten. Dazu zählten unter anderem der Oberkommandierende des württembergischen Heeres Freiherr Franz Joseph von Remchingen (1684–1752), der Oberhofkanzler und Direktor des Konferenzministeriums Johann Theodor Scheffer (1687–1748) oder der Landschreiber Johann Christoph Bühler (1699–1745), aber eben auch Joseph Süß Oppenheimer.[6] Später ließ man verlauten, Herzog Karl Alexander selbst hätte unmittelbar vor seinem Tod die Verhaftung von Süß angeordnet.[7]

Den meisten der Verhafteten gelang es relativ schnell, die gegen sie angestrengten Untersuchungen abzuwehren. Remchingen entzog sich einem Prozess durch Flucht aus dem Herzogtum, Scheffer wurde schnell wieder aus der Haft entlassen und 1738 in Tübingen auf eine Professur berufen. Bühler war weniger erfolgreich und wurde erst nach acht Jahren aus der Festungshaft entlassen. Der einzige allerdings, dessen Prozess mit einem Todesurteil abgeschlossen und der anschließend hingerichtet wurde, war Joseph Süß Oppenheimer.

Wenige Tage nach seiner Verhaftung war ins ganze Land der Aufruf ergangen, Verbrechen des Hoffaktors nach Stuttgart zu melden. Zahlreiche Württemberger nutzten diese Gelegenheit zur Denunziation, sehr viele der Anschuldigungen hatten aber mit der tatsächlichen Tätigkeit von Süß kaum etwas zu tun. Gleichzeitig sammelte die eingesetzte Untersuchungskommission zahllose Beweise für die angeblichen Verbrechen. Das Ergebnis der Beweisaufnahme ist der heute im Hauptstaatsarchiv Stuttgart einsehbare Prozessbestand, der 7,5 Meter Papier umfasst.[8]

Untersuchungskommission und Gericht konstruierten ein Bild von Joseph Süß Oppenheimer, das ihn als übermächtigen, böswilligen Ratgeber eines schwachen Fürsten darstellte, der in allen Bereichen der herzoglichen Politik seine zerstörerische Macht ausüben konnte. Die dazu zusammengetragenen Beweisunterlagen stammten allerdings zu weiten Teilen gar nicht aus der Tätigkeit des Hoffaktors.

Karl Alexander war als erfahrener und erfolgreicher General des Kaisers alles andere als ein leicht zu beeinflussender oder schwacher Schattenherzog. Vielmehr war er äußerst ungeduldig und aufbrausend, wenn seine Vorstellungen von Politik und Verwaltung nicht unmittelbar umgesetzt wurden. Süß selbst ließ in seiner Verteidigungsschrift formulieren, *daß S(erenissi)mus ein solcher Herr gewesen, welcher sich von seinen Dienern wenig oder gar nichts einreden lassen*[9].

Das Urteil über Joseph Süß Oppenheimer zählte auf etwa 70 Seiten seine angeblichen Missetaten auf. Allerdings ist diese umfassende Liste vielmehr eine posthume Regierungserklärung Herzog Karl Alexanders als ein Sündenregister des Verurteilten. Zusammenfassend heißt es da, Süß habe

schädliche Consilia wider Herrn und Land[10] *gegeben und daß er mehr angesehen, als kein Premierminister je gethan, sich arrogiret, den Excell(enz)-Titul angenommen, Beamte und Solicitanten maltraitiert und ungeacht des getriebenen unbeschreibl(ichen) Luxus in kurzer Zeit einen großen Reichthum zusammengescherrt*[11].

Die Rolle, die ihm zugedacht wurde, erkannte auch Süß selbst während des Prozesses:

so muß er zu seiner äussersten Bestürtzung wahrnehmen, daß ihme nicht nur allein alle S(erenissi)mi def(uncti) Handlungen, sondern auch der fürstl(ichen) Räthe und Landeskinder gemachte Einrichtungen imputirt[12]

wurden. In diesem Satz in der Verteidigungsschrift trafen Süß und sein Verteidiger den Kern der Sache. Der schutzlose jüdische Hoffaktor wurde zum Sündenbock für die absolutistische Reformpolitik des Herzogs gemacht. Als Verteidiger war ihm der junge Michael Andreas Mögling zur Seite gestellt worden, dessen Tätigkeit vom Gericht immer wieder behindert wurde und der im Verlauf des Prozesses kaum Gehör fand. So wurde Joseph Süß Oppenheimer am 13. Dezember 1737 zum Tode verurteilt.[13]

Am 4. Februar 1738 wurde Joseph Süß Oppenheimer vor den Toren Stuttgarts gehenkt. Der verwendete zwölf Meter hohe, eiserne Galgen mit einem Käfig blieb dort bis 1744 stehen, der verrottende Körper des hingerichteten Juden sollte eine weithin sichtbare Warnung sein.

Die Konstruktion des Jud-Süß-Bildes und dessen Rezeption

Das Ergebnis des politischen Prozesses von 1737 und 1738 war nicht nur das Todesurteil, sondern auch die Konstruktion eines Bildes von Joseph Süß Oppenheimer und seiner Rolle in Württemberg, das nachhaltig bis heute überlebt hat. Der jüdische Hoffaktor wurde als dominant über einen schwachen Herzog dargestellt, so dass letztlich alle politischen Entscheidungen der Regierung Karl Alexanders auf Joseph Süß Oppenheimer zurückgeführt wurden. Schnell verbreitete sich diese Propaganda in allen Medien über Württemberg und das Reich. Es entstanden Flugblätter, Romane und Theaterstücke, die sich am Unglück des Juden weideten und ihn verspotteten:[14] *bistu denn nicht mehr der Große, der ein gantzes Landt regiert?*[15] Auf dem bekanntesten Porträtstich von Joseph Süß Oppenheimer findet sich ein Spottgedicht auf ihn:

Wer grosser Herren Gunst misbraucht mit bösen Rath,
Wie dieser freche Jud Süess Oppenheimer that,
Wen Geitz und Übermuth auch Wollust eingenommen,
Der mus wie Haman dort zuletzt an Galgen kommen.[16]

Die Geschichtsschreibung des 18. und 19. Jahrhunderts griff dieses Bild gehorsam auf und transportierte es bis in die Gegenwart. Bereits im 1744 erschienenen 41. Band des Universallexikons von Johann Heinrich Zedler wurden Süß und sein Schicksal mit einem ungewöhnlich ausführlichen Artikel gewürdigt. Neben dem Abdruck zahlreicher Quellen übernimmt Zedler komplett das von den Landständen konstruierte Bild des jüdischen Verbrechers.[17]

Bei den württembergischen Historikern Karl Pfaff oder Paul Stälin lesen wir dies 1839 und 1882 entsprechend: Mit seinem Regierungsantritt »fiel Karl Alexander, der […] kein scharfer Menschenkenner war und leicht die Beute anderer werden konnte, in die Hände des Juden Süß Oppenheimer«[18]. Der schwache Herzog, der sich bereits in Wien durch jesuitische Machenschaften zur Konversion zum Katholizismus habe verführen lassen, habe während seiner Regierung in Stuttgart alle wichtigen politischen Entscheidungen seinem Hoffaktor überlassen.[19] Dabei ist zu betonen, dass Pfaff und Stälin im 19. Jahrhundert zwei der besten Kenner der württembergischen Geschichte waren und keine Autoren antisemitischer Hetzschriften. Beide hätten Zugang zu den Prozessakten im Hauptstaatsarchiv Stuttgart gehabt. Auch im 20. und 21. Jahrhundert publizierten ernstzunehmende Historiker dieses Bild immer wieder.[20] Joseph Süß Oppenheimer blieb in der Wahrnehmung der Mehrheit der Historiker der »ungekrönt, wahre Herrscher des Landes«[21].

Gleiches lässt sich für die Rezeption der historischen Figur in Literatur und Belletristik sagen. In seiner Novelle *Jud Süß* beschrieb Wilhelm Hauff 1827 die Rolle und die Bedeutung Joseph Süß Oppenheimers in drastischen Worten: Süß sei ein Mann gewesen, »vor dem ein ganzes Land mit abergläubischer Furcht zitterte«[22]. Auch wenn Lion Feuchtwanger in seinem Roman *Jud Süß* 1925 die Erzählperspektive des Opfers einnimmt und Sympathien mit Joseph Süß Oppenheimer wecken will, bleibt er doch beim Zerrbild, das die Ehrbarkeit 1737 konstruiert hatte.[23]

Ihren Gipfel erreichte die Verzerrung der historischen Person und ihre Verteufelung in dem Film *Jud Süß* von Veit Harlan 1940.[24] Hier wurde Süß gar zum Wegbereiter einer jüdischen Diktatur in

Abb. 2: In Veit Harlans Hetzfilm *Jud Süß* von 1940 spielte Marian Süß als abstoßende Verzerrung der historischen Figur. Dennoch kam Marian mit seiner Rolle als frauenverführender Jude bei seinen Zeitgenossinnen sehr gut an.

Württemberg stilisiert: *Der Wille des Herrn wird es nicht verhindern wollen, dass ich aus Württemberg mache das Gelobte Land für Israel.*[25] Auch nach der Zeit des Nationalsozialismus wurde das Thema in diesem Sinne wieder aufgegriffen. Unter anderem hat sich der Stuttgarter Publizist Hans-Frieder Willmann des Stoffes literarisch angenommen. Allerdings wird auch bei ihm Süß völlig verzerrt als allmächtiger Beherrscher von Herzog und Herzogtum dargestellt.[26]

Allen diesen geschichtswissenschaftlichen, belletristischen und literarischen Publikationen ist das Bild eines übermächtigen Beraters gemein, der massiv von seiner Rolle profitierte und den Herzog in weiten Teilen dominieren konnte. Wichtig zu betonen ist allerdings, dass nicht alle diese Publikationen antisemitisch sind. Zum Teil sind es reine Hetzschriften gegen Juden, zum Teil wollen sie aber auch aufrütteln und vor Antisemitismus warnen. Lediglich in der Rezeption der politischen Bedeutung Joseph Süß Oppenheimers unterscheiden sie sich wenig.

Neubewertung der Rolle des Joseph Süß Oppenheimer

Neue Töne erklangen in der historiografischen Bewertung der Regierungszeit Karl Alexanders erst mit der Monografie Selma Sterns zu Joseph Süß Oppenheimer im Jahr 1929. Ihre Untersuchung basierte vor allem auf den Prozessakten im Stuttgarter Hauptstaatsarchiv und sie bewertete Joseph Süß Oppenheimer und seine Rolle in der württembergischen Geschichte erstmals relativ neutral.[27] In ihrer Nachfolge ist auch Hellmut G. Haasis zu sehen, der sich in seiner Publikation von 1998 um eine Restitution von Süß bemühte.[28] Beide kommen zu dem Schluss, dass Süß vielmehr Reformer als Landverderber war, bleiben aber bei der Beurteilung seines Einflusses auf den Herzog als sehr breit und fast alle Politikbereiche betreffend. Gestützt auf die Prozessakten schreiben ihm beide eine hohe politische Bedeutung zu.

Dieses Urteil relativierte in einem ersten Aspekt Hermann Tüchle 1937 in seiner Dissertation über die Kirchenpolitik Karl Alexanders, in der er nachwies, dass Süß keinerlei Einfluss auf Fragen von Konfessions- und Kirchenpolitik gehabt habe.[29] Auch der britische Historiker Peter H. Wilson setzte 2003 in einem Aufsatz zur Rolle Joseph Süß Oppenheimers in der württembergischen Politik an dieser Stelle an.³⁰ Er untersuchte gezielt die Bereiche, auf denen Süß tätig war und in denen Süß Dominanz unterstellt worden war. Das war dessen Involvierung beim Regierungsantritt Karl Alexanders 1733, seine Aufgaben als Hoffaktor und seine Tätigkeit in der Reichspolitik, der Militärpolitik sowie der Finanzpolitik.

Diese Argumentation Wilsons sei hier knapp dargestellt: Bereits ab 1732 stand Joseph Süß Oppenheimer als Hoffaktor in den Diensten Karl Alexanders. Allerdings war er bei weitem nicht der einzige Jude, der vom Herzog Aufträge erhielt. In den Rentkammer- und Regierungsakten finden sich eine ganze Reihe von Namen.³¹ So löste beispielsweise Elias Hayum 1736 im herzoglichen Auftrag die verpfändeten württembergischen Hausjuwelen aus.³² Jakob Uhlmann übernahm die Heeresverpflegung,³³ der Salzhandel wurde an Noe Samuel Isaak verpachtet,³⁴ der Pferde- und Viehhandel an Lösel und Kappel Ottenheimer,³⁵ das Judengeleit an Moses Drach.³⁶ Das zeigt, dass Joseph Süß Oppenheimer weder der einzige Jude am Stuttgarter Hof, noch der einzige Kreditgeber³⁷ des Herzogs war. Allerdings ist nicht zu leugnen, dass Süß unter den Juden am württembergischen Hof eine herausgehobene Stellung bekleidete.

Als Karl Alexander im Herbst 1733 nach dem Tod Eberhard Ludwigs regierender Herzog von Württemberg wurde, hatten Landstände und Ehrbarkeit kurz versucht, seinen weiterhin evangelischen Bruder Heinrich Friedrich an seiner Statt zum Herzog zu machen. Das verstand Karl Alexander auch aus der Ferne zu unterbinden. Sein Geschäftsträger in dieser Sache war in Württemberg Philipp Jakob Neuffer (1677–1738), zudem wurde er vom Geheimratspräsidenten Christoph Peter von Forstner (1675–1755) unterstützt. Der Name Joseph Süß Oppenheimer taucht in den entsprechenden Korrespondenzen an keiner Stelle auf.

Als württembergischer Resident in Frankfurt war Joseph Süß Oppenheimer Diplomat in Diensten des Herzogs. Seine Rolle beschränkte sich aber auf Informationsbeschaffung in diesem Wirtschafts- und Handelszentrum des Reichs. Die großen Fragen der württembergischen Außenpolitik wurden zwischen Stuttgart und Wien entschieden – die Bündnisse im Polnischen Thronfolgekrieg und im Türkenkrieg, sowie die Ernennung Karl Alexanders zum Reichsfeldmarschall. Hier war Süß nicht involviert.

An der Militärpolitik Württembergs war Süß mittelbar beteiligt in seiner Beauftragung als Heereslieferant. In verschiedenen Verträgen lieferte er Munition, Uniformen, Ausstattung oder Verpflegung. Allerdings war er weder der einzige Heereslieferant, noch nahm er inhaltlich an der Militärpolitik Anteil. Diese lag vor allem in den Händen von Franz Joseph von Remchingen (1684–1757).

Für Peter H. Wilson bleibt also die Finanzpolitik der Bereich, in dem Süß hauptsächlich wirkte. Hier arbeitet Wilson detailliert heraus, dass Süß in diesem Bereich in zahlreiche Projekte involviert war. Dabei kommt er zu dem Ergebnis, dass sich dessen Anteil »auf eher nebensächliche Tätigkeiten«[38] beschränkte. Auch war er bei den Staatseinkünften nicht übermäßig beteiligt.[39]

Neubewertung seiner Involvierung in der Finanzpolitik

So muss danach gefragt werden, wie hoch das konzeptionelle Gewicht von Süß in der Wirtschafts- und Finanzpolitik Karl Alexanders war.[40] Dabei liegt es nahe, die Jahre etwas genauer unter die Lupe zu nehmen, in denen Karl Alexander Regierungsverantwortung trug, aber noch keinen Kontakt zu Joseph Süß Oppenheimer hatte. 1719 wurde Karl Alexander von Kaiser Karl VI. zum kaiserlichen Statthalter im neu eroberten Serbien eingesetzt, erst 1732 trat in Wildbad Joseph Süß Oppenheimer in sein Leben. Seit Langem publizierte und ausgewertete Quellen aus dieser Zeit im Wiener Kriegsarchiv zeigen nun, dass der Einfluss von Süß nach 1733 auch in der Wirtschafts- und Finanzpolitik marginalisiert werden muss.[41]

Als Karl Alexander im Oktober 1720 in Serbien eintraf, bereiste er zunächst die mit dem Frieden von Passarowitz 1717 von den Türken eroberte Provinz. Ergebnis dieser vierwöchigen Reise und eines ersten Jahrs Regierungserfahrung war ein detailliertes Regierungsprogramm, das er in Form einer Denkschrift im Dezember 1721 nach Wien schickte.[42] Die Denkschrift enthielt ein umfassendes Konzept für die serbische Wirtschafts- und Finanzpolitik der kommenden Jahre. Herzstück sollte eine große Steuerreform sein, daneben sollten einheimisches Gewerbe, Landwirtschaft und Handel gefördert und subventioniert werden.

Ziel der Steuerreform war es nach Karl Alexander, dass die *Unterthanen von übermässig-ungewissenhafften Lasten liberirt*[43] werden sollten. Mit der Steuerreform sollten zwei große Ziele erreicht werden: Einerseits sollten die Vielzahl der steuerlichen Belastungen in einer Steuer vereinheitlicht und andererseits Ungleichheiten beseitigt werden.

Basis für diese gerechtere Besteuerung waren eine Volkszählung und ein Grundbuch – *damit die Einricht- oder Verbesserung der Contribution auf einen festern Fuß und richtigern Grund gesezet werden möge*[44]. Die alle drei Jahre zu aktualisierende Volkszählung erfasste sowohl die Untertanen als auch deren bewegliches und unbewegliches Vermögen. Über ein *Grundtbuchs-Recht*[45] sollten separat Daten zu Immobilien und Grundstücken gesammelt werden, um auch hier eine sichere Besteuerung zu ermöglichen. Zudem ergäbe sich mit dem Grundbuch die Möglichkeit, für Eintragsänderungen Gebühren zu erheben.

Während das Grundbuch letztlich nicht umgesetzt wurde, war die erste Volkszählung bereits 1721 durchgeführt worden. Deren vorläufige Ergebnisse schickte Karl Alexander mit der Denkschrift nach Wien.[46]

In der zweiten Hälfte der Denkschrift wurden konkrete Fälle von Wirtschaftsförderung dargestellt, die Karl Alexander in Serbien begonnen hatte oder beginnen wollte. Einheimische Wirtschaft und Handel sollten gestärkt und unterstützt, Importe dagegen besteuert werden. Hierbei nahm die Denkschrift konkret Weinanbau, Honig- und Wachshandel, Mühlen, Branntwein, Weidewirtschaft, Gold-, Silber-, Kupfer- und Bleibergwerke sowie den Salzhandel in den Fokus. In diesen Bereichen sollten staatliche Fördergelder ausbezahlt und Monopole errichtet werden. Mit Schutzzöllen sollte vor allem gegen Wein aus Kroatien und Niederbayern, gegen Honig aus der Türkei und Armenien sowie gegen griechische und türkische Kaufleute vorgegangen werden.

Durch Steuerreform und Wirtschaftsförderung erhoffte sich der Statthalter jährliche Mehreinnahmen in Höhe von 337.444 Gulden für die Staatskasse. Diese sollten den Aufbau der serbischen Verwaltung, den Unterhalt der in Serbien stationierten Truppen und den Ausbau der dortigen Befestigungsanlagen finanzieren.[47]

Im Juni 1722 wurde die Denkschrift vom Kaiser genehmigt und daraufhin in Serbien in die Tat umgesetzt.[48] Nicht alles war erfolgreich und alles, was von Erfolg gekrönt war, wurde nach der türkischen Rückeroberung Serbiens 1739 nicht weiterverfolgt oder bewusst beendet.

Die Belgrader Denkschrift und die Politik Karl Alexanders auf dem Balkan legen nun im Vergleich mit seiner späteren Politik in Stuttgart und Württemberg die Vermutung nahe, dass Süß auch in der Finanz- und Wirtschaftspolitik bei Weitem nicht die große Rolle in Württemberg spielte, die ihm seitdem zugedacht wurde.

Wie auch in Serbien begann Karl Alexander nach seinem Regierungsantritt in Württemberg eine umfassende Wirtschaftsförderung. Auch hier handelte es sich um ein Programm von Monopolen und staatlichen Subventionen. Inhaltlich wurden ähnliche Bereiche herausgegriffen wie in Serbien: Karl Alexander ließ ein umfassendes Programm für den Wein- und Salzhandel ausarbeiten, bemühte sich intensiv um Salzgewinnung und versuchte, in Württemberg den Bergbau voranzutreiben. Manufakturen wurden gegründet und gefördert. Wie in Serbien versuchte Karl Alexander in Württemberg, die Seidenzucht zu etablieren. Gegen entsprechende ausländische Produkte wurden Schutzzölle erlassen.

Mit Ausnahme des regionaltypischen Honig- und Wachshandels finden sich alle wirtschaftspolitischen Projekte der Zeit seiner serbischen Statthalterschaft auch in der württembergischen Regierung Karl Alexanders. Natürlich wurde das Programm an die württembergischen Verhältnisse angepasst und auch auf Sparten erweitert, die es in Serbien nicht gegeben hatte.

Große Übereinstimmungen finden sich vor allem zwischen der in Württemberg geplanten und der in Serbien durchgeführten großen Steuerreform. Die *Schutz-, Schirm- und Vermögenssteuer*[49], die Karl Alexander ab 1736 in Württemberg in Angriff nahm, sollte das ungleiche und zersplitterte Steuersystem Württembergs vereinheitlichen und sah die gleiche Besteuerung aller vor, proportional nach Vermögen, Einkünften und Gütern. Auch für die württembergische Steuer wurde als Basis eine Volkszählung durchgeführt,[50] in der Vermögen und Einnahmen der Familien im Land erfasst werden sollten.[51] Ähnlich wie in Serbien[52] wurde in vorgedruckten Tabellen der gesellschaftliche Status der Familie, die Anzahl der Familienmitglieder und deren Vermögen in zwölf Klassen erfasst.[53]

Eine umfassende Orientierung für die Wirtschaftspolitik Karl Alexanders konnten damit nicht die Ideen des erst 1732 auftretenden Joseph Süß Oppenheimer gewesen sein. Wenn nun für die ambitionierte Wirtschafts- und Finanzpolitik Karl Alexanders ein Vorbild bemüht werden soll, dann kann hier nur auf das Wirtschaftsprogramm Kaiser Karls VI. verwiesen werden. In den Grundzügen wie in den Details finden viele Ideen und Maßnahmen Karl Alexanders direkte Vorbilder in der umfassenden und ehrgeizigen Wirtschaftspolitik des Kaisers.

Fazit

In seiner 2020 publizierten Monographie zu Joseph Süß Oppenheimer fragt Yair Mintzker zu Beginn: »Wie sollen eine Historikerin, ein Historiker in einem solchen Fall vorgehen, in dem man keiner der verfügbaren Quellen trauen kann?«[54] Die Einsicht der Forschung, dass den Quellen zu Joseph Süß Oppenheimer im Stuttgarter Prozessbestand nicht zu trauen ist, hat lange auf sich warten lassen, setzt sich aber inzwischen mehr und mehr durch. Immer wieder wurde dies auch vom ehemaligen Leiter des Hauptstaatsarchivs Stuttgart betont.[55]

So bleibt das Bild eines erfolgreichen Wirtschafts- und Finanzunternehmers, der während der Regierungszeit Karl Alexanders in Württemberg sein Glück und seine Geschäfte machte. Von seinen jüdischen Kollegen hob er sich zunächst nur dadurch ab, dass er auf den jüdischen Habitus verzichtete und einen christlich-assimilierten Lebensstil pflegte.

Das Einzigartige seines Schicksals ist keinesfalls sein Erfolg und seine politische oder wirtschaftliche Rolle, sondern vielmehr, dass er nach dem Tod des Herzogs in die Hände der Ehrbarkeit geriet, die auf der Suche nach einem Sündenbock für die sie benachteiligende Politik Karl Alexanders war. Ehrbarkeit und Landstände wollten nach dem Tod des Herzogs dessen Maßnahmen zurücknehmen, der im Sinne des Absolutismus versucht hatte, die bürgerlichen Mitwirkungsgremien zu schwächen und seine eigene Position in Württemberg entsprechend zu stärken. Die komplette Rücknahme der herzoglichen Politik auf dem Landtag von 1737 bis 1739 und die ständische Restauration waren allerdings nicht möglich, ohne das Ansehen des verstorbenen Herzogs zu beschmutzen. Durch das konstruierte Bild des schwachen Herzogs und des bösartigen Ratsgebers konnte eine Majestätsbeleidigung vermieden und das ehrende Gedenken an den Herzog gewahrt bleiben. Die Umstände seines Prozesses und seiner Hinrichtung haben Joseph Süß Oppenheimer bekannt gemacht und die landschaftliche Propaganda, die seine Verurteilung ermöglichen sollte, hat ihn zum Mythos werden lassen.

Joseph Süß Oppenheimer wurde als einziger der 1737 Inhaftierten zum Tode verurteilt und hingerichtet. Im Gegensatz zu den anderen Opfern des landständischen Staatsstreichs war er weder verwandtschaftlich mit der württembergischen Ehrbarkeit verbunden, noch adlig. Darüber hinaus hing er als Jude rechtlich vollkommen von der Willkür des Landesherrn ab. Eine Klage seiner Familie beim Reichskammergericht konnten die Landstände blockieren. Damit war der inhaftierte Jude Joseph Süß Oppenheimer der Missgunst und der Rache der Ehrbarkeit schutzlos ausgesetzt und wurde als Sündenbock für die Politik Herzog Karl Alexanders instrumentalisiert.

Wie gezeigt wurde, war er zwar weder der Urheber noch der konzipierende Kopf hinter den Reformen Karl Alexanders, in seiner informellen Funktion als Ratgeber hatte er aber dennoch einigen Einfluss und schaffte es so, zahlreiche Parteien in Württemberg gegen sich aufzubringen. Dass er sich in den Prozessen letztlich aber ideal für die Rolle des bösen Ratgebers und des allverantwortlichen Sündenbocks anbot, lag vor allem an zwei Faktoren. Zum einen wirkte er in der Regel auf informellen Wegen, so dass es nur schwer nachzuweisen war, dass er an den ihm angelasteten Dingen nicht mitgewirkt hatte. Zum anderen war er als Jude ohne verwandtschaftliches Netzwerk in Württemberg Ehrbarkeit und Landständen schutzlos ausgeliefert.

ENDNOTEN

1 Deeg: Hofjuden; Schnee: Die Hoffinanz und der moderne Staat.
2 Knilli/Zielinski: »Jud Süss«.
3 Insgesamt existieren vier solche Patente bzw. Schutzbriefe vom 14. November 1732 aus Wildbad, zwei unterzeichnet von Herzogin Maria Augusta und zwei von Herzog Karl Alexander (alle HStA Stuttgart A 48/14 Bü 81; zum Teil gedruckt bei Stern: Jud Süß, S. 189f. und Schnee: Hoffinanz Bd. 5, S. 182f.).
4 Wikipedia-Artikel Joseph Süß Oppenheimer; https://de.wikipedia.org/wiki/Joseph_S%C3%BC%C3%9F_Oppenheimer [zuletzt aufgerufen am 17. Mai 2021].
5 Vgl. zu den wirtschaftlichen Aktivitäten von Süß in Württemberg: Stern: Jud Süss; Brüser: Die Rolle Joseph Süß Oppenheimers.
6 Die entsprechenden Prozessbestände liegen im Hauptstaatsarchiv Stuttgart im Bestand A 48. Vgl. dazu: Kretzschmar: Tradition und Überrest, S. 12.
7 Denkschrift des Geheimen Rats zu den Wechseln zwischen Joseph Süß Oppenheimer und Jakob Ullmann aus dem Jahr 1740; HStA A 48/14 Bü 95 und 96; Haasis: Joseph Süß Oppenheimer, S. 193f.
8 HStA A 48/14. Vgl. zum Bestand: Kretzschmar: Tradition und Überrest (wie Anm. 6).
9 Michael Andreas Mögling: Rechtliche Defensions-Schrifft des Juden Joseph Süs Oppenheimers pcto imputat. diversor. criminum peinl. Beklagten an ein Hochansehnlich-Peinliches Inquisitions-Gericht zu Stuttgart vom 11. November 1737, UB Tübingen Mh 470, fol. 21r.

10 Urteil vom 13. Dezember 1737, HStA Stuttgart A 48/14 Bü 11.
11 Ebd.
12 MÖGLING: Rechtliche Defensions-Schrifft (wie Anm. 9), fol. 2r.
13 Urteil vom 13. Dezember 1737, HStA Stuttgart A 48/14 Bü 11.
14 Sammlungen solcher Flugblätter liegen in der UB Tübingen Mh 557 und in der Württembergischen Landesbibliothek Stuttgart cod. hist. fol. 348. BLÜMML: Historische Lieder auf Jud Süß; GERBER: Jud Süß; SEIDL: Joseph Süß Oppenheimer.
15 Gedichtetes Flugblatt aus dem Jahr 1738, UB Tübingen Mh 557.
16 Undatierter Porträtstich von Joseph Süß Oppenheimer; WLB Stuttgart Graphische Sammlung.
17 ZEDLER: Suin-Tarn, Sp. 157–165.
18 STÄLIN: Herzog Karl Alexander von Württemberg, S. 369.
19 PFAFF: Geschichte des Fürstenhauses und Landes Wirtemberg, S. 188.
20 Vgl. z. B.: SIEVERS: Juden in Deutschland, S. 119; PRZYREMBEL: Joseph Süß Oppenheimer, S. 14.
21 SCHNEE: Hoffinanz, S. 133.
22 Wilhelm HAUFF: Jud Süß, in: Wilhelm Hauffs sämtliche Werke, mit einer Biographie des Dichters und Einleitungen von Wilhelm BÖLSCHE: Bd. 3, Berlin 1888, S. 194. Vgl. dazu: VON DER HEIDEN: Der Jude als Medium, S. 127–151; VON GLASENAPP: Literarische Popularisierungsprozesse eines antijüdischen Stereotyps, S. 125–138; JEHLE: Joseph Süß Oppenheimer und die literarische Verarbeitung, S. 143–182.
23 FEUCHTWANGER: Jud Süß. Vgl. dazu: VON DER HEIDEN: Der Jude als Medium, S. 127–151; mehrere Beiträge in: PRZYREMBEL/SCHÖNERT (Hgg.): »Jud Süß«.
24 SINGER: Le Juif Süss et la propagande nazie, v. a. S. 39–62; VON DER HEIDEN: Der Jude als Medium, S. 195–215; WAGNER-DOUGLAS: Staatsauftrag antisemitischer Film, S. 115–125.
25 Joseph Süß Oppenheimer zu Rabbi Löw in 46. Szene, 295. Totale; vgl. auch: MAURER/RADEVAGEN: Protokoll des Spielfilms »Jud Süss«, S. 135.
26 WILLMANN: Joseph Süß Oppenheimer.
27 STERN: Jud Süß.
28 HAASIS: Joseph Süß Oppenheimer.
29 TÜCHLE: Die Kirchenpolitik des Herzogs Karl Alexander von Württemberg.
30 WILSON: Der Favorit als Sündenbock.
31 Vgl. zum Beispiel: Herzogliches Patent für den Hoffaktor Wolf Gabriel Levin vom April 1734 (HStA Stuttgart A 7 Bü 18); Schriftwechsel Herzog Karl Alexanders mit Samuel Moyses Oppenheimer, Samuel Simon, Aaron Simon und Isaac Simon aus Landau, Wolff Wertheimer, Moses Drach und Gabriel Fränkel (HStA Stuttgart A 56 Bü 14). SCHNEE: Hoffinanz, S. 101–109.
32 MÜLLER: Die Finanzwirtschaft in Württemberg; MARQUARDT: Geschichte Württembergs, S. 191.
33 Herzogliches Patent für Jakob Uhlmann vom 23. Mai 1735, HStA Stuttgart A 7 Bü 27.
34 Herzogliche Konsignation vom 26. Januar 1737, HStA Stuttgart L 3 Bü 404.
35 Herzogliches Patent für die Juden Lösel und Kappel Ottenheimer vom 8. Januar 1735, HStA Stuttgart A 7 Bü 27.

36 Herzogliches Reskript an den Geheimen Rat vom 9. September 1734, HStA Stuttgart A 7 Bü 23.
37 Aufstellung über die von Oppenheimer an den Herzog bezahlten Summen vom 6. Oktober 1734, HStA Stuttgart A 48/14 Bü 9.
38 Wilson: Der Favorit als Sündenbock, S. 170.
39 Ebd., S. 162–165, Brüser: Herzog Karl Alexander, S. 91, 102–163.
40 Brüser: Die Rolle Joseph Süß Oppenheimers, S. 27–38.
41 Langer: Serbien; von Stefanović-Vilovsky: Belgrad.
42 Denkschrift Herzog Karl Alexanders über seine Politik in Serbien vom 14. Dezember 1721, Kriegsarchiv Wien Hofkriegsrat Nr. 150.
43 Ebd.
44 Ebd.
45 Ebd.
46 Diese Konskription ist als Anlage dem Schreiben des Prinzen Eugen an den Kaiser vom 16. Mai 1722 beigefügt, Kriegsarchiv Wien Hofkriegsrat Nr. 153.
47 Denkschrift Herzog Karl Alexanders über seine Politik in Serbien vom 14. Dezember 1721, Kriegsarchiv Wien Hofkriegsrat Nr. 150.
48 Schreiben des Prinzen Eugen an den Kaiser vom 16. Mai 1722, Kriegsarchiv Wien Hofkriegsrat Nr. 153.
49 Herzogliches Reskript vom 29. Juni 1736, HStA Stuttgart A 203 Bü 228 und L 6 Bü 1153. Gedruckt in: Moser: Sammlung der württembergischen Finanz-Geseze, S. 465–473.
50 Herzogliches Reskript vom 23. Januar 1736, HStA Stuttgart L 3 Bü 400.
51 Herzogliche Reskripte vom 29. Juni 1736 (HStA Stuttgart A 203 Bü 228) sowie vom 26. Oktober und 8. November 1736 (HStA Stuttgart L 3 Bü 403). Vgl. auch herzogliches Reskript vom 10. Januar 1737 (HStA Stuttgart L 3 Bü 404).
52 Die Tabellen aus der serbischen Volkszählung von 1735 liegen in: Kriegsarchiv Wien Administration Belgrad Nr. 1.
53 Die Tabellen aus der württembergischen Volkzählung von 1736 liegen in: HStA Stuttgart A 203 Bü 228.
54 Mintzker: Die vielen Tode, S. 19.
55 Kretzschmar: Tradition und Überrest (wie Anm. 6).

LITERATURVERZEICHNIS

Blümml, Emil Karl: Historische Lieder auf Jud Süß, in: Archiv für Kulturgeschichte 4 (1906), S. 439–457.
Brüser, Joachim: Die Rolle Joseph Süß Oppenheimers in der Politik Herzog Karl Alexanders, in: Gudrun Emberger/Robert Kretzschmar (Hgg.): Die Quellen sprechen lassen. Der Kriminalprozess gegen Joseph Süß Oppenheimer 1737/38, Stuttgart 2009, S. 27–38.
Brüser, Joachim: Herzog Karl Alexander von Württemberg und die Landschaft (1733 bis 1737). Katholische Konfession, Kaisertreue und Absolutismus (Veröffentlichungen der Kommission für geschichtliche Landeskunde in Baden-Württemberg – Reihe B: Forschungen, Bd. 180), Stuttgart 2010.
Deeg, Peter: Hofjuden, Nürnberg 1939.

EMBERGER, Gudrun: Verdruß, Sorg und Widerwärtigkeiten. Die Inventur und Verwaltung des Jud Süßschen Vermögens 1737–1772, in: Zeitschrift für Württembergische Landesgeschichte 40 (1981), S. 369–375.

FEUCHTWANGER, Lion: Jud Süß, Berlin 1995.

GERBER, Barbara: Jud Süß. Aufstieg und Fall im frühen achtzehnten Jahrhundert. Ein Beitrag zur Historischen Antisemitismus- und Rezeptionsforschung (Hamburger Beiträge zur Geschichte der deutschen Juden, Bd. 16), Hamburg 1990.

HAASIS, Hellmut G.: Joseph Süß Oppenheimer, genannt Jud Süß. Finanzier, Freidenker, Justizopfer, Reinbek bei Hamburg 1998.

JEHLE, Manfred: Joseph Süß Oppenheimer und die literarische Verarbeitung seines Schicksals durch Wilhelm Hauff, in: Zeitschrift für Württembergische Landesgeschichte 67 (2008), S. 143–182.

KNILLI, Friedrich/ZIELINSKI, Siegfried (Hgg.): »Jud Süss«. Filmprotokoll, Programmheft und Einzelanalysen (Preprints zur Medienwissenschaft, Bd. 2), Berlin 1983.

KRETZSCHMAR, Robert: Tradition und Überrest. Die Überlieferung zum Kriminalprozess gegen Joseph Süß Oppenheimer, in: DERS./Gudrun EMBERGER (Hgg.): Die Quellen sprechen lassen, S. 6–26.

LANGER: Serbien unter der kaiserlichen Regierung 1717–1739, in: Mitteilungen des k.k. Kriegsarchivs 3 (1889), S. 155–247.

MARQUARDT, Ernst: Geschichte Württembergs, Stuttgart 1985.

MAURER, Thoms/ RADEVAGEN, Thomas Til: Protokoll des Spielfilms »Jud Süss« (1940), in: Friedrich KNILLI/Siegfried ZIELINSKI (Hgg.): »Jud Süss«. Filmprotokoll, Programmheft und Einzelanalysen (Preprints zur Medienwissenschaft, Bd. 2), Berlin 1983, S. 135.

MINTZKER, Yair: Die vielen Tode des Jud Süß. Justizmord an einem Hofjuden, Göttingen 2020.

MOSER, Rudolph (Hg.): Sammlung der württembergischen Finanz-Geseze Bd. 2.1: Steuer-Gesetze bis zur Verfassung vom Jahr 1819 (August Ludwig REYSCHER (Hg.): Vollständige, historisch und kritisch bearbeitete Sammlung der württembergischen Gesetze Bd. 17.1), Tübingen 1839.

MÜLLER, Karl Otto: Die Finanzwirtschaft in Württemberg unter Herzog Karl Alexander (1733–1737), in: Württembergische Vierteljahrshefte für Landesgeschichte 38 (1932), S. 285–288.

PFAFF, Karl: Geschichte des Fürstenhauses und Landes Wirtemberg nach besten Quellen und Hülfsmitteln, Bd. 3, Stuttgart 1839.

PRZYREMBEL, Alexandra/SCHÖNERT, Jörg (Hgg.): »Jud Süß«. Hofjude, literarische Figur, antisemitisches Zerrbild, Frankfurt am Main 2006.

PRZYREMBEL, Alexandra: Joseph Süß Oppenheimer. Zur Wirkungsmacht einer ikonischen Figur, in: DIES./Jörg SCHÖNERT (Hgg.): »Jud Süß«, S. 11–28.

RIES, Rotraud: Hofjuden. Funktionsträger des absolutistischen Territorialstaats und Teil der jüdischen Gesellschaft, in: DIES./J. Friedrich BATTENBERG (Hgg.): Hofjuden. Ökonomie und Interkulturalität. Die jüdische Wirtschaftselite im 18. Jahrhundert (Hamburger Beiträge zur Geschichte der deutschen Juden, Bd. 25), Hamburg 2002, S. 11–39.

SCHNEE, Heinrich: Die Hoffinanz und der moderne Staat. Geschichte und System der Hoffaktoren an deutschen Fürstenhöfen im Zeitalter des Absolutismus, Bd. 4: Hoffaktoren an süddeutschen Fürstenhöfen nebst Studien zur Geschichte des Hoffaktorentums in Deutschland, Berlin 1963.

Schnee, Heinrich: Die Hoffinanz und der moderne Staat. Geschichte und System der Hoffaktoren an deutschen Fürstenhöfen im Zeitalter des Absolutismus, 6 Bde., Berlin 1953–1967.

Seidl, Ernst: Joseph Süß Oppenheimer. Zwischen historischen Fakten und literarischer Fiktion, in: ders. (Hg.): »Jud Süß«. Propagandafilm im NS-Staat, Stuttgart 2007, S. 87–101.

Sievers, Leo: Juden in Deutschland. Die Geschichte einer 2000jährigen Tragödie, Hamburg 1977.

Singer, Claude : Le Juif Süss et la propagande nazie. L'Histoire confisquée, Paris 2003.

Stälin, Paul: Herzog Karl Alexander von Württemberg, in: ADB 15 (1882), S. 366–372.

Stern, Selma: Der Hofjude im Zeitalter des Absolutismus. Ein Beitrag zur europäischen Geschichte im 17. und 18. Jahrhundert (Schriftenreihe wissenschaftlicher Abhandlungen des Leo-Baeck-Instituts, Bd. 64), Tübingen 2001.

Stern, Selma: Jud Süss. Ein Beitrag zur deutschen und zur jüdischen Geschichte, München 1973.

Tüchle, Hermann: Die Kirchenpolitik des Herzogs Karl Alexander von Württemberg (1733–1737), Würzburg 1937.

von der Heiden, Anne: Der Jude als Medium. »Jud Süß«, Zürich/Berlin 2005.

von Glasenapp, Gabriele: Literarische Popularisierungsprozesse eines antijüdischen Stereotyps. Wilhelm Hauffs Erzählung »Jud Süss«, in: Alexandra Przyrembel/Jörg Schönert (Hgg.): »Jud Süß« Hofjude, literarische Figur, antisemitisches Zerrbild, Frankfurt am Main 2006, S. 125–138.

von Stefanović-Vilovsky, Theodor: Belgrad unter der Regierung Kaiser Karls VI. (1717–1739), Wien 1908.

Wagner-Douglas, Immo: Staatsauftrag antisemitischer Film. Zur Entstehungsgeschichte von »Jud Süß«, in: Ernst Seidl (Hg.): »Jud Süß«. Propagandafilm im NS-Staat, Stuttgart 2007, S. 115–125.

Willmann, Hans-Frieder: Joseph Süß Oppenheimer. Glanz und Elend des Finanzfaktors in herzoglich-württembergischen Diensten. Eine deutsche Tragödie, Stuttgart 2008.

Wilson, Peter H.: Der Favorit als Sündenbock. Joseph Süß Oppenheimer (1698–1738), in: Michael Kaiser/Andreas Pečar (Hgg.): Der zweite Mann im Staat. Oberste Amtsträger und Favoriten im Umkreis der Reichsfürsten in der Frühen Neuzeit (Zeitschrift für historische Forschung Beiheft 23), Berlin 2003, S. 155–176.

Zedler, Johann Heinrich: Suin-Tarn, in: Grosses vollständiges Universal-Lexicon 41 (1744), Sp. 157–165.

Berthold Auerbach: Vom Studenten der mosaischen Theologie in Tübingen zum Schriftsteller von Weltruhm

Stefan Knödler

Berthold Auerbach (1812 in Nordstetten bei Horb geboren, 1882 in Cannes gestorben) hat es mit seinen Romanen und Erzählungen, vor allem mit den *Schwarzwälder Dorfgeschichten*, von bescheidenen Anfängen in der Schwarzwälder Provinz zu weltweitem Ruhm gebracht. Im Folgenden soll es um seine Auseinandersetzung mit dem Judentum gehen, in seinem Leben wie in seinem schriftstellerischen Werk. In beidem spielt es vor allem in Auerbachs jungen Jahren eine wichtige Rolle. Später wird er vor allem von außen mit seinem Jüdischsein konfrontiert, besonders noch einmal in seinen letzten Lebensjahren, als der Antisemitismus nach der Reichsgründung von 1871 immer aggressiver auflohte.

Zu diesem Zeitpunkt lebte Auerbach als weltweit erfolgreicher und beliebter Autor in Berlin. Nach seinem Tod ist er bald in Vergessenheit geraten: Das lag sicherlich nicht nur an der unterschiedlichen Qualität seiner schriftstellerischen Werke, sondern auch daran, dass es so etwas wie eine antisemitische Rezeptionsgeschichte gibt. Heute jedenfalls ist er den meisten unbekannt. Auerbachs Erzählungen und Romane sind vom Buchmarkt praktisch verschwunden, in der literaturwissenschaftlichen Forschung ist das Interesse, besonders im angelsächsischen Sprachraum, etwas lebhafter, auch weil er dort als ein wichtiger Teil der deutsch-jüdischen Literaturgeschichte wahrgenommen wird.

Mein Beitrag gliedert sich in drei Teile: Im ersten wird es um Auerbachs Werdegang gehen, um die jüdische Welt, aus der er kommt und um den Juden Auerbach in der etwas weiteren Welt. Der zweite Teil beschäftigt sich mit Auerbachs ersten größeren Veröffentlichungen, mit dem »kritischen Versuch« *Das Judenthum und die neueste Literatur* sowie mit den beiden historischen Romanen *Spinoza* und *Dichter und Kaufmann*, die alle in den Jahren zwischen 1836 und 1840 erschienen sind. Am Ende steht ein Sprung von über 30 Jahren zu Auerbachs verzweifelten Kämpfen gegen die antisemitischen Tendenzen im neugegründeten Deutschen Reich.

Auerbach und das Judentum: Kindheit, Jugend, Studium

Berthold Auerbach kam als Moses Baruch Auerbacher am 28. Februar 1812 als neuntes von zwölf Kindern eines jüdischen Händlers in Nordstetten zur Welt. Nordstetten – heute ein Ortsteil von Horb – gehörte erst seit 1805 zu Württemberg, bis dahin war es vorderösterreichisch gewesen: Ein katholischer Landstrich also, in dem die dort ansässigen Juden allerdings von der aufgeklärten und toleranten Religionspolitik des österreichischen Kaiser Joseph II. profitiert hatten. So gab es in Nordstetten etwa kein Ghetto, sondern man lebte und wohnte durchmischt: Von den rund 1600 Einwohnern war rund ein Viertel jüdischen Glaubens; 1822 wurde hier die erste israelitische Volksschule im Königreich Württemberg gegründet.

Auerbachs Großvater väterlicherseits war Rabbiner und so angesehen, dass er, so Auerbach, als *der Vorsteher der Juden in der ganzen Landschaft*[1] galt; der Großvater mütterlicherseits stammte aus dem Elsass und war Wirt, Metzger und Viehhändler, außerdem Musiker und ein Meister auf dem Hackbrett wie auf der Geige, mit seinen Brüder trat er auf Feiern auf.[2] Eine wichtige Bezugsperson für Auerbach sollte auch sein Lehrer Bernhard Frankfurter werden, dessen Rat er auch in späteren Jahren noch gesucht hat; literarisch verewigt hat er ihn in seiner Dorfgeschichte *Der Lauterbacher*.

Dass er ein Jude war, darauf wurde der junge Auerbach in dem katholisch geprägten Umfeld stets gestoßen:

Da die Mehrheit meines Heimathdorfes katholischer Confession ist, waren an Häusern und Wegen, offen oder unter Glasrahmen, viele Heiligenbilder zu sehen; aber ich wendete den Blick nicht darauf, das war religiöses Gebot, und dazu hatte ich schon früh das Gefühl, daß die hier Dargestellten daran schuld sind, daß wir Juden so vielfach hintangesetzt werden.[3]

In seinen Jugenderinnerungen erzählt Auerbach auch, er sei einmal auf dem Rückweg von Horb, wo er Salz hatte kaufen müssen, von einigen Horber Jungen angehalten und gezwungen worden, kniend und mit gefalteten Hände »Christ ist erstanden« zu sagen. Als er sich geweigert habe, hätten ihn die Jungen verflucht, ihm die Füße gefesselt und ihn »regelrecht als Gekreuzigten« gebunden, um ihn so auf dem nächtlichen Weg liegen zu lassen. Der Hund von Auerbachs Großvater habe ihn schließlich gefunden und so sei er wieder heimgebracht worden. »Die Nordstetter helfen einander ohne Unterschied der Religion«, schreibt Auerbach, die Horber Jungen seien verprügelt worden, und zwar so sehr, dass ihr Anführer, der Sohn des Horber Messerschmieds, »kaum mehr auf einem Bein« habe stehen können.[4]

Auerbach schildert auch die großen Eindrücke, die die Sabbatfeiern und die Abfolge der religiösen Feste bei ihm hinterlassen haben. So erinnert er sich an seinen ersten Besuch in der Synagoge:

Ich war so bang u. schwül unter den Männern in ihren Todtenkleidern in der dumpfen stickigen Luft u. denen hunderte von hausmachenen Wachskerzen brannten u. knitternd schwehlten. Ich verließ die Synagoge, draußen war ein heller Herbsttag u. wie von einer unsichtbaren Macht getrieben, rannte ich fort, durch die Froschgasse über das Schießmauernfeld hinein in den Wald bis hinab zur »Au« den Wiesen am Neckar. Dort sah ich ein Mädchen im rothen Rock Gras mähen u. sie sang dabei ein helles Lied. Ich stand wie verzaubert, der Gegensatz der Welt zog mir wol durch den Sinn, war mir aber gewiß nicht deutlich. Plötzlich wie eine Sünde inne werdend kehrte ich mich um. [...] Ich stellte mich auf [meines Vaters] leeren Platz, fürchtete die Frage meines Bruders Maier, wo ich denn gewesen.

Die ergreifende Melodie des Gesanges: Oeffne uns das Thor o Gott zur Zeit des Thorschlusses pp durchschauerte mir das Herz u. dazwischen wollte die Melodie des Liedes (des rothrockigen Mädchens) drunten von der Wiese eintönen, ich kasteite mich damit, daß ich meine Hand in die Thüre des Betpultes einklemmte u. den Schmerz still trug, ich wäre gern nieder gekniet, aber das darf man jetzt nicht u. ich betete mit Inbrunst bis mein Vater wieder kam u. [...] mir freundlich die Hand auf die Schulter legte.[5]

In seiner Erinnerung inszeniert Auerbach den Gegensatz von einer dunklen, stickigen, religiösen Welt zu einer hellen, freundlichen Welt der Natur und des singenden Mädchens darin. Die Religion erscheint dabei als etwas Unnatürliches, der Natur Entgegenstehendes. Auerbach berichtet von Gebeten, *aus denen ich keinen Sinn herausbringen konnte*,[6] und von religiösen Bräuchen, die er in ihrer Drastik abstoßend findet, wie das Zerreißen der Kleider der trauernden Söhne bei der Nachricht vom Tode des Vaters – *einer der aberwitzigsten Bräuche der Juden*, so Auerbach, der zwar zurückgehe auf einen historischen Fall, der aber *zum Brauche für alle Andern gemacht* worden sei. Dass Auerbach hier von der *Gewaltsamkeit der Unnatur u. Überspannung*[7] im Brauchtum des Judentums spricht, ist seine spätere Sicht darauf. Als Kind war er sicherlich mit seiner Religion einverstanden. Er wollte und sollte nämlich wie sein Großvater Rabbiner werden. Dazu musste er auf die Talmudschule nach Hechingen, einer konservativen, veralteten, auch armen Institution, die Auerbach als eine Art Bildungsgefängnis empfunden hat; er habe *ein traurig Stück Leben*[8] darin zugebracht, schreibt er später. Allerdings konnte seine verarmte Familie das Kostgeld bald nicht mehr bezahlen und erlöste Auerbach damit aus der unfrohen Anstalt. Er kam zu seinem Onkel Maier Auerbacher nach Karlsruhe, wo er ebenfalls die Talmudschule besuchte, um sich auf das Stuttgarter Gymnasium vorzubereiten – in diese Zeit fallen die ersten literarischen Versuche und der Beginn der Freundschaft mit dem entfernten Verwandten Jakob Auerbach, der ihm sein ganzes Leben lang der wichtigste Bezugspunkt sein wird.[9]

Um in seiner Heimat Rabbiner werden zu können und um jüdische Theologie zu studieren, brauchte Auerbach ein württembergisches Abitur. Er konnte sich in Karlsruhe zwar darauf vorbereiten, aber absolvieren musste er es in Stuttgart: Dummerweise fiel er bei der ersten Aufnahmeprüfung zum Gymnasium im Frühjahr 1830 durch und hatte nun ein weiteres halbes Jahr zur Vorbereitung darauf zur Verfügung. Er lernte vor allem die alten Sprachen, las Cicero und Horaz sowie – für seine spätere Entwicklung besonders wichtig – den niederländischen jüdischen Philosophen Spinoza. Die zweite Prüfung bestand er und bekam sogar ein königliches Stipendium zum Besuch des Gymnasiums, wo nun Gustav Schwab und der Herausgeber der *Realencyclopädie der classischen Alterthumswissenschaft*, August Friedrich Pauly, zu seinen Lehrern gehörten.

In Württemberg gab es seit 1828 eine vergleichsweise tolerante Gesetzgebung zur Regelung des jüdischen Lebens. Die Ausbildung der Rabbiner war dabei an die Universität gebunden worden, die dazu das Fach der mosaischen Theologie erst einrichten musste. Auerbach steckte jedoch, wie er seinem Nordstetter Lehrer Frankfurter schrieb, in einer *Krisis*, weil er sich unsicher geworden war, ob er wirklich Theologe und Rabbiner werden sollte. Schon hatte er sich entschieden, stattdessen Jura zu studieren. Die *Judenreformation*, so heißt es in einem Brief an Frankfurter vom 18. November 1831, werde in Württemberg zwar *mit warmer Liebe und kalter Politik*[10] betrieben. Allerdings gab es bereits fünf Theologiestudenten an der Universität sowie bereits fünf Examinierte – aber auch nur zehn Stellen, die mit diesen bereits besetzt sein würden[11] – Auerbach hatte also keine Aussichten auf eine Anstellung.

Dass es für seine Entscheidung auch *theologische Gründe*[12] gab, deutet sein Brief lediglich an: Auerbach durchlief eine Zeit der Glaubenszweifel, die ihn auch später nicht mehr verlassen sollten. Was seine Eltern übrigens zu seinem Entschluss, Jura zu studieren, gesagt haben, ist nicht überliefert. Es wird seine Sorgen wohl eher noch vergrößert haben.

Zum Sommersemester 1832 schrieb sich Auerbach also zum Studium der Rechte an der Universität Tübingen ein. In seiner Studentenakte heißt es:

> *Berthold Auerbach jur. stud. aus Nordstetten wohnhaft bei Zeugfabrikant Fischers Wittwe hört im bevorstehenden Sommer-Semester 1832 folgende Vorlesungen: Röm. Antiquitäten bei Prof. Walz; Institutionen bei Prof. Mayer; All. Geschichte bei Prof. Haug; Logik u. Metaphysik bei Repetent Strauß.*[13]

Zwei Dinge fallen hier auf: Erstens – das ist nach heutigen Verhältnissen ein recht luftiger Stundenplan. Zweitens – das ist auch recht wenig Jura, nämlich lediglich die Vorlesungen über die »Institutionen« des Rechts bei dem jüdischen Professor Marum Samuel Mayer. Die beiden historischen Vorlesungen knüpfen an seine Interessen der Stuttgarter Gymnasialzeit an; grundsätzlich Neues dürfte er allein in der Vorlesung über »Logik und Metaphysik« von David Friedrich Strauß gehört haben, die ihn mit der Philosophie Hegels bekannt gemacht hat. Strauß hat auch als einziger Auerbachs Leistungen bewertet und ihm »gute« Kenntnisse bescheinigt sowie ein »fleißig« unter »Fleiß« (was wohl ebenfalls einem »gut« entsprach).[14]

Die in der Studentenakte angegebene Vermieterin Auerbachs – »Zeugfabrikant Fischers Wittwe« – hat übrigens in der Neckargasse 22 gewohnt – am Neckartor also. Sie war schon ziemlich lange verwitwet und hat dementsprechend zahlreiche Studenten beherbergt, auch Eduard Mörike hat einmal bei ihr gewohnt.

Am Tübinger Studentenleben hat Auerbach fleißig teilgenommen, er schloss bald Freundschaft mit verschiedenen Stiftlern, etwa mit Hermann Kurz, Ludwig Seeger und Rudolf Kausler – sie alle sollten später ebenfalls als Schriftsteller hervortreten –; sein Vetter Emil – er studierte Medizin – brachte ihn zur Burschenschaft »Germania«, wo er zunächst Kneip-Mitglied, dann Mitglied des ›äußeren Kreises‹ wurde, also kein Vollmitglied – ein Umstand, der ihm später dennoch gewaltigen Ärger einbringen sollte.

Zum Wintersemester hat sich Auerbach umgeschrieben: Er studierte nun tatsächlich mosaische Theologie. Was zu dieser Entscheidung geführt hat, ist nicht bekannt. Auch hier lohnt sich noch einmal ein Blick in die Auflistung der von ihm besuchten Vorlesungen in der Studentenakte:

Berthold Auerbach Stud. Theol. Opp.[idanus] aus Nordstetten hört im Wintersemester 1832/33 folgende Vorlesungen: Einleitung ins A. Testament bei H. Prof. Herbst; Die 12 kleinen Propheten bei H. Prof. Herbst; Aristophanes Frösche bei H. Prof Walz; Gesch. der Philosophie bei H. Rep. Dr. Strauß; Plato's Symposion bei H. Rep. Dr. Strauß; Geschichte bei H. Prof. Haug.[15]

Auch hier: Im engeren Sinne für sein Studienfach einschlägig sind nur die beiden erstgenannten alttestamentarischen Vorlesungen von Prof. Johann Georg Herbst. Der war katholischer Theologe, Fachmann für orientalische Sprachen und das Alte Testament – durchaus kompatibel also mit den Bedürfnissen eines Studenten der mosaischen Theologie, aber doch mit einer anderen religiösen Grundlage. Es wird deutlich, dass die Universität nach der Einführung des Faches der mosaischen Theologie keine richtige Infrastruktur dafür geschaffen hatte. Man kann das übrigens nachvollziehen, wenn man sich die Studierendenzahlen anschaut: Auerbach war in diesem Semester der einzige Student dieses Fachs.

Wichtiger als die Theologie waren Auerbach ohnehin die Vorlesungen seines *einzig geliebten*[16] David Friedrich Strauß. Dieser war Repetent am Evangelischen Stift und einer der charismatischsten und beliebtesten Universitätslehrer seiner Zeit mit enormen Hörerzahlen. Seine Philosophiegeschichte hat Auerbachs Glauben sicherlich weiterhin erschüttert und ihn zumindest zu einer Relativierung seines Judentums gebracht, wie ein Brief an Jakob Auerbach zeigt:

[D]er Mosaismus ist und bleibt ewig wahr, aber so wie Moses nicht für uns allein, so haben auch Plato, Leibniz, Baco, Kant und Hegel ihre ewigen Wahrheiten auch für uns verkündet, es ist die Weltseele, der Geist der Menschheit, der sich schon in Moses manifestierte und ewig derselbe auch in Hegel bleibt[.][17]

Auerbach stellte nun also Religion und Philosophie auf eine Stufe – was eine deutliche Abwertung der erstgenannten bedeutete.

Das politische Klima in Württemberg hatte sich während Auerbachs kurzer Studienzeit verschärft. So haben die Tübinger Studenten nach dem Hambacher Fest vom 27. Mai bis 1. Juni 1832, an dem auch Mitglieder der örtlichen Burschenschaft der »Feuerreiter« teilgenommen hatten, den Jahrestag der Niederschlagung eines Aufstands in Paris, bei der 500 Arbeiter und Studenten ihr Leben lassen mussten, am 6. Juni 1832 gefeiert – rund 250 Tübinger Studenten und Bürger hatten dieser Veranstaltung beigewohnt. Der württembergische König witterte Aufruhr und schickte schließlich unter den heftigen Protesten der Einwohner aller Schichten 300 Polizisten in die Stadt, um die wohl kaum ernsthaft gefährdete Ordnung wiederherzustellen. Die Untersuchungen gegen die Burschenschaften, die verboten und deren Mitglieder zum Teil schon verhaftet worden waren, machten auch Auerbach, selbst wenn er kein volles Mitglied der »Germania« gewesen war, zu einem potentiellen Straftäter. Er entschloss sich, nach München zu gehen, um dort weiterzustudieren. Dass er sich mittlerweile politisiert hatte (und von der strengen württembergischen Polizei also zu Recht verfolgt wurde), zeigt auch ein Eintrag, den er kurz vor seiner Abreise einem Freund ins Stammbuch geschrieben hat. Darin heißt es:

Freiheit ist das, was wir – nicht haben, was man uns schnöder Weise geraubt, wofür man uns das Joch des fremden Willens auferlegt, das wir aber abzuschütteln uns vorgenommen, u. – sollte es den Kopf nach sich ziehen.[18]

In München brachte Auerbach nicht einmal ein ganzes Semester zu. Immerhin war der Philosoph Friedrich Wilhelm Joseph Schelling, bei dem er Vorlesungen hörte, auf ihn aufmerksam geworden – auch Schelling war ja Württemberger. Mehrmals bat er Auerbach zu sich nach Hause und unterhielt sich mit ihm über Philosophie, besonders über Spinoza. Da kam aus Württemberg ein Gesuch: Die bayerische Polizei solle das (ehemalige) Mitglied der Tübinger Burschenschaft »Germania«, Berthold Auerbach, sowie einen aus Tübingen mitgereisten Freund wegen *Mitwisserschaft einer hochverräterischen Verbindung [...] neben Beschlagnahme ihrer Papiere [...] verhaften* und verhören, was im Falle Auerbachs am 22. Juni 1833 geschah. Das Protokoll[19] zeigt einen eingeschüchterten Beschuldigten, der knapp und eher ausweichend antwortet. Er habe *von einer sogenannten Burschenschaft* nichts gehört,[20] er habe nur mit Glaubensgenossen zu tun gehabt, er wisse nicht, wie er *zu einem Arrest kom-*

me[21] – er schwindelt also ein wenig, denn vieles von dem, was man über seine Tübinger Zeit weiß, widerspricht natürlich seinen Aussagen. Die Münchener Polizei charakterisierte ihn als *erschrocken und timid*, außerdem heißt es, er sei *sehr klein und unansehnlichen Körperbaus*.[22] Auerbach musste nach Württemberg zurückkehren, um sich den dortigen Behörden zu stellen und dort das Ende der Untersuchungen abzuwarten. Er immatrikulierte sich also erneut in Tübingen, wurde aber gleich nach Semesterbeginn der Universität verwiesen und zunächst unter Polizeiaufsicht gestellt. Zwar wurde es ihm *gnadenhalber*[23] gestattet, sein Studium in Heidelberg fortzusetzen, man schloss ihn aber wegen seiner noch immer anstehenden Strafverfolgung vom Rabbinerexamen aus. Auerbach gab seinen Plan, Rabbiner zu werden, also endgültig auf. Sein Biograph Anton Bettelheim bringt es auf den Punkt: »erst wollte er nicht, dann durfte er nicht Rabbiner werden«.[24]

Über seine Stellung zum Judentum, aber auch über die Stellung der Juden innerhalb der Universität, gibt ein Anschaffungsvorschlag, den er in das sogenannte »Desiderienbuch« der Museumsgesellschaft eingetragen hat, Auskunft. Auerbach schlägt darin am

Abb. 1: Berthold Auerbach. Ölgemälde von Julius Hübner (1806–1882). Das Bild zeigt Auerbach im Alter von 34 Jahren, gemalt wurde es jedoch erst 1846. Heute befindet es sich im Deutschen Literaturarchiv in Marbach.

3. Dezember 1833 vor, die Zeitschrift *Der Jude periodische Blätter für Religion und Gewissensfreiheit, von Dr. Riesser* zu abonnieren. Die Antwort des zuständigen Bibliothekars auf den Antrag des einzigen Studenten der mosaischen Theologie in Tübingen, ist eindeutig: *Dieses Blatt scheint doch allzu wenig allgemeines Interesse zu haben, seine Anschaffung wurde deswegen abgelehnt.*[25]

Das Judentum in Auerbachs ersten Veröffentlichungen

Auerbach war nun gezwungen, sich umzuorientieren. In Heidelberg hatte er den Schriftsteller Karl Gutzkow kennengelernt, eine Begegnung, die ihn sicherlich bestärkt hatte in seinem Entschluss, sich auf dem literarischen Markt zu versuchen. Dazu war Stuttgart, wo sich in den 1830er Jahren eine lebhafte literarische Szene entwickelt hatte und sich zahlreiche Verlage angesiedelt hatten, der geeignete Ort. Über allen thronte der Verlag Cottas (später sollte er die Rechte an den Werken Auerbachs erwerben), um ihn herum scharten sich zahlreiche andere literarische Verlage wie Metzler, Franckh, Brodhag oder Scheible. In Stuttgart erschien mit Cottas *Morgenblatt für gebildete Stände* auch die wichtigste Kulturzeitung Deutschlands, in der alles, was Rang und Namen hatte, veröffentlichte. Auerbach schrieb zunächst für die kleine Zeitschrift *Der Spiegel*, auch einige kleinere Kulturnachrichten aus Stuttgart für die in Leipzig erscheinende *Zeitschrift für die elegante Welt*, später arbeitete er für die von August Lewald herausgegebene *Europa* als Theaterkritiker.

Auch größere Brotarbeiten nahm er an. Unter dem Pseudonym Theobald Chauber (ein Anagramm seines Namens) verfasste er die Biographie *Friedrich der Große. Sein Leben und Wirken; nebst einer gedrängten Geschichte des siebenjährigen Krieges. Für Leser aller Stände nach den besten Quellen bearbeitet von Theodor Chauber* (Stuttgart 1834), die sich offenbar so gut verkaufte, dass er *Friedrich der Große, König von Preussen. Seine sämmtlichen Werke in einer Auswahl des Geistvollsten für Leser aller Stände bearbeitet* (Stuttgart 1835) folgen ließ. Die Biographie hat Auerbach übrigens später explizit aus seinen gesammelten Werken ausgeschlossen. Sie war wenig eigenständig,[26] stammte fast vollständig aus zweiter Hand. Weder das Politische noch das Militärische lag Auerbach, der sich auf das Persönliche und Anekdotische konzentrierte. Immerhin lernte er damit eine den Juden gegenüber tolerante Kultur kennen, in der er später seinen zweiten Roman ansiedeln wird.

Im Anschluss daran übernahm Auerbach die Redaktion der *Gallerie der ausgezeichnetsten Israeliten aller Jahrhunderte, ihrer Portraits und Biographien*, und betreute die 1836 und 1838 veröffentlichten Lieferungen 4 und 5. Auerbach schrieb vier dieser Porträts selbst: über »Rothschild und die Juden«, den erst verstorbenen Dramatiker Michael Beer (1800–1833), über Gotthold Salomon (1784–1862), der sich ebenso für die Emanzipation der Juden einsetzte wie der bereits als Herausgeber der Zeitschrift *Der Jude* erwähnte Gabriel Riesser, dem Auerbachs längster Artikel gewidmet ist. Der mit ausführlichen Zitaten aus Riessers Schriften durchsetzte Aufsatz zeigt, wie sehr Auerbach ihn bewunderte und wie sehr er mit ihm einverstanden war. Beide wollten das *Zufällige [der] Geburt* überwinden und es dazu bringen, dass *eine Persönlichkeit unabhängig von einer bestimmten Religionspartei* beurteilt werde.[27]

Von Riesser beeinflusst ist auch Auerbachs kurz vor seinem 24. Geburtstag veröffentlichter »kritischer Versuch« *Das Judenthum und die neueste Literatur*, die erste Veröffentlichung unter seinem eigenen Namen.[28] Ausgangspunkt seiner Überlegungen darin ist die Befreiung der seit dem Mittelalter jahrhundertelangen Tradition einer jüdischen Gelehrsamkeit aus dem Ghetto, das etwa Spinozas unmittelbare Wirkung noch verhindert hatte und nun erst unter Friedrich dem Großen mit Mendelssohn und anderen überwunden worden sei. Nun gäbe es endlich die Möglichkeit, die Juden an ihre *christlichen Mitbrüder* anzuschließen. Dem stünden jedoch die Tendenzen seiner Zeit entgegen: Erstens, der *praktische Liberalismus*, vertreten vom Bürgertum, das konservativ und im Grunde antisemitisch sei, Juden höchstens toleriere, aber nicht akzeptiere. Zweitens, die philosophische Spekulation – also die Reihe der großen Philosophen um 1800, Kant, Schelling und Hegel –, die das Judentum im Prinzip als eine defizitäre Vorstufe des Christentums verstünden. Drittens schließlich, die Literatur des sog. Jungen Deutschlands als Ergebnis dieser beiden Tendenzen, der es jedoch nicht gelungen sei, eine überlegene Position dazu einzunehmen. Die beiden Hauptvertreter des Jungen Deutschlands, Ludwig Börne und Heinrich Heine, seien darüber hinaus Proselyten – in der Tat hatten sich beide taufen lassen – und daher seien sie, so Auerbach, für jüdische Fragen nicht mehr relevant.

Auf die Literatur und wie sie ist oder sein sollte, kommt Auerbach am Ende seines Essays nicht mehr zu sprechen, wichtig ist aber sein Blick auf die Zukunft des Judentums, das sich nun einer Versöhnung mit dem Christentum und seiner *zeitgemäßen Fortbildung*[29] nicht mehr entgegenstellen dürfe. Im Geiste Mendelssohns sollten die Juden, mit den Christen vereint, an der Zukunft Deutschlands und der Menschen arbeiten:

Das Judenthum wird und kann alle höheren Bedürfnisse des Menschen aller Zeiten befriedigen, und wird auch der jetzigen Form der Wissenschaft weder widerstehen wollen noch können. Die Einung des Glaubens und Wissens ist dem Judenthume nicht bloses ephemeres Zeitbedürfniß, sondern ewiges Gesetz.[30]

Auerbachs Essay endet mit dem Wahlspruch Gabriel Riessers:

Einen Vater in den Höhen,
Eine Mutter haben wir,
Gott, ihn, aller Wesen Vater,
Deutschland unsre Mutter hier.[31]

Diese eheähnliche Verbindung von Judentum und Deutschland war eines der Hauptziele der progressiven Juden, zu denen sich nun auch Auerbach zählte.

Im Dezember 1836 kam es schließlich zur Verhandlung *gegen die Mitglieder der Tübinger Burschenschaft wegen Verdachts einer Hochverrätherischen Verbindung.*[32] Auerbach wurde zu einer zweimonatigen Festungshaft auf dem Hohenasperg verurteilt, die er am 8. Januar 1837 antrat. Durch die Haftstrafe waren ihm jetzt sowohl der Staatsdienst als auch eine akademische Karriere verwehrt. Aber er nützte die Zeit. Ein Vorschuss seines Verlegers machte es ihm möglich, sich die Haftbedingungen erträglicher zu gestalten und an seinem ersten Roman zu arbeiten: *Spinoza*, den er nach seiner Entlassung fertigstellte. Auerbach sollte später auch eine Auswahl der Schriften Spinozas ins Deutsche übersetzen.

Auerbach konzipierte den Roman als ersten in einer ganzen Reihe von romanhaften Darstellungen aus dem Leben der Juden, die den Titel *Das Ghetto* haben sollte. Daher hat er in der ersten Auflage des *Spinoza* einen kurzen Text eingefügt, der eben mit *Das Ghetto* überschrieben ist.[33] Darin findet sich nicht nur die Beschwerde, dass *[i]m Brockhaus'schen Conversations-Lexikon kein Artikel Ghetto (ital. m., im Deutschen mit ›das‹ gebräuchlich), das Judenviertel zu Rom und Venedig stehe*, sondern vor allem eine Rechtfertigung seiner geplanten *Reihe historischer Zeit- und Sittenbilder aus dem Leben der Juden*. Auerbach sieht das Judentum an einem Wendepunkt, wenn er schreibt: *Das jüdische Leben zerfällt nach und nach, ein Stück nach dem andern löst sich ab; darum scheint mir, daß es an der Zeit ist, Poesie und Geschichte und beide vereint seine Bewegungen im Bilde festhalten zu lassen.*[34]

Es gab – begünstigt durch judenfreundliche Gesetzgebung auf der einen, aufgeklärtes Judentum auf der anderen Seite – einen Markt für jüdische Stoffe, den Auerbach bedienen wollte und zwar nicht mit weiteren kitschigen Romanen mit ihrem *durchweg falschen Colorit*, das er umständlich parodiert,[35] sondern mit Texten, die auf psychologisch wie historisch solidem Fundament standen. Ihm ging es um die Darstellung von Genese und Entwicklung einer spezifisch jüdischen Tradition. Dabei begründete er eine eigene Untergattung: den Ghettoroman. Noch einen anderen Markt hatte Auerbach übrigens im Blick: den für historische Romane. Seit Walter Scotts *Waverley*, der als erster Roman dieser Art gilt, 1814 erschienen war, und seit Wilhelm Hauffs *Lichtenstein* 1826 die Gattung in Deutschland etabliert hatte, überschwemmte eine wahre Flut von historischen Romanen den deutschen Buchmarkt. Auch Auerbachs erste Romane zählen dazu; wie Scott plante er, mehrere solcher Romane, die von unterschiedlichen Zeiten erzählten, zu einem Zyklus anzuordnen. In der Art und Weise des Erzählens orientierte er sich ebenfalls an Scott und Hauff.

Auerbach setzt seinen Roman *Spinoza* in die Zeit des Untergangs des mittelalterlichen Ghettos als eine bestimmte Form des »jüdischen Lebens«. Baruch de Spinoza lebte von 1632 bis 1677, er war der Spross sephardischer Juden aus Portugal. Weil er seine Glaubenszweifel laut geäußert hatte, wurde er aus der jüdischen Gemeinde von Amsterdam ausgeschlossen, lebte von dort an als Handwerker (er schliff optische Linsen) und veröffentlichte mehrere philosophische Werke, die – allerdings erst nach seinem Tod – eine große europaweite Wirkungsgeschichte haben. Auerbach konzentriert sich auf die frühen Jahre Spinozas bis kurz nach dem Ausschluss aus der Gemeinde. Dessen Philosophie und ihre Entstehung in dessen Jugendjahren interessieren Auerbach weniger, der sich eher bei Spinozas Liebesnöten aufhält. Dass Spinoza eine Art »Doppelgänger«[36] Auerbachs ist, wird deutlich, wenn man bemerkt, wie die nach und nach wachsenden Glaubenszweifel seiner Hauptfigur entwickelt werden. Besonders das letzte Kapitel – es trägt die Überschrift »Die Erlösung« – macht das deutlich. In einem Traum deutet sich die Lösung von Spinozas Konflikt durch eine Figur an, die aus der christlichen Volkstradition stammt, indem Spinoza Ahasver, der ewige Jude, erscheint, *der das Schicksal Israels auf sich trug, welches Jesus Christus an das Kreuz geschlagen*, und ihm verkündet, Spinoza werde die Menschheit wie auch ihn selbst, Ahasver, erlösen:

> *»Die deines Stammes sind, sie haben dich verstoßen, sie haben dir nach dem Leben getrachtet, die nicht deines Stammes sind, sie haben dich betrogen, sie haben dir deine süßesten Gefühle vergällt, du kennest keinen Groll, du lohnest ihnen mit der Wahrheit. Muthig! Gott mit dir!«*[37]

Der letzte Satz des Romans lautet: *Er [Spinoza] zog hin nach Rhynsburg und von da nach Voorburg und dem [!] Haag, und schrieb den theologisch-politischen Traktat und die Ethik.*[38] Das ist natürlich sehr pathetisch und wahrhaft kühn: Spinoza als neuer Christus, als Erlöser der Menschheit und Ahasvers, Spinozas philosophische Werke als die Mittel dieser Erlösung. Eine Nummer kleiner steht auch Auerbach an der Wegscheide, an die er Spinoza gestellt hat. Auch er hat seine Heimat verlassen, hat seine theologische Karriere aufgegeben und sich vom Glauben seiner Väter entfernt, auch er ist unruhig von Ort zu Ort gezogen. Auch er wird schreiben: Zwar zunächst nur den *Spinoza*, aber wenig später immerhin die *Schwarzwälder Dorfgeschichten*.

Alles in allem ist *Spinoza* kein richtig guter Roman; selbst Auerbachs Freunde haben ihn kritisch gesehen. Auch der zweite Roman der *Ghetto*-Reihe, *Dichter und Kaufmann* von 1840, konnte niemanden so recht überzeugen, nicht einmal seinen Verfasser selbst. Die Hauptfigur des Romans ist der Dichter Moses Ephraim Kuh, der von 1731 bis 1790 gelebt hat. Wie auch Auerbach sollte er Rabbiner werden, entschied sich dann aber für den Kaufmannsberuf. Er kam nach Berlin, wo ihn sein ruinöser Lebenswandel schnell heruntergekommen ließ. Insgesamt hat Kuh rund 5000 Gedichte, hauptsächlich Spottepigramme, hinterlassen, die seine Berliner Freunde nach seinem Tod herausgegeben haben. Die durchaus sympathische Hauptfigur seines Romans gibt Auerbach die Möglichkeit, *Ein Tableau aus der Zeit Friedrichs des Großen* – so der ursprüngliche Titel des Romans – zu entwerfen. So tauchen der König, Mendelssohn, Lessing,

Gleim, Anna Louisa Karsch, Rousseau, Casanova und andere auf, ohne allerdings als historische Charaktere plastisch zu werden. Dass Auerbach an Kuh auch seinen eigenen Konflikt zwischen Religion, Brotberuf und Dichtertum verhandelt hat, ist offensichtlich, aber in seinem Roman überzeugt weder das Historische noch das Psychologische. »Unklar und unstet«[39] sei er in dieser Zeit gewesen, sollte Auerbach später über sich sagen; auch für diesen Roman trifft es zu.

Was sich aber in den beiden Romanen zeigt, ist Auerbachs Erzähltalent. Noch nicht in den großen Zügen, sondern in den Beschreibungen, in der Szenerie, in der Evokation ferner Zeiten, in der Erzeugung von Atmosphäre und Stimmung. Er braucht eigentlich nur noch den richtigen Stoff. Den findet er in der Welt seiner Kindheit, in Nordstetten. Ein Jahr nach dem Erscheinen von *Kaufmann und Dichter* schreibt Auerbach die erste Dorfgeschichte, *Der Tolpatsch*. Alles Jüdische ist hier nun weggelassen, aber die Konstellation ist ähnlich wie in *Spinoza* und *Dichter und Kaufmann*: Hier wie dort geht es um ein »exkludiertes Individuum«.[40] In den beiden Romanen werden die Hauptfiguren zu Außenseitern innerhalb der jüdischen Gemeinde, die sie verlassen, aber ohne dann von der christlich dominierten Gesellschaft aufgenommen zu werden; in der Dorfgeschichte *Der Tolpatsch* wird die Hauptfigur durch ihre Tollpatschigkeit von der Dorfgesellschaft ausgeschlossen, erst nachdem sie sich beim Militär bewährt, findet sie ihre Rolle. In allen drei Fällen wie auch in Auerbachs Lebensweg geht es um die Bewährung »durch sich selbst«,[41] und eben nicht durch die Referenz auf eine Gruppe, und um die Entstehung eines unabhängigen, weltoffenen Selbstbewusstseins.

Nachspiel: Flucht aus Berlin

Nach der Reichsgründung 1871 stand Auerbach auf der Höhe seines Ruhms. Seine *Schwarzwälder Dorfgeschichten* haben ein Genre begründet, das in Deutschland etwa von Anzengruber oder Rosegger, in Europa von Björnson, Balzac und vielen anderen nachgeahmt und bis ins 20. Jahrhundert weitergeführt wurde; Turgenjew und Tolstoi aus Russland zählten zu seinen Bewunderern und haben ihn aufgesucht; König Ludwig II. von Bayern hat ihm den Maximiliansorden für Kunst und Wissenschaft verliehen, vom spanischen König war er zum Ritter des Real y Distinguida Orden

Española de Carlos III. ernannt worden. Seit Ende 1859 lebte er in Berlin, verkehrte am Hofe, war ein gerngesehener Gast der Gesellschaft. Am deutsch-französischen Krieg hatte er regen Anteil genommen, hatte im Gefolge des Badischen Großherzogs dem Kampf um Straßburg beigewohnt, sein Kriegstagebuch mit dem Titel *Wieder unser!* veröffentlicht. An Patriotismus mangelte es ihm nicht.

Was Auerbach in seinem Essay *Das Judenthum und die neueste Literatur* erhofft hatte, die Verbindung der jüdischen mit der christlichen Wissenschaft zu einer deutschen Wissenschaft, war in Erfüllung gegangen. Auch sein deutschland- wie weltweiter Erfolg war ein Zeichen dafür. In Auerbachs Werk spielt sein Judentum seit seinen Anfängen allerdings kaum mehr eine Rolle, in den *Schwarzwälder Dorfgeschichten* bleiben jüdische Figuren auf das Nebenpersonal beschränkt. Auerbachs Ansatz war wissenschaftlich, er wollte das dörfliche Leben (und nicht mehr das jüdische Leben) mit allen seinen Aspekten – schon damals sah man dieses Leben als bedroht an – für die Nachwelt dokumentieren. Auerbach ist also ein früher Volkskundler.

Abb. 2: Berthold Auerbach. Stich von Veit Froer (1828–1900) nach einer Photographie aus dem Jahr 1860.

Darüber hinaus verstand sich Auerbach als ein Aufklärer. Seine Erzählungen haben daher mitunter etwas Aufdringlich-Moralisches an sich, um die Werte eines idealen Humanismus, den Auerbach vertrat, zu verdeutlichen. Er glaubte, dass es gerade die Aufgabe der Juden sei, diesen überkonfessionellen Humanismus in der Tradition von Moses Mendelssohn zu verwirklichen. Aber er sah sich zunächst als Deutscher, nicht als Jude. Freilich wurde er nichtsdestotrotz von außen oft genug auf sein Judentum reduziert; mit antisemitischen Äußerungen wurde er immer wieder konfrontiert. Es war eine Krux: Einerseits war seine Distanz zum jüdischen Leben mittlerweile groß, aber doch wurde auch er antisemitisch angegriffen. Er hatte mit seiner jüdischen Herkunft gebrochen, aber er kam auch nicht davon los. Er war ein Mensch ohne Heimat geworden – die eine wollte er nicht mehr, in die andere ließ man ihn nicht. Auch nach außen wird diese Heimatlosigkeit in zahlreichen Umzügen innerhalb Deutschlands und mehreren alljährlichen Reisen durch Europa deutlich.

Ab der Mitte der 1870er Jahre änderte sich das Klima im Deutschen Reich rasant. Wiederholt machte Auerbach nun Erfahrungen *gemeinen Judenhasses*,[42] sorgte sich vor dem *neuerwachte[n] furor teutonicus gegen die Juden*.[43] Bedeutende Persönlichkeiten des öffentlichen Lebens, auch unter seinen Bekannten, beteiligten sich plötzlich an der *infame[n] Judenhetze*[44] um den Historiker Heinrich von Treitschke. Auerbachs Verzweiflung und Resignation nahmen zu.[45] Am 11. November 1880 schrieb er an seinen Freund Jakob Auerbach:

[I]ch kenne die Welt genugsam, ich weiß, wie im Casino zu Rastatt und in der Weinstube in Bingen und im Bierkeller in München das alles mit Jubel aufgenommen wird. Was ist da zu thun? Müssen wir in unserem Alter unthätig und still duldend zusehen, wie das Unheil immer größer wird und was die Kinder in den Schulen leiden von Lehrern und Mitschülern? Ich sehe in die trübste Zukunft hinein.[46]

Auerbach rang mit dem Thema. Eine »jüdische Dorfgeschichte«, »Ben Zion«, die er in den 1870er Jahren begonnen hat und die in seinen Notizen auch als *Der Jude. Ein Roman* erscheint, gab er wieder auf.

1880 eskalierte der sogenannte Berliner Antisemitismusstreit, während dem der Hofprediger Adolf Stoecker und sein Ideengeber Treitschke eine Petition bei der Regierung einreichten, in der sie die Rücknahme der Gesetze für die Gleichstellung der Juden forderten. Im Wesentlichen umfassten die Forderungen die Begrenzung der

Einwanderung ausländischer Juden nach Deutschland, den Ausschluss der Juden von allen Regierungsämtern und die Beschränkung der Anzahl jüdischer Richter, ein Beschäftigungsverbot jüdischer Lehrer an den Volksschulen und die Reduzierung der Zahl jüdischer Lehrer an den höheren Schulen sowie die Wiedereinführung der konfessionellen Statistiken für die jüdische Bevölkerung.

Auerbach wohnte der Debatte über die Antisemitismuspetition im Abgeordnetenhaus bei. Obwohl sie keine unmittelbaren politischen Wirkungen hatte, war Auerbach danach am Boden zerstört: *Vergebens gelebt und gearbeitet!* schrieb er am Ende des vierten und letzten Tages der Debatte an Jakob.[47] Innerhalb weniger Monate waren die Hoffnungen seines Lebens zerstört. Zwar konnte er im Februar 1881 mit Kaiserin Auguste Victoria über den zunehmenden Antisemitismus in Berlin sprechen – sein Bericht darüber macht indes deutlich, wie wenig sie trotz aller Sympathien in der Lage war, seine Sorgen nachzuvollziehen[48] – und er realisierte, wie sehr die antisemitischen verbalen wie körperlichen Ausschreitungen der letzten Zeit ihn psychisch und physisch angegriffen hatten. Noch im Juni desselben Jahres verließ er Berlin endgültig, reiste in seine württembergische Heimat, erkrankte dort an einer Lungenentzündung; die Ärzte schickten ihn ans Mittelmeer. Am 8. Februar 1882 starb er in Cannes, eine Woche später wurde er in Nordstetten auf dem jüdischen Friedhof beerdigt.

ENDNOTEN

1   AUERBACH: Der Knabe vom Dorfe, in: Marbacher Magazin 36, S. 8.
2   Vgl. ebd.
3   Zit. nach Marbacher Magazin 36, S. 29.
4   Vgl. BETTELHEIM: Berthold Auerbach, S. 29–31.
5   AUERBACH: Der Knabe vom Dorfe (wie Anm. 1), S. 19f.
6   Ebd., S. 19.
7   Ebd., S. 18.
8   Zit. nach Marbacher Magazin 36, S. 30.
9   Vgl. AUERBACH: Briefe an seinen Freund Jakob Auerbach.
10 Berthold Auerbach an Bernhard Frankfurter, 18. November 1831, in: BETTELHEIM: Berthold Auerbach (wie Anm. 4), S. 56.
11 Vgl. ebd.
12 Ebd., S. 57.
13 Studentenakte Berthold Auerbachs, Universitätsarchiv Tübingen, UAT 40/6, Nr. 55; vgl. auch Marbacher Magazin 36, S. 32.
14 UAT 40/6, Nr. 55.

15 UAT 40/6, vgl. Marbacher Magazin 36, S. 32. Die beiden Vorlesungen von Herbst sind in der Akte gestrichen; es ist also zweifelhaft, ob Auerbach sie überhaupt besucht hat. »Oppidanus« bezeichnet Auerbach als in der Stadt wohnhaften Studenten. Walz bedachte Auerbachs Leistungen mit einem »mittelmäßig«, Strauß beurteilte ihn wie im Semester zuvor.

16 Berthold Auerbach an Jakob Auerbach, 24. Dezember 1832, in: AUERBACH: Briefe an seinen Freund Jakob Auerbach, Bd. I, S. 16.

17 Ebd.

18 Datiert ist das Blatt auf den 23. März 1833, zit. nach Marbacher Magazin 36, S. 33.

19 Vgl. Marbacher Magazin 36, S. 35–39.

20 Ebd., S. 37.

21 Ebd., S. 38.

22 Ebd., S. 39.

23 Ebd., S. 39.

24 BETTELHEIM: Berthold Auerbach (wie Anm. 4), S. 58.

25 KNÖDLER: Die Desiderienbücher der Tübinger Museumsgesellschaft, S. 99.

26 Vgl. BETTELHEIM: Berthold Auerbach (wie Anm. 4), S. 79f.

27 So in Auerbachs »Vorrede«, in: *Gallerie der ausgezeichnetsten Israeliten aller Jahrhunderte, ihrer Portraits und Biographien*, Stuttgart 1836, o. P.

28 AUERBACH: *Das Judenthum und die neueste Literatur*.

29 Ebd., S. 202.

30 Ebd.

31 Ebd., S. 210.

32 Zit. nach Marbacher Magazin 36, S. 41.

33 AUERBACH: Das Ghetto, in: DERS.: Spinoza., S. I–X (auch in: Schriften zur Literatur, S. 211–216).

34 Ebd., S. 211.

35 Vgl. ebd., S. 211–213.

36 BETTELHEIM: Berthold Auerbach (wie Anm. 4), S. 111.

37 AUERBACH: Spinoza, S. 300.

38 Ebd.

39 Zit. nach BETTELHEIM: Berthold Auerbach (wie Anm. 9), S. 125.

40 AJOURI: Gesellschaftlicher Wandel und Individualitätssemantik, S. 287.

41 Ebd., S. 303.

42 Berthold Auerbach an Jakob Auerbach, 3. Oktober 1875, in: AUERBACH: Briefe (wie Anm. 16), Bd. 2, S. 258.

43 Berthold Auerbach an Jakob Auerbach, 1. Januar 1876, in: ebd., S. 269.

44 Berthold Auerbach an Jakob Auerbach, 20. November 1879, in: ebd., S. 417.

45 Vgl. Berthold Auerbach an Jakob Auerbach, 28. Dezember 1879, in: ebd., S. 421: *Das Jahrzehnt geht zu Ende, das so groß begann, unsere höchsten Wünsche für das Vaterland erfüllte, und nun? Die gemeinen Interessen sind auf einander gehetzt und eine Judenhetz ist oben auf.*

46 Berthold Auerbach an Jakob Auerbach, 11. November 1880, in: ebd., S. 439.

47 Berthold Auerbach an Jakob Auerbach, 23. Nov. 1880, in: ebd., S. 442.

48 Vgl. Berthold Auerbach an Jakob Auerbach, 26. März 1881, in: ebd., S. 451–453.

LITERATURVERZEICHNIS

AJOURI, Philip: Gesellschaftlicher Wandel und Individualitätssemantik in Berthold Auerbachs Dichter und Kaufmann (1840), in: Jesko REILING (Hg.): Berthold Auerbach (1812–1882). Werk und Wirkung, Heidelberg 2012, S. 287–310.

AUERBACH, Berthold: Briefe an seinen Freund Jakob Auerbach. Neuedition der Ausgabe von 1884 mit Kommentaren und Indices, hg. von Hans Otto HORCH, 3 Bde., Berlin u. a. 2015.

AUERBACH, Berthold: Spinoza. Ein historischer Roman, Stuttgart 1837.

AUERBACH, Berthold: Das Judenthum und die neueste Literatur. Kritischer Versuch, in: DERS.: Schriften zur Literatur, hg. von Marcus TWELLMANN, Göttingen 2014, S. 177–210.

AUERBACH, Berthold: Gallerie der ausgezeichnetsten Israeliten aller Jahrhunderte, ihrer Portraits und Biographien, Stuttgart 1836, o.P.

AUERBACH, Berthold: Spinoza, Stuttgart 1837.

AUMÜLLER, Matthias: Berthold Auerbach und die Russen. Spurensuche bei Ivan Turgenev und Lev Tolstoj, in: Christoff HAMANN/Michael SCHEFFEL (Hgg.): Berthold Auerbach. Ein Autor im Kontext des 19. Jahrhunderts, Trier 2013, S. 167–192.

BETTELHEIM, Anton: Berthold Auerbach. Der Mann, sein Werk, sein Nachlass, Stuttgart/Berlin 1907.

BÖNING, Holger: Berthold Auerbach. Ein deutsch-jüdischer Dichter und Publizist in der Tradition von Aufklärung und Volksaufklärung, in: Jesko REILING (Hg.): Berthold Auerbach (1812–1882). Werk und Wirkung, Heidelberg 2012, S. 41–72.

DIEBOLD, Ruth: Die Chronologie der Judengesetzgebung in den zum Deutschen Bund gehörenden süd- und mittelwestdeutschen Staaten [...] im 19. Jahrhundert bis zur Revolution 1848/49, Diss. masch., Tübingen 1991.

GLASENAPP, Gabriele von: Aus der Judengasse. Zur Entstehung und Ausprägung deutschsprachiger Ghettoliteratur im 19. Jahrhundert, Tübingen 1996.

HORCH, Hans Otto: Heimat – Fremde – ›Urheimat‹. Zur Funktion jüdischer Nebenfiguren in Berthold Auerbachs Dorfgeschichten, in: GELBER, Mark (Hg.): Confrontations/Accomodations. German-Jewish Literary and Cultural Relations from Heine to Wassermann, Tübingen 2004, S. 149–171.

HORNBOGEN, Helmut: Tübinger Dichter-Häuser. Literaturgeschichten aus Schwaben, Tübingen ³1999, S. 194–202.

KAISER, Nancy: »Die Stellung der Juden ist allzeit der Barometerstand der Humanität«. Berthold Auerbachs Traum einer deutsch-jüdischen Symbiose, in: Jost HERMAN/Gert MATTENKLOTT (Hgg.): Jüdische Intelligenz in Deutschland, Hamburg 1988, S. 34–46.

KNÖDLER, Stefan: Die Desiderienbücher der Tübinger Museumsgesellschaft. Mit einer kommentierten Edition sämtlicher Einträge von Hermann Kurz, Berthold Auerbach, Friedrich Theodor Vischer und Georg Herwegh, in: Archiv für Geschichte des Buchwesens 69 (2014), S. 77–113.

KÖPF, Ulrich: Der Tübinger Jurist Marum Samuel Mayer als Gegner Ferdinand Christian Baurs und seiner Schüler, in: Sönke LORENZ/Volker SCHÄFER (Hgg.): Tubingensia. Impulse zur Stadt- und Universitätsgeschichte. Festschrift für Wilfried Setzler zum 65. Geburtstag, Ostfildern 2008, S. 427–458.

KROBB, Florian: »Zeitgemäß, an der Hand der Geschichte«: Berthold Auerbach und der deutsch-jüdische historische Roman des 19. Jahrhunderts, in: Osman

Durrani/Julian Preece (Hgg.): Travellers in Time and Space/Reisende durch Zeit und Raum. The German Historical Novel. Der deutschsprachige historische Roman, Amsterdam/New York 2001, S. 25–38.

Lipp, Joachim: Nordstetten. Berthold Auerbachs Geburtsort und Schauplatz der Schwarzwälder Dorfgeschichten, in: Jesko Reiling (Hg.): Berthold Auerbach (1812–1882). Werk und Wirkung, Heidelberg 2012, S. 123–150.

Marbacher Magazin 36 (1985): Berthold Auerbach 1812–1882, hg. von Thomas Scheuffelen.

Matysik, Tracie: Auerbach Spinozism: A Critical Response to the Hegelian Era, in: Jesko Reiling (Hg.): Berthold Auerbach (1812–1882). Werk und Wirkung, Heidelberg 2012, S. 15–39.

Müth, Reinhard: Studentische Emanzipation und staatliche Repression. Die politische Bewegung der Tübinger Studenten im Vormärz, insbesondere von 1825 bis 1837, Tübingen 1977.

Och, Gunnar: »Hiob ist mein Name«. Zu Berthold Auerbachs Roman »Dichter und Kaufmann«, in: Günter Blamberger (Hg.): Studien zur Literatur des Frührealismus, Frankfurt a. M. u. a. 1991, S. 223–242.

Oesterle, Kurt: »Vergebens gelebt und gearbeitet!« Wie Berthold Auerbach am Antisemitismus seines Ex-Freundes Richard Wagner zerbrach, in: Jesko Reiling (Hg.): Berthold Auerbach (1812–1882). Werk und Wirkung, Heidelberg 2012, S. 401–418.

Regenbogen, Albrecht: Kulturkampf und Antisemitismus. Zur Demontage Berthold Auerbachs – oder: Antimodernismus contra intellektuelles Netzwerk, in: Jesko Reiling (Hg.): Berthold Auerbach (1812–1882). Werk und Wirkung, Heidelberg 2012, S. 421–440.

Sarnecki, Kerstin: Erfolgreich gescheitert. Berthold Auerbach und die Grenzen der jüdischen Emanzipation im 19. Jahrhundert, Oldenburg 2006.

Schlüter, Petra: Berthold Auerbach – ein Volksaufklärer im 19. Jahrhundert, Würzburg 2010.

Schönhagen, Benigna: Im Licht der Chanukka-Lampe. Zur Situation der Juden in der ersten Hälfte des 19. Jahrhundert, in: Sönke Lorenz/Volker Schäfer (Hgg.): Tubingensia. Impulse zur Stadt- und Universitätsgeschichte. Festschrift für Wilfried Setzler zum 65. Geburtstag, Ostfildern 2008, S. 459–482.

Schuder, Rosemarie: Deutsches Stiefmutterland. Wege zu Berthold Auerbach, Teetz 2003.

Skolnik, Jonathan: Jewish Pasts, German Fictions. History, Memory, and Minority Culture in Germany, 1824–1955, Stanford 2014.

»Das Zusammenleben von Christen und Israeliten dahier ist das herzlichste und friedlichste«. Zur Geschichte der jüdischen Gemeinde in Wankheim von ihrem Beginn 1774 bis zu ihrer Auflösung 1882

Wilfried Setzler

Die Geschichte des schwäbischen Landjudentums erfreute sich in den letzten Jahrzehnten eines wachsenden wissenschaftlichen Interesses. Eine Vielfalt von Fragestellungen mündete in zahlreiche Publikationen lokalgeschichtlicher Untersuchungen. Dabei ist es trefflich gelungen, Wissenslücken zu verkleinern oder gar zu schließen.

Reichlich floss und fließt die Literatur gerade auch zum Thema Zusammenleben zwischen Christen und Juden. Fast einhellig spiegelt sich darin die Meinung: es war schlecht, geprägt von Pogromen, Verfolgung, Totschlag, Judenfeindschaft. Schaut man genauer hin, so findet man tatsächlich viele Beispiele, die dies bestätigen, aber auch manche Hinweise, dass es gerade, was das Wissen um die Beziehung von Juden und Christen anbelangt, noch immer beträchtliche Defizite und noch immer eine große Zahl ungeklärter Themenfelder gibt. Fragt man beispielsweise nach der Rolle der Juden bei der 1848er-Revolution in Württemberg, verweist die lokale und regionale Forschung in der Regel auf Pogrome der christlichen Bevölkerung gegenüber ihren jüdischen Dorfgenossen wie in Baisingen. Ob es außer den bekannten Ausschreitungen auch noch etwas anderes gegeben hat, ob sich Juden in der Revolution zusammen mit den Christen in dem einen oder anderen Ort engagiert haben: Eine Antwort auf diese Frage »muss mangels weiterer Forschung offenbleiben«.[1]

Warum wir, gerade bei der Frage der Koexistenz von Christen und Juden noch immer viel zu wenig sichere Antworten haben, wird im Wesentlichen von zwei Dingen verursacht. Zum einen ist dies dem eher einseitigen Blickwinkel der Forschung geschuldet: So achten offensichtlich die an lokaler und regionaler Geschichte interessierten Historiker, wissend um den Holocaust und die unmenschliche, verbrecherische Judenpolitik des NS-Staates, vor allem auf Formen und Zeichen, auf Vorfälle und Ereignisse von Antijudaismus und Antisemitismus. Zum anderen verursacht die Quellenlage einen gewissen einseitigen Blick. Historische Dokumente berichten eher von Ungewöhnlichem, von außerordentlichen Ereignissen, denn von Normalität und Alltag. In amtlichen Archivalien und Behördenakten schlagen sich meist nur Streit, Hass, Ärger, Missgunst, Auseinandersetzungen nieder. Sie dokumentieren fast ausschließlich das Gegeneinander von Christen und Juden. Beispiele für das Miteinander sind in diesen Quellen ihrer Natur gemäß eher selten zu finden.

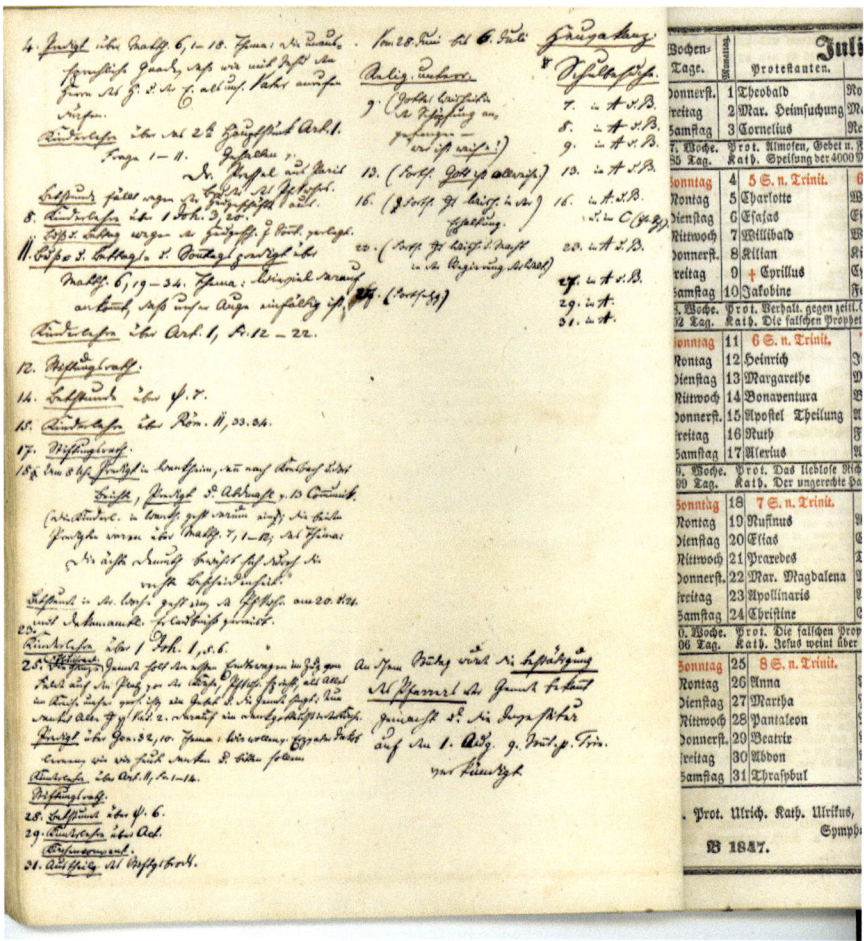

Abb. 1: Eine Seite aus dem Kalender des Pfarrers Wilhelm Pressel mit handschriftlichen Notizen (Juli 1847).

Wenn hier trotz dieser schlechten Voraussetzungen das Zusammenleben von Juden und Christen in Wankheim thematisiert wird, ist dies auf einen Zufallsfund zurückzuführen: Vor einiger Zeit zeigte mir ein Freund in seinem Bücherregal mehrere Kalender aus den 1840er und 1850er Jahren. Diese hatten einst Wilhelm Pressel, dem evangelischen Pfarrer des Dorfes Wankheim, als Notizbücher für seine Termine und Dienstgeschäfte gedient. Beim Durchblättern erwiesen sie sich als eine ungewöhnliche Quelle auch zur Geschichte der Sozialbeziehungen zwischen den christlichen und jüdischen Dorfbewohnern, zumal der Geistliche damals, wie in Württemberg üblich, eine Aufsichtsfunktion über die christliche und die jüdische Dorfschule hatte.

Auf der Suche nach weiteren Spuren der Tätigkeit von Wilhelm Pressel konnten dann zahlreiche Familienbriefe aus seiner Zeit als Pfarrer in Wankheim (1847–1874) sowie eine Autobiographie gefunden werden – alle bereits maschinenschriftlich transkribiert und für die Nachkommenschaft vervielfältigt.[2]

Zusammen mit Akten, Protokollen und Dienstbüchern in den zuständigen staatlichen, kirchlichen und kommunalen Archiven sowie privaten Adelsarchiven[3] ergibt sich daraus ein recht anschauliches Bild vom Zusammenleben der Juden und Christen im Dorf Wankheim.

Die jüdische Gemeinde in Wankheim: Entstehung und Etablierung

Die Geschichte der Juden in Wankheim begann im Sommer 1774, als die damalige Ortsherrschaft – Friedrich Daniel Freiherr von Saint André, kaiserlicher Generalfeldzeugmeister, und seine Frau Friederike Charlotte geb. Freiin Leutrum von Ertingen – vier Juden, die sich in Wankheim »etablieren« wollten, aufnahm und ihnen einen »Schutzbrief« ausstellte. Dafür sollten sie ihr je zwölf Gulden jährliches »Schutzgeld« entrichten sowie der Dorfgemeinde eine herkömmliche Abgabe von einem Gulden und 30 Kreuzer leisten.[4]

Um diesen Vorgang zu verstehen, muss man sich vergegenwärtigen, dass damals auf dem Gebiet des heutigen Landes Baden-Württemberg mehrere hundert Klein- und Kleinststaaten existierten, die zwar unter der Hoheit des Kaisers dem Hl. Röm. Reich deutscher Nation angehörten, aber weitgehend autonom und selb-

Abb. 2, 3: Freiherr Friedrich Daniel von Saint André (1700–1775), kaiserlicher General, und seine Ehefrau Friederike Charlotte geb. Freiin Leutrum von Ertingen (1722–1783), Ortsherren von Wankheim, nehmen 1774 vier Juden in ihrem Dorf Wankheim auf. Ölgemälde, Schloss Kilchberg.

ständig waren. Dazu zählte auch das Rittergut der Saint André, zu dem neben dem Dorf Wankheim auch das in der Nähe liegende Schloss und Hofgut Kreßbach gehörten. Durch den Untergang des Stauferreichs in der Mitte des 13. Jahrhunderts entstanden, hatten diese Kleinstaaten – Reichsstädte, Klosterterritorien, Grafschaften, Fürstentümer, Ritterschaften – im Laufe der Zeit viele einst nur dem Kaiser zustehenden Rechte erworben, verfügten über eigenes Militär, prägten eigene Münzen, bestimmten die Maßeinheiten, seien es die Längen- und Hohlmaße oder die Gewichte. Diese territorialen Herrschaften hatten auch das sogenannte Judenregal, den »Judenschutz« an sich gebracht. Dies hatten die meisten dieser Territorien, darunter auch Württemberg, im Verlauf des späten Mittelalters dazu benutzt, die Juden, die in Deutschland ursprünglich nicht in den Dörfern, sondern nur in den Städten lebten, wohnten und arbeiteten, auszuweisen und zu vertreiben.

In der südlichen Hälfte des heutigen Württembergs lassen sich Juden im 16., 17. und 18. Jahrhundert lediglich in den am oberen Neckar in der Nähe Horbs liegenden Dörfern Baisingen, Mühringen, Rexingen, Nordstetten sowie in Buchau am Federsee nachweisen. Zur gezielten Ansiedlung von Juden durch den örtlichen Adel kam es dann im 18. Jahrhundert in weiteren vier Dörfern: in Laupheim bei Ulm 1724, in Jebenhausen bei Göppingen 1777, in Buttenhausen auf der Schwäbischen Alb 1787 und eben 1774 in Wankheim bei Tübingen.

Was den Freiherrn von Saint André und seine Frau bewogen hat, Juden in ihrem Dorf aufzunehmen, darüber geben die Schutzbriefe keine Auskunft. Die dazu in den letzten Jahrzehnten entstandene Literatur ist sich jedoch in der Beurteilung des Vorgangs weitgehend einig. Ihnen sei »das Geld der Juden wohl eine willkommene zusätzliche Einnahmequelle« gewesen, sie hätten »die wirtschaftlichen Vorteile im Blick« gehabt und »relativ hohe Schutzgeldzahlungen« gefordert.[5] Ein Beleg für diese Aussagen wird nicht geboten. Sie decken sich allerdings mit der allgemein verbreiteten Beurteilung der Ansiedlung von »Schutzjuden« im 18. Jahrhundert durch adlige Herrschaften.

Dass dies für Wankheim vielleicht doch nicht so ausschließlich zutrifft, hat bislang lediglich Wilhelm Böhringer, Autor des Findbuchs zum Gemeindearchiv Wankheim, in einem 1974 in den *Tübinger Blättern* erschienenen Aufsatz vermutet. Tatsächlich darf man sehr wohl bezweifeln, dass sich der Freiherr, langjähriger kaiserlicher General, Erbauer des Schlosses Kreßbach, vom »Schutzgeld« eine nennenswerte Aufbesserung seiner Kasse erhoffte, zumal die zwölf Gulden jährlicher Gebühr an der unteren Grenze des damals Üblichen lagen.

Finanzielle Transaktionen des Generals belegen, dass er über große Mittel verfügte. 50 000 Gulden lieh er beispielsweise 1759 allein seinem Schwiegervater. Einen guten Beleg dafür, dass es der freiherrlichen Familie mit der Zulassung von Juden nicht vordergründig ums Geld gegangen ist, stellt eine Stiftung der Frau Generalin zur Armenfürsorge in Wankheim dar. Sie wurde von ihr mit 1000 Gulden ausgestattet, so dass von da an, bei dem damals üblichen Zinssatz von 5 Prozent, jährlich 50 Gulden – mehr als das Schutzgeld für die vier jüdischen Familien zusammen – zur Unterstützung sozial schwacher Familien zur Verfügung standen.

Eine Rolle gespielt hat bei der Entscheidung wohl sicher, dass anders als im judenfeindlichen Herzogtum Württemberg, in den Lebenswelten der freiherrlichen Familie der Umgang mit Juden zum normalen Alltag gehörte. Im Dorf Königsbach bei Karlsruhe, das zu 7/12 der Familie von Saint André gehörte – 5/12 besaßen die Markgrafen von Baden – waren seit Jahrzehnten zwei jüdische Ge-

Zur Geschichte der jüdischen Gemeinde in Wankheim | 169

meinden ansässig: eine unter dem Schutz der Freiherren und eine unter dem der Markgrafen. Und in Ansbach, dem seit 1750 zentralen Wohnort des Generals und seiner Frau, lebten 1757 mehr als 40 jüdische Familien, darunter sehr reiche und angesehene sogenannte Hofjuden. 1746 war dort eine neue barocke Synagoge nach den Plänen des markgräflich-brandenburgischen Oberbaudirektors Leopoldo Retti errichtet worden.

Wenn ökonomische Überlegungen bei der Ansiedlung in Wankheim eine Rolle gespielt haben, so ging es ziemlich sicher nicht um die unmittelbare Bereicherung der privaten freiherrlichen Schatulle als vielmehr um eine nachhaltige Verbesserung der wirtschaftlichen Situation im Dorf.

Möglicherweise spielten bei der freiherrlichen Familie auch Gedanken der Toleranz eine gewisse Rolle. Beim ersten großen Konflikt zwischen Christen und Juden in Wankheim 1781 fordert die freiherrliche Herrschaft im Beisein der Juden auf dem Rathaus den Schultheißen und die Gemeinderäte mit *ernstlicher Verwarnung* auf, dass sich im Dorf keiner *unterstehen möge*, weiterhin den Juden *ihren Aufenthalt zu erschweren* bei *Vermeidung einer derben Züchtigung gegen das Übertreten des Gebots*. Sie sollen vielmehr *dem Beispiel unseres Oberhaupts des jetzt regierenden Kaisers Joseph II.* nacheifern *in Duldung* der Juden als *Nebenmenschen*.[6] Ähnlich argumentiert der herrschaftliche Amtmann. In einem Bericht von 1782 vertritt er die Meinung, dass *diese Leute aber auch als Nebenmenschen in der Welt geduldet und behandelt werden müssen, somit einem jeden, der sie protegirt, zur Pflicht wird, sich ihrer Anliegenheiten, die einen Bezug auf ihre Beschüzung haben, anzunehmen und sie zu Sontenieren.*[7]

Dennoch berichten die Akten kontinuierlich von Streitigkeiten zwischen Juden und Christen. Das Verhältnis der christlichen Mehrheitsgemeinde zu der jüdischen Bevölkerung war zunächst von Argwohn und Ablehnung geprägt. Fremd waren ihr die Gebräuche und manche Lebensumstände der neuen Mitbewohner. Sie galten eher als wirtschaftliche Konkurrenten, als unliebsame Eindringlinge denn als Nachbarn. Dennoch basieren diese Konflikte meist nicht auf antijüdischen Vorurteilen. Sie verdeutlichen eher Anpassungs- und Abstimmungsprobleme oder kreisen um die Verteilung dörflicher Ressourcen und dörflicher Lasten. Die meisten dieser Sachprobleme fanden schließlich eine dauerhafte, beide Seiten befriedigende Lösung.

Einige Beispiele mögen dies verdeutlichen: 1782 klagt die christliche Gemeinde bei der Herrschaft gegen die Juden, weil sie nachts bei Licht, was nach dem Dorfrecht wegen Feuergefahr verboten sei, Vieh schlachten, zudem würden sie keinen Viehbeschauer hinzuziehen. Entscheid der Herrschaft: Die Schutzjuden dürfen tags oder nachts schlachten, müssen aber aus Gesundheitsgründen einen amtlichen Viehbeschauer hinzuziehen und diesen wie üblich bezahlen. Im gleichen Jahr geht es um die Entlohnung für den »Schütz«, der im Dorf die allgemeinen Polizeiaufgaben wahrnahm. Üblicherweise erhielt er von jeder Wankheimer Familie einmal jährlich einen Laib Brot. Da die Juden nicht das Bürgerrecht der Gemeinde hatten, verweigerten sie diese Abgabe. Entscheid der Herrschaft: Auch Juden müssen den Laib Brot geben, da der Schütz auch ihnen dient. Nun ging es um die Bezahlung des Kirchen-Messners. Entscheidung der Herrschaft: Juden bedürfen dessen Tätigkeit nicht, also keine Beteiligung, worauf die christliche Gemeinde insistiert, der Messner sei aber auch zuständig für die Kirchenuhr und deren Werk sowie für das Glockenläuten, und dies würden die Juden doch auch mitbenutzen.[8]

Ein größeres Problem war die Unterbringung der Juden.[9] 1782 klagt der »Schutzjud« David Dessauer, Goldschmied, Graveur und Handelsmann, dass er mit seiner großen Familie, mit Knechten und Mägden in einer Wohnung *eingesperrt* sei, die eigentlich nur zwei bis drei Personen Raum biete und er nicht wisse, wie er da seine Arbeit noch verrichten solle.

Wie beengt das Wohnen war, macht auch ein 1784 datiertes Schreiben des Knechtes von Isaak Lazarus deutlich, der darum bittet, ihm die Strafe für die voreheliche Schwängerung der im gleichen Haushalt lebenden Magd zu erlassen, da dazu *vorzüglich das enge Logis und die daraus entstandene genaue Bekanntschaft Anlaß* gegeben habe.

Dass der Wohnraum im Dorf tatsächlich äußerst knapp war, erhellt ein von der Herrschaft daraufhin angeforderter Bericht des Schultheißen. Er listet auf, in Wankheim gäbe es 59 Bürgerhäuser aber 97 Haushaltungen und resümiert: Alle leben hier eng *wie die Heringe* zusammen. Die Aufstellung zeigt übrigens auch, dass die vier jüdischen Familien mit den Christen unter einem Dach wohnten.

Um die Wohnungssituation zu verbessern, bot 1783 die Herrschaft den Juden einen Bauplatz für zwei Familien an. Doch der hohen Baukosten und sonstiger Auflagen wegen, findet das Angebot keinen Liebhaber. Im folgenden Jahr bauen deshalb die Freiherren von Saint André eine ihrer Scheunen zu Wohnungen um und vermieten sie gegen 20 Gulden Jahreszins an jüdische Familien.

Einschneidende Veränderungen für alle im Dorf brachte das Jahr 1805. Im Zuge der von Napoleon durchgeführten Neugliederung Europas wurde die den deutschen Südwesten über Jahrhunderte hinweg prägende Kleinstaaterei aufgehoben. Anstelle der vielen hundert traten nun drei wesentlich vergrößerte Länder, nämlich das Großherzogtum Baden, die Fürstentümer Hohenzollern und das Königreich Württemberg.

Das zum Königreich erhobene alte Herzogtum wurde nicht nur flächen- und bevölkerungsmäßig verdoppelt. Das bis dahin streng protestantische, judenfeindliche Land bekam nun auch katholische Bürger und Dörfer, in denen Juden lebten. Die unterschiedlichen Territorien mussten in der Folgezeit zusammengeführt und unter ein Dach gebracht werden. Betroffen waren in besonderer Weise die Juden, die bis dahin in der Gesellschaft in vielerlei Weise ausgegrenzt waren, beispielsweise in der Regel keinen Grundbesitz erwerben oder kein Handwerk erlernen oder ausüben durften.

Zwar zögerlich, doch schrittweise wurden nun Beschränkungen aufgehoben: 1807 wurde den Juden der Gütererwerb zugestanden, 1808 der demütigende Leibzoll abgeschafft, 1809 die Zulassung der Juden zu bürgerlichem Gewerbe beschlossen. 1828 schließlich regelte ein Gesetz *die öffentlichen Verhältnisse der israelitischen Glaubensgenossen*. Eine völlige Gleichberechtigung blieb ihnen aber weiterhin versagt; sie erfolgte erst 1864.

Nach der Integration des ritterschaftlichen Dorfes in das Königreich Württemberg wuchs die Zahl der Juden in Wankheim relativ rasch: 1805 lebten fünf jüdische Familien im Dorf, 1819 waren es zehn Familien mit 61 »Seelen«. Der Zuzug hielt an: Der Pfarrbericht von 1825 zählt neben 588 Christen 73 Juden; im Jahr 1839 beziffert er die Bevölkerung mit 643 »evangelisch« und 104 »israelitisch«. Der damit erreichte jüdische Bevölkerungsanteil von etwa 15 Prozent hielt sich in den folgenden 25 Jahren ziemlich konstant.[10]

Die meisten Juden lebten weiterhin überwiegend vom Handel, insbesondere dem Vieh- und dem Hausierhandel. Regelmäßig besuchten einige Hausierer die nahen Städte Reutlingen und Tübingen. Doch gab es auch jüdische Handwerksbetriebe, darunter Graveure und Optiker. Erstaunlicherweise wurden auch bald zwei der drei im

Ort befindlichen Gasthäuser von Juden betrieben. Sie erfreuten sich insbesondere bei den Tübinger Studenten großer Beliebtheit.

Wahl eines Gemeindevorstehers 1819

Das zahlenmäßige Anwachsen der jüdischen Bevölkerung führte 1819 schließlich auch zur offiziellen Etablierung einer in gewissen Dingen autonomen jüdischen Gemeinde, die nicht nur religiöse, sondern auch innerjüdische, zivile Angelegenheiten regeln durfte und ein eigenes Siegel führte. Da dieser Vorgang bislang unbekannt ist, sei er als ein Beispiel zum Verhältnis der Christen und Juden hier skizziert.[11]

Am 22. April 1819 schreibt Schultheiß Braun von Wankheim an seine vorgesetzte Behörde, dem »Amt Tübingen«:

Die Seelenzahl der hiesigen Judenschaft belauft sich auf 61 worunder 10 FamilienVätter sind. Was die Bürger Verhältnisse der Juden betrifft, so waren sie bis daher in allen Stüken der Orts Obrigkeit unterworffen und hatten unter sich kein Art Vorstand. Es wäre daher umso mehr zu wünschen, daß sie einen eigenen Vorsteher für ihre Gemeinde bekämen.

Abb. 4: Siegel der 1819 etablierten jüdischen Gemeinde Wankheim.

1. Weil es bisher keine Aufsicht *über die Beachtung ihrer Religions Geseze* und folglich auch *keine Bestrafung* bei Übertretungen gibt.
2. Weil es dem Schultheißen *an der nothwendigen Kentniß der den Juden eigenthümliche bürgerliche Geseze* mangelt und er deshalb solche auch nicht durchsetzen kann.
3. Weil besondere Streitigkeiten unter den Juden *nach ihren Gesezen am besten von einem eigenen jüdischen Vorstand geschlichtet werden können, zum b. Ehestreitigkeiten u. s. w.*

Diesem Schreiben legt er ein ähnlich lautendes von der »Judenschaft« bei, das von Moses Levi *im Namen aller* unterschrieben ist.

Schon fünf Tage später leitet Oberamtmann Seubert beide Schriftstücke an seine Vorgesetzten im »Schwarzwaldkreis« weiter, befürwortet den Vorschlag und fragt wie im *Willfahrungsfall* zu handeln sei, ob man den Juden ein Wahlrecht oder *nur ein Vorschlags-Recht* einräumen könne. Nun reicht der Schwarzwaldkreis das Ganze am 13. Mai an die Königliche Regierung in Stuttgart durch. Diese entscheidet schnell und bestimmt in einem Dekret vom 26. Mai, dass der Judenschaft die Wahl frei zu überlassen sei, die Wahl vom Schultheiß geleitet werden solle und der gewählte »Judenvorsteher« durch den Tübinger Oberamtmann eingesetzt werden solle. Als Wahltermin für die elf Wahlberechtigten, die zehn schon genannten Familienväter und ein selbständiger volljähriger Junggeselle, wurde der 25. Juni anberaumt.

Doch offensichtlich war die Judenschaft in Wankheim in zwei Parteien oder Lager gespalten. Vier Tage vor der Wahl erhoben unter Führung von Moses Liebmann fünf der elf Wähler Einwände – prinzipiell sei ein eigener Gemeindevorsteher unnötig. Zudem versuchten sie die übrigen Wähler zu desavouieren: drei der sechs seien *vergandet*, also überschuldet, zwei könnten weder deutsch lesen noch schreiben und der sechste sei Metzger und Gastwirt, was in dieser Kombination verboten sei.

Zur Wahl erschienen sie dann trotzdem. Moses Liebmann erhielt fünf Stimmen, sein Gegenkandidat Moses Levi sechs. Wieder legten die fünf Unterlegenen gegen die Wahl als solche ihren Protest ein.

Mit der Frage, wie es weitergehen solle, versandte Schultheiß Braun das Wahlprotokoll an das Tübinger Oberamt. Im Begleitbrief vermerkte er, der *erwählte Moses Levi sei der einsichtsvolste* und *ein guth gesitetter Mann unter hiesiger Judenschaft*, über den nichts Unrühmliches gesagt werden könne, er besitze *in Summa einen rechten Charakter*. Zu dem Protest vermerkte er, *wäre die Mehrheit der Stimmen auf Moses Liebmann gefallen, hätten die Protestierenden gewiß keine Einwendungen gegen einen Vorsteher gemacht*.

Dieses löste nun wieder den Weg durch alle Instanzen aus: Vom Kreis wurde eine Wahlwiederholung am 30. Juli veranlasst. Als dies in der Sache nichts Neues erbrachte, ging alles an die königliche Regierung nach Stuttgart, wo schließlich am 11. Oktober entschieden wurde, dass der mit sechs Stimmen gewählte Moses Levi einzusetzen und zu vereidigen sei.

Infrastruktur: Synagoge, Mikwe, Friedhof

Nach und nach wurde nun auch die für das Gemeindeleben notwendige Infrastruktur geschaffen. Ihr Mittelpunkt war die am 16. Oktober 1835 eingeweihte, auf einem freien Platz nahe der Kirche errichtete Synagoge.[12] Gottesdienste waren, nachdem man 1795 eine Thora-Rolle erworben hatte, bis dahin in Privaträumen abgehalten worden. Einen eigenen Rabbiner konnte sich die Gemeinde nicht leisten, doch einen Vorsänger, der meist auch das Amt des

Abb. 5: Die 1835 eingeweihte Synagoge in Wankheim? Bleistiftzeichnung.

Schächters und Lehrers versah. Mit der Synagoge verbunden war ein kleines Haus, das einen Schulraum und eine Lehrerwohnung beherbergte. Nachdem 1825 in Württemberg auch für jüdische Kinder der Schulbesuch obligatorisch geworden war, hatte sich die jüdische Gemeinde die Führung einer eigenen Schule genehmigen lassen, weil sie dies für finanziell günstiger erachtete als eine Teilhabe an der christlichen Schule.[13]

Schon lange vor dem Bau der Synagoge, hatte die Gemeinde sich auch um den Bau einer Mikwe[14] bemüht, jenem für rituelle Waschungen, vor allem für Frauen, wichtigen Baderaum mit fließendem Wasser. Gleich zu ihrem Anbeginn 1774 war den *im Schuz befindlichen Juden* ein *Plätzlen* auf der *Allmand im Wörth zu einem Bad vor ihre Weiber* zugewiesen worden.[15] Schließlich konnte im ersten von der Saint André-Herrschaft erbauten »Judenhaus« eine ordentliche Mikwe installiert werden, die 1822 auf Anordnung der Regierung gar eine *Einrichtung zum Erwärmen des Wassers* erhielt.

Selbstverständlich gehörte zu den öffentlichen Einrichtungen der jüdischen Gemeinde auch ein Friedhof *am Saume des Waldes, nordwestlich vom Ort*. Der Gottesacker, dessen ältester erhaltener Grabstein auf das Jahr 1788/89 datiert, war den Juden schon bald nach ihrer Ansiedlung gegen eine Pacht von jährlich drei Gulden überlassen worden.[16]

Der Streit um den Friedhof

Am Friedhof entzündete sich 1843 ein Streit zwischen bürgerlich-christlicher und jüdischer Gemeinde, der gewiss Animositäten verdeutlicht, aber nicht, wie immer wieder behauptet wird, als ein Musterbeispiel für Judenfeindlichkeit gelten kann.[17]

Da für die Juden die Totenruhe ein wichtiges Gebot darstellt, das unter Pachtverhältnissen nicht auf Dauer gesichert werden kann, wurde die jüdische Gemeinde von der zentralen jüdischen Regierungsinstanz in Stuttgart, der »Königlichen Israelitischen Ober-Kirchen-Behörde« am 3. Juli 1843 aufgefordert, den bisher gepachteten Begräbnisplatz zu kaufen. Dies wollte die Wankheimer Judenschaft auch gerne tun, ja sie wollte sogar noch ein Stück Land dazu kaufen. Doch erschien ihr der Preis, den die christlich-bürgerliche Gemeinde dafür verlangte, viel zu hoch.

Fast zwei Jahre zogen sich die Verhandlungen hin. Als Kaufsumme fordert die politische Gemeinde 200 Gulden; die Juden waren bereit 125 zu bezahlen. Dass es dem Wankheimer Gemeinderat, der bürgerlichen Gemeinde nicht nur um einen gerechten Preis ging, sondern möglicherweise doch auch Ressentiments gegenüber den Juden eine Rolle spielten, lässt eine Randbemerkung des Gemeinderats in einer Stellungnahme gegenüber dem Tübinger Oberamt vom 23. Oktober 1843 vermuten, wo es heißt: *Ohne die Juden, wie viel mehr hätten wir Ruhe*. Beide Seiten begründeten ansonsten ihre jeweiligen Kaufpreisvorstellungen mit komplizierten Rechnungen. Geschickt, aber erfolglos appellierten die Juden an den christlichen Gemeinsinn. Es sei eine Aufgabe der bürgerlich-christlichen Gemeinde statt Zwietracht *Liebe und Eintracht unter den Bürgern zu befördern*.

Doch der Wankheimer Gemeinderat blieb stur, die jüdische Gemeinde nicht weniger: Man werde dann einfach weiterhin die alte Pacht bezahlen und warten, bis sich ein günstiger Platz anbieten würde.

Doch nun wurden die inzwischen längst hinzugezogenen jeweils übergeordneten Behörden aktiv. Das Oberamt, das die *geforderte Summe als eine sehr unchristliche Forderung* bezeichnete, machte nun Druck auf die politische Gemeinde und die Königliche Israelitische Oberkirchenbehörde in Stuttgart wies die *jüdische Kirchengemeinde* mit energischen Worten darauf hin, dass es *unabweislich* sei, *den jetzigen Todtenhof eigenthümlich zu erwerben*. Selbst wenn man vielleicht 75 Gulden zu viel dafür bezahle, solle man dies Opfer bringen, es ginge es ja auch um die *Erhaltung des guten Einverständnisses mit der politischen Gemeinde*.

Im März 1845 schließlich kommt es zur Einigung, die auch ein gewisses Entgegenkommen der politischen Gemeinde signalisierte. Der Friedhof samt Erweiterung ging für 200 Gulden in das Eigentum der jüdischen Gemeinde über. Für einen Teil des Kaufpreises wurde ein Darlehen gewährt, das mit vier Prozent, statt der damals üblichen fünf Prozent zu verzinsen war.

Nach dem Friedhofstreit entspannte sich das Verhältnis zwischen Juden und Christen im Dorf, ja entwickelte sich von einem Gegen- und Nebeneinander zu einem Miteinander.

Pfarrer Wilhelm Pressel

Wesentlichen Anteil daran hatte der 1818 in Tübingen geborene Wilhelm Friedrich Pressel, der am 19. April 1847 als »Amtsverweser« nach Wankheim kam und bis 1874 die dortige Pfarrstelle versah.[18]

Welches Augenmerk Pressel dem guten Verhältnis beider Bevölkerungsgruppen zumaß, zeigte sich schon wenige Monate nach seinem Zuzug. Als im Sommer des Jahres 1847, dessen ersten Monate von Hungersnot und Teuerung geprägt waren, allüberall in Württemberg die ersten Erntewagen unter dem Jubel der Bevölkerung in die Städte und Dörfer geführt wurden, sorgte er, wie wir in seinem Kalender lesen können, dafür, dass in Wankheim am 25. Juli, die christliche und israelitische Gemeinde zusammen *den ersten Erntewagen im Zug vom Feld abholten*. Auch der Festverlauf ist aufschlussreich. So notierte er: *Pfarrer spricht dann bei der Kirche vor vereinter Gemeinde ein gemeinsames Gebet und zum Schluss singen alle gemeinsam das Lied Nun danket alle Gott, allerdings nur die Verse eins und zwei.* Ganz offensichtlich wollte Pressel den jüdischen Teilnehmern nicht den dritten Vers mit der Anrufung der Trinität *Lob, Ehr und*

Abb. 6: Wilhelm Pressel (1818–1902), Pfarrer in Wankheim von 1847 bis 1874.

Preis sei Gott, dem Vater und dem Sohne und Gott dem Heilgen Geist zumuten. Und wie selbstverständlich ist beim anschließenden Festgottesdienst in der Kirche die jüdische Gemeinde mit dabei. Auch in seiner Festpredigt beschwor Pressel die Gemeinsamkeiten von Christen und Juden. Mit Bedacht predigte er über 1. Mose 32, 10 zum Thema *Wir wollen von Erzvater Jakob lernen, wie wir heute danken und bitten sollen.*[19]

Pressels Handschrift ist auch bei einer Feier am 1. August des Jahres zu vermerken, als er in der Wankheimer Kirche vom Amtsverweser zum Pfarrer ordiniert wurde. Vor dem Altar standen

als Repräsentanten der Gemeinde: links *die 3 ersten weltlichen Gemeindevorsteher (die zwei christlichen und der israelitische), nächst ihnen die drei ältesten Männer (2 Christen und 1 Israelit), nächst ihnen drei verheiratete Männer (2 Xten und 1 Israelit), und in der Mitte: drei ledige Burschen, dann drei Schulknaben und drei Schulmädchen aus den verschiedenen Schulklassen (stets 2 Chten und 1 Israelit), schließlich drei Lehrer (der christliche Schulmeister und sein Provisor sowie der israelitische Lehrer).*

Nach der Kirche ging es auf Einladung des Pfarrers in die große Ratsstube, wo für 50 bis 60 Personen gedeckt war, für Familienangehörige, Vertreter der freiherrlichen Familie, für den Schultheißen und den gesamten Gemeinderat nebst allen christlichen und israelitischen Zeugen. *Es war ein schönes Fest an dieser heiteren Tafel, welche Adel und Bürger, Gelehrte und Ungelehrte, Herren und Bauern, Jung und Alt, Christen und Juden vereinigte,* heißt es in einem Brief (vom 29. September).

Sein Verhalten begründet Pressel selbst so: Er wolle, da die Juden immer noch, auch in diesem *aufgeklärten Zeitalter mannigfache Bedrückung und Geringschätzung erleiden* müssten, einen kleinen Teil zur Gutmachung für den *vielhundertjährigen Unbill der Christenheit gegen sie* leisten. Er sehe in seinem *Nebenmenschen zuerst den Menschen* und frage erst dann nach dem Glauben. Zudem *erbaue* er sich, dass wir *1en Gott und Vater, 1e Offenbarung seiner erziehenden Liebe gegen uns, und 1e Hoffnung auf das himmlische Vaterland haben* und schließlich könne er nicht vergessen, *daß Der, den wir als Heiland der Welt verehren, ein Israelite gewesen sei.*

Natürlich erfuhr Pressel dafür auch manche Geste freundlicher Dankbarkeit. Bei besonderen Anlässen beehrte ihn der Israelitische Gesangverein mit einem Ständchen vor dem Pfarrhaus, beispielsweise zur Hochzeit *mit dem schönen Gesang von Kreutzer: Ja, ein ruhiges Gewissen, mög Euch stets den Schlaf versüssen*. Und wie die Christen brachten die jüdischen Familienväter Hochzeitgeschenke, allerdings nicht wie die Christen Butter und Eier, sondern Dinge *für den täglichen Gebrauch, Tintenzeug, Schalen, Bouteillen, Gläser und dergl*.

Typisch für jene Jahre ist vor allem aber der Einsatz von Juden für die Dorfarmen egal welcher Religion sie angehören. So gründet 1847 der jüdische Kleiderhändler und Gemeindevorsteher Leopold Hirsch mit anderen zusammen eine Israelitische Hilfsleihkasse, die *ohne Ansehen der Religion* armen Wankheimern zinslose Darlehen zum Ankauf von Saatgut gewährte. Dass jüdische Bürger christliche unterstützen, geht zudem aus einem Bericht über die Armenfürsorge von 1847 hervor, der unter anderem festhält, wie der jüdische Frauenverein über die *ganze Zeit der Teurung* Vereinsgelder und Naturalien unter den Ortsarmen verteilt habe. Der Bericht schließt mit der Bemerkung: *da überhaupt der Wohltätigkeitssinn der hiesigen Israeliten – wo es Noth tut – sich auf eine erfreuliche Weise äußert*. In dieses Bild eines guten Miteinanders fügt sich auch eine Stiftung von Benedikt Singer, die 1848 an bedürftige Ortsarme egal welcher Religion Brot ausgab. Unter den 66 Empfängern befanden sich lediglich drei jüdische Familien.

Von einem Miteinander zeugen auch die überlieferten Vorgänge von 1848, die so ganz anders waren als anderswo. Die Begeisterung für die Ziele der Revolution erfasste Anfang März des Jahres die gesamte Dorfbevölkerung, Christen und Juden gleichermaßen. Doch ging es ihr dabei offensichtlich weniger um allgemeine Grund- und Menschenrechte, um Presse- und Versammlungsfreiheit, um ein Mitspracherecht in der großen Politik, wie dies beispielsweise in Tübingen formuliert wurde, sondern um die Frage der Grundherrlichkeit und Zehntablösung. Im Mittelpunkt der Wankheimer Forderungen stand ganz konkret eine Befreiung von den aus dem Mittelalter stammenden grundherrlichen Steuern, Fronen und Zehntabgaben, die man noch immer an die einstigen Dorfherren, die Freiherren von Saint André leisten musste.[20] Betroffen waren bislang davon vor allem die weitgehend von der Landwirtschaft lebenden Christen. In den folgenden Ereignissen fiel aber neben dem evangelischen Pfarrer Pressel und dem Bürgermeistersohn Jakob Rauscher auch dem jüdischen Gemeindevorsteher Leopold Hirsch eine führende Rolle zu. Ihnen war es wohl zu verdanken, dass die Forderungen gegenüber dem Freiherrn und seinen Beamten in einem sehr gemäßigten und friedfertigen Ton vorgetragen wurden und umgehend vollen Erfolg hatten.

Etwas blumig, doch – was das Verhältnis von Christen und Juden im Dorf anbelangt – aufschlussreich, wendet sich der *Freiherrlich von St. Andrè'sche Rentamts-Verwalter* in einem öffentlichen Schreiben vom 15. März 1848 *An die Wankheimer Bürger* und berichtet von einer zwei Tage zuvor stattgefundenen Besprechung:

Eure Eintracht, Euer Zusammenhalten, Eure würdevolle Haltung und geordnetes Benehmen, sowie das von Euch ausgedrückte wahrhafte reine Dankbarkeitsgefühl, Christen wie Israeliten! verdient in der jezigen aufgeregten Zeit als Muster und Beispiel vorangestellt zu werden.[21]

Im Tübinger Amts- und Intelligenzblatt vom 20. März 1848 dankt dann Schultheiß Rauscher dem *hochwohlgeborenen* Freiherrn in überschwänglichen Worten für sein Entgegenkommen. Über die Verhandlungen schreibt er in Anlehnung an die von Ludwig Uhland verfasste Tübinger Revolutions-»Adresse«:

Nachdem der Sturm der Zeit auch unsere Gemeinde ergriffen hatte und das Verlangen, von drückenden Lasten früherer Jahrhunderte frei zu werden, nimmer zurückzuhalten war, vereinigten wir uns zur Vermeidung aller ungeziemenden Äußerungen, welche an andern Orten Recht und Ruhe verletzten, dahin, Euer Hochwohlgeboren durch eine Deputation von 12 ehrbaren Bürgern unsere Wünsche vortragen zu lassen.

Wie selbstverständlich hatten der erfolgreichen Deputation auch Juden angehört.

Von einem weiteren gemeinsamen christlich jüdischen Vorgehen berichtet in seinen Lebensbeschreibungen Robert Hirsch, Sohn von Leopold Hirsch, als sich Ende März 1848 in Württemberg das (falsche) Gerücht von einem bevorstehenden, ja schon erfolgtem »Franzoseneinfall« verbreitete:

Auch Wankheim wurde von der Welle des Gerüchts erfasst und mein Vater und Pfarrer Pressel wurden beauftragt, dem ›Feind‹ entgegen zu reiten und über die Ergebnisse ihrer Nachforschungen Bericht zu erstatten. Meine Eltern gruben im Garten hinter ihrem Haus ein tiefes Loch, in welches eine Kiste mit Silbergerät und sonstigen Wertsachen vergraben wurde; als nach einer Woche nirgends ein Franzose aufgetaucht war, wurde die Kiste wieder ausgegraben.[22]

Durch sein Engagement in der Revolutionszeit wurde Leopold Hirsch in Wankheim so populär, dass er bei den Wahlen zum Bürgerausschuss 1849 die höchste Stimmenzahl bekam und Obmann des Gremiums wurde.

Auch in den zwei Jahrzehnten, die den Revolutionsjahren nachfolgten, blieb das Verhältnis beider Bevölkerungsgruppen erstaunlich gut. Einen wesentlichen Anteil daran hatte weiterhin Pfarrer Pressel, den bald auch eine persönliche Freundschaft mit dem für Wankheim zuständigen Bezirksrabbiner Dr. Moses Wassermann in Mühringen bei Horb verband. Wassermann kam zur Erfüllung seiner rabbinischen Aufgaben alle acht Wochen, freitags, zum Schabbat, nach Wankheim, wobei er sich auch mit Pressel traf, der ja die Schulaufsicht auch über die jüdischen Kinder hatte. Schon bald war der Rabbiner am Samstagabend regelmäßig Gast im Pfarrhaus, der am Abendessen der Familie teilnahm: Selbstverständlich achtete Wassermann dabei auf die rituellen Speisevorschriften, brachte sein eigenes koscheres Geschirr mit, aß und trank nur Erlaubtes wie *Brot, Wein, Kaffe oder Thee und Süsses*. Nach dem Essen spielten Pfarrer und Rabbiner zusammen Schach, sprachen *alle Zeitereignisse durch* oder diskutierten bis spät in die Nacht über religiöse Fragen.

Pressel machte sich dabei mit dem *Jüdischen Ritual* ebenso vertraut wie mit der *Geschichte der Jüdischen Diaspora, mit dem Talmud und der Kabbala*, sodass bei Abwesenheit des Rabbiners die Vorsänger und Lehrer der jüdischen Gemeinde in Wankheim von ihm *lernen konnten*. Nicht selten besuchte Pressel die Gottesdienste in der Synagoge und umgekehrt kamen Juden zu seinen Predigten in die Kirche. Und in Zeiten, in denen bei der jüdischen Gemeinde die Stelle des Vorsängers vakant war, und das geschah oft, übernahm der evangelische Pfarrer im Einverständnis mit dem im fernen Mühringen amtierenden Rabbiner den Besuchsdienst bei kranken Juden, die er gar seelsorgerlich *in schonenster Weise*[23] und offensichtlich nicht in missionarischem Eifer betreute: Konversionen sind zumindest keine bekannt.

Zum gegenseitigen Verständnis von Christen und Juden beigetragen hat die von Pressel betriebene und schließlich erreichte Aufnahme der jüdischen Schüler in die dörfliche Volksschule. Befriedigt notiert er in seinem Kalender zum Jahr 1850: *den 23. April beginnt die Sommerschule; an diesem Tage treten auch, mit Aufhebung der Separatschule die israelitischen Kinder in die christliche Ortsschule über*. Die Kinder lernten nun nicht nur zusammen, sondern spielten auch gemeinsam.

In den jährlichen Berichten zur Kirchen- und Schulvisitation findet man tatsächlich auch immer wieder Sätze wie *Juden und Christen leben im besten Einvernehmen* (1856/58) oder *Das Zusammenleben von Christen und Israeliten dahier ist das herzlichste und friedlichste und spiegelt sich am lieblichsten in der Gemeinschaft beiderseitigen Kinder in der Schule* (1866). Mögen diese Sätze vielleicht auch etwas geschönt sein: Die Berichte liefern aber auch zahlreiche Beispiele, die dies bestätigen.

Das gute Zusammenleben und die Toleranz gegenüber anderen Sitten und Gebräuchen bestätigt auch Robert Hirsch in seinen Lebensbeschreibungen:

> *In Wankheim, wo die christlichen Einwohner an den jüdischen Gottesdienst gewöhnt waren, bewegten sich die Juden an den hohen Feiertagen, Neujahrsfest und Versöhnungsfest, ungeniert in den an diesen Tagen getragenen Sterbekleidern über die Straße, und die christliche Bevölkerung sah es als gutes Recht an, durch die niedrig angebrachten durchsichtigen Fensterscheiben als Zaungäste dem Gottesdienst beizuwohnen.*[24]

Das Ende der jüdischen Gemeinde 1882

Pfarrer Pressel musste dann allerdings auch erleben, wie »seine« jüdische Gemeinde kleiner wurde. Ausgerechnet Leopold Hirsch war der erste, der sich 1850 um das Bürgerrecht in Tübingen bemühte. Der Tübinger Gemeinderat und insbesondere der örtliche Handels- und Gewerbeverein, der die Konkurrenz des Kleiderhändlers fürchtete, lehnten dies zwar ab, doch der unerschrockene und politisch versierte Wankheimer Jude wusste das Recht des freien Zugs vor Gericht durchzusetzen.

Zwar blieb Hirsch Wankheim, Christen wie Juden, weiterhin verbunden. Noch Jahre amtierte er als Vorstand der jüdischen Gemeinde und sein Tübinger Haushalt stand den Wankheimern gleich welcher Religion offen: So war es ihm *selbstverständlich*, dass die Wankheimer Christenkinder, die das Tübinger Gymnasium besuchten, *ohne dass deren Eltern nach der Schuldigkeit gefragt* wurden, bei ihm zu Tische saßen und *mitaßen*.[25]

Zunächst blieb Hirsch ein Einzelfall, doch mit dem Gesetz von 1864, das den Juden die volle rechtliche Gleichstellung in Württemberg verbriefte, begann der Auszug der Juden aus Wankheim in die Nachbarstädte, insbesondere nach Tübingen und nach Reutlingen.

Ein Blick in die Akten des örtlichen Archivs und in die Familienregister macht deutlich, dass immer mehr jüdische Familien die Entfaltungs- und Entwicklungsmöglichkeiten im Dorf als zu gering erachteten, sie dort zu wenig Perspektiven sahen und deshalb – traditionell weitaus mobiler als ihre christlichen Nachbarn – ihre Zukunft außerhalb Wankheims zu suchen und zu planen begannen.

Das jüdische Familienregister verzeichnet zum Jahr 1879 die letzte Geburt eines jüdischen Kindes in Wankheim.[26] Mit dem Bau einer Synagoge in Tübingen und dem Abbruch der Wankheimer Synagoge 1882 endete das Leben der dortigen jüdischen Gemeinde.

In seiner Predigt zum letzten Gottesdienst in Wankheim am 8. April 1882 ging der aus Mühringen angereiste Rabbiner Michael Silberstein mehrfach auf das Verhältnis zwischen den Juden und Christen des Dorfes ein. *Friedlich und einträchtig* habe man zusammengelebt: *die Fäden der Zuneigung und des Wohlwollens spannen sich hinüber und herüber, von den Einen zu den Anderen*. Seine Ansprache schloss er mit einem Segen, in den er auch das Dorf einbezog:

Gewähre Deinen reichen Segen, Allmächtiger, den Bewohnern dieses Ortes, mit denen wir so lange in Friede und Eintracht, in freundlichem Zusammenhange lebten, segne ihre Behörden, den geistlichen und den weltlichen Vorstand.[27]

Als dann 1887 die »letzte Jüdin« den Ort verließ, war die über hundertjährige Geschichte der Juden in Wankheim insgesamt beendet und damit dann auch ein ganz ungewöhnliches Kapitel der Geschichte eines über Jahrzehnte hinweg zu beobachtenden friedlichen Zusammenlebens von Juden und Christen.

Ein beeindruckendes Zeugnis jener Zeit bildet heute noch der jüdische Friedhof, dessen Grabsteine die Erinnerung an die einstige jüdische Gemeinde wachhalten.

ENDNOTEN

1 Dazu siehe: BACK: Revolution in Württemberg 1848/49, S. 174–177; Zitat, S. 177.
2 Ein Exemplar der zwischen 1990 und 2001 von Fritz und Gudrun Schumann in Hannover gefertigten Bände befindet sich im StA Tübingen O/Pr./01 bis 05.
3 Staatsarchive Ludwigsburg und Sigmaringen, Hauptstaatsarchiv Stuttgart, Landeskirchliches Archiv Stuttgart, Ortsarchiv Wankheim, Archiv Saint André in Schloss Kilchberg und Archiv Saint André aus Königsbach im Generallandesarchiv Karlsruhe.

4   Archiv Saint André im Schloss Kilchberg A 402.
5   Zerstörte Hoffnungen, S. 16; Zeller: Jüdisches Leben, S. 23; Alicke: Lexikon der jüdischen Gemeinden.
6   Kilchberg A 405.
7   Ebd., A 409.
8   Ebd., A 408.
9   Ebd., A 404, 409, 410, 412.
10 LKA Stuttgart: Pfarrberichte Wankheim.
11 StA Ludwigsburg E 177 I Bü 508.
12 Zur Synagoge siehe: StA Sigmaringen Wue 65/36 T 1–2 Nr. 213 und HStA Stuttgart E 201 c Bü 23.
13 LKA Stuttgart Dekanatsakten Tübingen 338, Bericht des Pfarrers Malblanc vom 3. Juli 1825.
14 Zur Mikwe siehe: StA Ludwigsburg E 212 Bü 97; StA Sigmaringen Wue 65/35 1–2 Nr. 213; OA Wankheim R 9.
15 Ortsarchiv Wankheim R 9 Bl. 12b.
16 Zu ihm siehe Hüttenmeister: Der jüdische Friedhof Wankheim; Schönhagen: Der Jüdische Friedhof Wankheim; Setzler: Der jüdische Friedhof in Wankheim.
17 Dazu Hüttenmeister: Der jüdische Friedhof Wankheim, S. 16–27.
18 Seine Personalakte: LKA Stgt A 27 Nr. 2509.
19 Zu diesem und dem Folgenden: Pressel Kalender sowie Familiengeschichte Pressel Bd. 1 Briefe, 1990, Brief vom 9. September 1847.
20 Dazu siehe auch GLA Karlsruhe 69 A 191.
21 Beilage zum Amts- und Intelligenzblatt Nr. 33, 17. März 1848, S. 137.
22 Hirsch: Erinnerungen, S. 72.
23 LKA Stgt Pfarramt Wankheim Nr. 134, Pfarrbericht 1856/58.
24 Hirsch: Erinnerungen, S. 74.
25 Ebd., S. 73.
26 HStA Stgt J 386 Bü 608.
27 Silberstein: Blätter der Erinnerung an den Abschied von der Synagoge in Wankheim, S. 11, 16.

QUELLEN- UND LITERATURVERZEICHNIS

Archiv Saint André im Schloss Kilchberg; GLA Karlsruhe 69; HStA Stuttgart J 386 Bü 86; LKA Stuttgart Pfarrarchiv Wankheim, Dekanatsakten Tübingen; StA Ludwigsburg E 177 I Bü 508; StA Sigmaringen Wue 35; Hirsch, Robert: Erinnerungen 1934/35, Manuskript, Leo Baeck Institute New York ME 312; Schumann, Fritz und Gudrun: Die Familie Pressel in Württemberg. Beiträge zu einer Familiengeschichte, 5 Bde. Maschschr. Hannover 1990 – 2001 (StA Tübingen Bika O/Pr.01-05.); Silberstein, Michael: Blätter der Erinnerung an den Abschied von der Synagoge in Wankheim sowie an die Einweihung der neuen Synagoge in Tübingen, Eßlingen 1883; Jahreskalender Pressel (Privatbesitz).

Alicke, Klaus-Dieter: Lexikon der jüdischen Gemeinden im deutschen Sprachraum, Bd. 3, Gütersloh 2008, URL: www.juedische-gemeinden.de (Wankheim) [zuletzt aufgerufen am 21.11.2021].

BACK, Nikolaus: Revolution in Württemberg 1848/49. Schwaben im politischen Aufbruch, Karlsruhe 2014.

BÖHRINGER: Wilhelm: 1887 zog die letzte Jüdin weg. Die Geschichte der israelitischen Gemeinde in Wankheim, in: Tübinger Blätter 61 (1974) S. 13–19.

HÜTTENMEISTER, Frowald Gil: Der jüdische Friedhof Wankheim (Beiträge zur Tübinger Geschichte, Bd. 7), Stuttgart 1995.

SCHÖNHAGEN, Benigna: Der Jüdische Friedhof Wankheim. Stätte der Erinnerung, historisches Dokument und Gedenkort, Tübingen 2021.

SETZLER, Wilfried: Der jüdische Friedhof in Wankheim, in: Tübinger Blätter 101 (2015) S. 38–42.

DERS.: »Friedlich und einträchtig«? Vom Zusammenleben der Christen und Juden in Wankheim, in: Schwäbische Heimat 69,2 (2018), S. 192–198.

DERS.: Nur Einnahmequelle? Zur Aufnahme von Juden in Wankheim 1774 durch den Freiherren Friedrich Daniel von Saint André, in: Archivnachrichten 62 (2021), hg. vom Landesarchiv Stuttgart 2021, S. 22–23.

DERS.: Militär, Politiker, Schlossherr. Der kaiserliche General, Herr von Eck, Kreßbach und Wankheim Friedrich Daniel Freiherr von Saint André (1700–1775), in: Tübinger Blätter 108 (2022) S. 30–37.

ZELLER, Annegret: Jüdisches Leben in Wankheim, Magisterarbeit Tübingen 2012.

Zerstörte Hoffnungen. Wege der Tübinger Juden hg. von Geschichtswerkstatt Tübingen (Beiträge zur Tübinger Geschichte, Bd. 8), Tübingen 1995.

»Selbstbewusst und wehrhaft«.
Der Centralverein deutscher Staatsbürger jüdischen Glaubens in Württemberg, 1893–1938

Benigna Schönhagen

Einleitung

In dem guten halben Jahrhundert, in dem Jüdinnen und Juden in den deutschen Ländern Gleichberechtigung genossen,[1] war die bedeutendste und mitgliederstärkste Organisation der deutschen Juden der Centralverein deutscher Staatsbürger jüdischen Glaubens e. V. Bis zu seinem unfreiwilligen Ende im Pogromjahr 1938 war der sogenannte C.V. die erste säkulare Interessenorganisation der deutschen Judenheit. Im Kaiserreich zur Abwehr des aufkommenden Antisemitismus gegründet, entfaltete der eingetragene Verein während dreier politischer Systeme eine Aktivität von beeindruckender Vielfalt, Dynamik und geografischer Reichweite. In seiner Geschichte spiegelt sich die Entwicklung der deutschen Judenheit zwischen 1893 und 1938. Zugleich reflektiert sie die Entwicklung des Antisemitismus von einer randständigen Ideologie zu einer dominanten Einstellung und schließlich zu einer mit tödlicher Konsequenz durchgesetzten Staatsdoktrin. Dennoch ist diese bedeutende jüdische Organisation weithin unbekannt, sie bildet einen blinden Fleck im kollektiven Gedächtnis.[2] Nicht zuletzt die aktuelle antisemitische Radikalisierung macht es sinnvoll, den Centralverein und seine Strategien gegen den Antisemitismus aus dem Vergessen zu holen. Dazu werde ich im Folgenden nach einem kurzen Überblick über die Forschung die Entwicklung in chronologischen Schritten von der Gründung im Kaiserreich über die Weimarer Republik bis zum Ende in der NS-Zeit skizzieren und dabei ein besonderes Augenmerk auf die Entwicklung des Vereins in Württemberg legen.

Stand der Forschung

Das Ausblenden dieses zentralen Vereins, der während der Weimarer Republik die jüdische Mehrheit repräsentierte, hat verschiedene Ursachen. Zum einen machten ihm zionistisch eingestellte Überlebende das Ausharren seiner Protagonisten in Deutschland bis zum erzwungenen Ende als »Assimilantentum« zum Vorwurf.[3] Zum anderen führten Aktenverluste dazu, dass die Leistungen, die der C.V. gerade auch in seiner Endphase für die jüdische Gemeinschaft erbracht hatte, lange Zeit nicht wahrgenommen wurden. Erst die Entdeckung des Moskauer Sonderarchivs, in dem ein Großteil der Akten des Berliner Hauptbüros des Centralvereins lagert, lenkte den Blick der Forschung wieder auf den C.V. Seitdem entstanden wichtige neue Studien zur Arbeit des Vereins gerade auch im NS-Staat, allen voran die Gesamtdarstellung von Avraham Barkai.[4] Diese Arbeiten erbrachten nicht nur neue Bewertungen, sondern stießen auch erste regionalgeschichtliche Untersuchungen an. So liegt seit 2006 eine gedruckte Dissertation zum C.V. in Rheinland und Westfalen vor und zum C.V. in Bayern wurde 2019 ein Forschungsprojekt begonnen.[5] Nach Abschluss der Ringvorlesung erschien zudem ein Sammelband mit den Beiträgen einer ersten Forschungstagung zum C.V., der auf neue Forschungszugänge verweist.[6] Schon jetzt zeigt sich, dass der regionale Fokus neue Akzente erkennen lässt. Zu Württemberg fehlen bisher noch Untersuchungen. Insofern kann dieser Beitrag nicht mehr als ein erster Überblick sein und will zu weiteren Studien anregen.

Gründung und Organisation

Als 1871 die Verfassung des neu gegründeten Deutschen Reichs die Gleichstellung aller Bürger unabhängig von ihrer Religion verankerte, schien der zähe Kampf der deutschen Juden um Gleichberechtigung und Anerkennung als Teil der deutschen Gesellschaft endlich am Ziel angelangt. Doch schon bald zeigte sich, dass mit der rechtlichen Gleichstellung noch keine gesellschaftliche Integration erreicht war. In der Wirtschaftskrise der Gründerjahre brach sich der alte Judenhass wieder Bahn, befördert von der konservativen Wende und dem Niedergang des politischen Liberalismus. Nun wurde Judenfeindschaft nicht mehr religiös, sondern ›zeitgemäß‹, im Gefolge der allgemeinen Verwissenschaftlichung mit der damals aktuellen »Rassenlehre« wissenschaftlich begründet. Dabei verknüpften sich judenfeindliche Stereotype mit antiliberalen Ressentiments, kulturkritischem Pessimismus und völkischem Denken zu einem dumpfen Gemisch von Hass und Ablehnung, für das der Journalist Wilhelm Marr (1819–1904) 1879 die Bezeichnung Antisemitismus in Umlauf brachte. Diese Stimmung erfasste nicht alle Nichtjuden, aber bei den Menschen, die von den Umbrüchen der Industrialisierung verunsichert waren, fand die Forderung nach »Zurückdrängung des jüdischen Einflusses« offene Ohren, schien sie doch eine einfache Lösung für alle drängenden Probleme der Zeit zu bieten. Der prominente preußische Historiker und Reichstagsabgeordnete Heinrich von Treitschke (1834–1896) fand mit der Behauptung »Die Juden sind unser Unglück« das wirkungsmächtige Schlagwort für diese Stimmung. Er löste eine öffentliche Debatte über die »Judenfrage«, den angeblich zu großen Einfluss des Judentums aus, die als Berliner Antisemitismusstreit in die Geschichte eingegangen ist.[7] Noch erhielt der Katheder-Antisemit aus liberalen nichtjüdischen Kreisen Widerspruch. Doch zum Ende des Jahrhunderts entstanden eigenständige Antisemiten-Parteien. Es dauerte nur ein halbes Jahrhundert, bis das nationalsozialistische Kampfblatt *Der Stürmer* Treitschkes Satz auf jeder Titelseite führte.

Wie reagierten die Juden auf diese erste Welle von Antisemitismus? Ihre Antwort schwankte zwischen verstärkter Assimilation und dem selbstbewussten Insistieren auf den deutschen Staat, dem sie sich als deutsche Juden zugehörig fühlten wie katholische oder protestantische Deutsche. In der Folge bildeten sich sogenannte »Abwehrvereine«. Auf Initiative prominenter liberaler Nichtjuden wie des Historikers Theodor Mommsen und des Stuttgarter Industriellen Robert Bosch entstand 1890 der Verein zur Abwehr des Antisemitismus als größte dieser Vereinigungen.[8]

Als wenig später einige Juden statt aktiver Abwehr den Schutz des Kaisers suchten, erschien in Berlin eine anonyme Streitschrift mit der provozierenden Frage: *Schutzjuden oder Staatsbürger?* Der ungenannte Autor rief die Juden zur selbstbewussten Verteidigung ihrer verfassungsmäßigen Rechte auf.[9] Dieser Appell gab den Startschuss zur Gründung des Centralvereins deutscher Staatsbürger jüdischen Glaubens e. V. Zweihundert Juden vollzogen sie im März 1893 in Berlin, im Zentrum der deutschen Judenheit. Zu ihrem ersten Vorsitzenden wählten sie den Arzt Dr. Martin Mendelsohn

(1860–1930). Nur ein Jahr später folgte diesem Maximilian Horwitz (1855–1917), 1917 dann Dr. Eugen Fuchs (1856–1923) im Amt des 1. Vorsitzenden, 1923 schließlich Dr. Julius Brodnitz (1866–1936) und als letzter Vorsitzender fungierte von 1936 bis 1938 Ernst Herzfeld (1875–1948). Auffallend sind die Berufe der Vorsitzenden. Alle waren promovierte Juristen. Ihre juristische Kompetenz und Expertise sollten die Arbeit des Vereins prägen. Erklärtes Ziel des Vereins war es,

> *die deutschen Staatsbürger jüdischen Glaubens, ohne Unterschied der religiösen und politischen Richtung, zu sammeln und [sie] in der tatkräftigen Wahrung ihrer staatsbürgerlichen und gesellschaftlichen Gleichstellung und in der unbeirrten Pflege deutscher Gesinnung zu bestärken.*[10]

Mit der Abwehr nach außen und der Stärkung jüdischen Selbstverständnisses nach innen waren die zwei wichtigsten Ziele gesetzt. Anfänglich war das Verhältnis zwischen den beiden Zielen ausgewogen. Aber das änderte sich unter den wechselnden politischen Rahmenbedingungen und verschob sich nach 1918 vollends zu einer Stärkung jüdischer Identität.

Erst einmal ging es jedoch darum, eine Organisation aufzubauen und im gesamten Reich Mitstreiter zu werben. Das geschah vor allem mittels öffentlicher Veranstaltungen und persönlicher Kontaktpflege. Bei einem Mitgliedsbeitrag von 2 Mark im Jahr sowie freiem Bezug der monatlichen Vereinszeitung zählte der Verein bereits zehn Jahre später an die 40.000 Mitglieder. Mit der Zusammenfassung der Ortsgruppen zu Landesverbänden im Jahr 1905 und einer Lockerung der straffen Ausrichtung auf Berlin sowie der Zulassung von Frauen und Jugendlichen im Jahr 1908 stieg die Mitgliederzahl noch einmal merklich an. 1924 war mit 72.500 Einzelmitgliedern, 632 Ortsgruppen und 1608 sog. *Propagandaorten* der quantitative Höhepunkt des Centralvereins erreicht.[11] Da in der Regel nur eine Person pro Familie sich als zahlendes Mitglied einschrieb, dem Verein sich meist aber auch die übrigen Familienmitglieder zugehörig fühlten und seine Schriften lasen, erfasste der C.V. demnach organisatorisch zwar nur ein Viertel der rund 550.000 deutschen Juden, erreichte und beeinflusste aber weit mehr. Bis zur Gründung der Reichsvertretung der Deutschen Juden im September 1933 blieb der Centralverein die größte jüdische, nicht-religiöse Interessenvertretung im Reich. Den meisten Anklang fand er im bürgerlichen Mittelstand. Das entsprach der Sozialstruktur der deutschen Juden, es trug dem C.V. aber auch den Ruf eines Honoratiorenvereins ein.

In der Tat war der Verein fest im Gemeindeestablishment verankert. Rabbiner und Gemeindevorsitzende führten die Mitgliederlisten an, Geschäftsleute, Ärzte und Selbstständige gehörten auffallend häufig dazu, Juristen waren überproportional vertreten.[12] Betrachtet man die regionale Verteilung, so ragen städtereiche Industrieregionen wie das rheinisch-westfälische Industrierevier heraus, während der ländliche Raum lange ein Sorgenkind des Vereins bildete und die Resonanz im elsässischen Reichsteil immer schwach blieb. Der Reichshauptstadt kam als Sitz der Zentrale, Erscheinungsort der Vereinszeitschrift und des vereinseigenen Verlags eine überragende Bedeutung zu. Das wurde noch dadurch verstärkt, dass die meisten Mitglieder der Führungsriege dort auch wohnten. Mit der Zeit rief die Dominanz Berlins aber Unmut hervor. Vor allem die süddeutschen Landesverbände äußerten Kritik. Der württembergische Landesverband forderte wiederholt bei den Delegiertenversammlungen eine stärkere Berücksichtigung der süddeutschen Verhältnisse.[13]

Der Stuttgarter Promoter: Dr. med. Gustav Feldmann

Im Königreich Württemberg fanden sich erstmals 1897 zehn C.V.-Anhänger zusammen. Sie bildeten wenig später eine erste »Ortsgruppe« in Württemberg, eine von damals zwölf Ortsgruppen im gesamten Reichsgebiet.[14] *Eifriger Gönner* dieses Zusammenschlusses war der hochangesehene Ernst Ezechiel Pfeiffer (1831–1904), Geheimer Hofrat und Ehrenbürger der Stadt.[15]

1903 zählte die Stuttgarter Ortsgruppe bereits 193 Mitglieder, weitere Ortsgruppen entstanden in Ulm, Heilbronn und Cannstatt. Alle 475 C.V.-Mitglieder im Königreich beschlossen 1903 die Gründung eines Landesverbandes, die drei Jahre später vollzogen wurde. Langsam fasste der C.V. auch in den Landgemeinden Fuß. Nach einem Vortrag des Stuttgarter Vorsitzenden traten 1907 in Rexingen 42 Gemeindemitglieder in den Verein ein und 1910 in Haigerloch 50.[16] 1910 zählte der Centralverein in Württemberg acht Ortsgruppen, und zwar in Stuttgart, Cannstatt, Haigerloch, Hechingen, Laupheim, Mergentheim, Rexingen und Ulm.[17]

Treibende Kraft und unermüdlicher Motor der Vereinsarbeit im Land war der Stuttgarter praktische Arzt und Neurologe Dr. med. Gustav Feldmann (1872–1947). Der 1872 in Kriegshaber bei Augsburg Geborene hatte sich nach seinem Studium und Kriegsdienst als praktischer Arzt in Stuttgart niedergelassen.[18] Als er zum Vertrauensmann des C.V. gewählt wurde, war er gerade 27 Jahre alt. Er muss eine gewinnende Persönlichkeit gewesen sein. Siebenunddreißig Jahre lang stand er an der Spitze des württembergischen Landesverbandes bis zu seiner erzwungenen Emigration im Jahr 1935 nach Palästina. Der umtriebige Mediziner übernahm im Hauptverein die Aufgaben eines Revisors, zudem verfasste er für die Vereinszeitung regelmäßig Berichte, Stellungnahmen und Artikel.[19] Als Vorsitzender des Landesausschusses Württemberg führte er »Akademische Tage für jüdische Studierende« ein.[20]

Neben seiner Tätigkeit für den C.V. setzte sich Feldmann mehr als 30 Jahre lang für jüdische, karitative und pflegerische Belange ein. Er war aktives Mitglied und zeitweilig Präsident der Stuttgarter B´nai B´rith-Loge, Vorsitzender des Ausschusses der Stuttgart-Loge zur Ausbildung jüdischer Krankenpflegerinnen, Vorsteher des Jüdischen Schwesternheims Stuttgart, Vorsitzender des Wohlfahrtsausschusses der Jüdischen Nothilfe in Württemberg und des Württembergischen Hilfsfonds, außerdem Obmann der Beratungsstelle für jüdische Ärzte in Württemberg und Mitglied im engeren Ausschuss des Jüdischen Lehrhauses in Stuttgart.[21] Weggenossen attestierten dem menschenfreundlichen Arzt *unverwüstlichen Idealismus und außergewöhnliche Schaffenskraft*. Er war *das gute Gewissen des C.V.*, heißt es in einem Artikel zu seinem 60. Geburtstag.[22]

Die Stuttgarter C.V.-Mitglieder verdankten ihm eine eigene Bibliothek und alle Stuttgarter jeglicher Konfession das Jüdische Schwesternheim, das jüdische wie nichtjüdische Kranke mit Hausbesuchen unentgeltlich pflegte und versorgte.[23]

Die Vielfalt und das Ausmaß von Feldmanns sozialen Aktivitäten war außergewöhnlich, doch mit seinem ausgeprägten sozialen Engagement war der bestens in der Stadtgesellschaft intergierte Arzt gleichzeitig ein typischer Vertreter des Centralvereins. Der Einsatz seiner Mitglieder für das Gemeinwohl, für Menschenfreundlichkeit und liberale Gesinnung zeichneten den C.V. insgesamt aus.

Abb. 1: Das Schwesternheim in der Dillmannstraße in Stuttgart um 1912/13 vom Stuttgarter Architekturbüro Bloch und Guggenheimer errichtet.

Im Kaiserreich: Rechtsschutz, Vorträge, Publizistik

Rechtsschutzarbeit, Aufklärungsvorträge über das »wahre Wesen des Judentums« und die »Pflege deutscher Gesinnung« bildeten im Kaiserreich die drei Säulen der Vereinsarbeit. Mit der Zeit verschob sich deren Bedeutung. Bis zum Ersten Weltkrieg stand die juristische »Abwehrarbeit« im Zentrum. Im Glauben an den Rechtsstaat wollte der C.V. die verfassungsmäßigen Rechte der Juden auf juristischer Ebene wehrhaft verteidigen. Ausgebildete Juristen untersuchten in einer eigenen Rechtsschutzabteilung unter Leitung des C.V.-Mitbegründers Eugen Fuchs (1856–1923) das gesamte Reichsgebiet auf antisemitische Vorfälle hin und brachten diese, wo immer möglich, vor Gericht.

Der liberale Heilbronner Rechtsanwalt Dr. Siegfried Gumbel (1874–1942), Vorsitzender der dortigen C.V.-Ortsgruppe, zählte zu diesen C.V.-Juristen. Er hielt es *für die Pflicht eines jeden Juden, sich [auf diesem Weg] gegen antisemitische Angriffe zu wehren.*[24]

Abb. 2: Dr. Siegfried Gumbel (1874–1942). Gumbel war Vorsitzender des Heilbronner Rechtsanwaltsvereins und DDP-Gemeinderat, seit 1924 auch Stellvertretender Vorsitzender des Oberrats der Israelitischen Religionsgemeinschaft Württembergs. Zudem stand er der Heilbronner Ortsgruppe der Vereinigung für das liberale Judentum und des C.V. vor. Am 27. Januar 1942 wurde er im KZ Dachau ermordet.

1922 brachte Gumbel den Herausgeber des *Völkischen Beobachters* erfolgreich wegen Beleidung des Heilbronner Rabbiners Dr. Max Beerwald (1873–1935) vor Gericht. Bis in die NS-Zeit führte der mutige Jurist Prozesse gegen antisemitische Übergriffe und Verleumdungen. Beim Novemberpogrom 1938 nahm ihn die Gestapo in Haft. Sie verschleppte ihn ins KZ Welzheim und von dort ins KZ Dachau. Dort ermordeten ihn die Nationalsozialisten nach vier Jahren Lagerhaft.[25]

Als Antisemiten im Jahr 1900 einen Mordfall im westpreußischen Konitz für ihre Propaganda instrumentalisierten, führte der Centralverein insgesamt sieben Prozesse gegen die damit verbundenen antisemitischen Verleumdungen.[26] Auf Boykottaktionen, die jüdische Geschäfte auch schon vor 1933 bedrohten, reagierten die C.V.-Juristen mit Schadensersatzklagen. Fanden sie Falschmeldungen, versuchten sie eine offizielle Richtigstellung zu erwirken.[27] Richtigstellungen und Berichtserstattungen von Prozessen füllten deshalb auch die Seiten des Vereinsorgans. Sie belegen eindrucksvoll, wie sich im Kaiserreich antisemitische Stereotype langsam, zu einem »kulturellen Code« verdichteten, wie Shulamit Volkov es formulierte.[28] Noch aber stieß die antisemitische Grundstimmung bei Nichtjuden auf Widerspruch. Deswegen warb der C.V. gezielt um nichtjüdische Bündnisgenossen.

Vereinsredner – Frauen erhielten erst in den 1920er Jahren öffentliche Funktionen im Verein – bereisten zur »Aufklärung« das gesamte Reichsgebiet. Die Vortragsredner rückten die gängigen Verleumdungen des Talmuds, der Begräbnisriten oder des Schächtens zurecht. In der Regel basierten sie auf fundamentalem Unwissen.

Zum Team der Versammlungsredner gehörten auch zwei Stuttgarter, der Israelitische Oberkirchenrat Dr. Theodor Kroner (1874–1923) und der Stadtrabbiner Dr. Paul Rieger (1870–1939). Von letzterem stammt eine erste Gesamtgeschichte des Vereins.[29] Es waren regelrechte Kampagnen, die die Redner Tag für Tag in eine andere Stadt führten. Explizit richteten sie ihre Vorträge an Nichtjuden, doch deren Teilnahme entsprach selten den Erwartungen. Daran änderten auch die von der Zentrale empfohlenen persönlichen Einladungen christlicher Honoratioren oder Teenachmittage bei den weiblichen Vereinsmitgliedern nur wenig.[30]

Abb. 3: *Im deutschen Reich*, Titelblatt der 1. Ausgabe, Juli 1893.

Deutlich größer war der Adressatenkreis, den der C.V. mit seiner publizistischen Tätigkeit erreichte. Nur zwei Jahre nach seiner Gründung erschien am 1. Juli 1895 im renommierten Berliner Verlagshaus Rudolf Mosse die Monatsschrift *Im deutschen Reich*.

Mit mehr als 40 Druckseiten im Oktavformat wandte sich die Zeitschrift an ein gebildetes Lesepublikum. Sie bot eine Mischung aus wissenschaftlichen Abhandlungen, belletristischen Essays und ausführlichen Meldungen antisemitischer Vorfälle, zudem zahlreiche Buchbesprechungen und Kurznachrichten aus den einzelnen Ortsgruppen. Christliche Volksvertreter und nichtjüdische höhere Beamte erhielten Freiexemplare zugeschickt in der Hoffnung, sie als Multiplikatoren gewinnen zu können.[31] 1906 war die Auflage bereits auf 19.000 Exemplare geklettert.[32] Trotz aller »Abwehrarbeit« und dokumentierten antisemitischen Vorfälle lässt sich die Zeitung während des Kaiserreichs als ein Zeugnis weitgehender Integration lesen.

Innerjüdische Auseinandersetzungen

Die religiöse, politische und soziale Vielfalt der deutschen Judenheit bildete sich in der Vereinszeitschrift ebenso wenig ab wie im Verein selbst. Die in seiner Satzung verankerte religiöse und politische Neutralität schloss religiöse Debatten und direkte parteipolitische Stellungnahmen prinzipiell aus. Doch die Neutralität endete bei den Glaubensbrüdern aus Osteuropa und bei den Vertretern des Zionismus. Beide akzeptierte der C.V. als Bündnispartner nicht, weil er sie als Gefahr für die volle Integration ins deutsche Bürgertum betrachtete. Auch Gustav Feldmann, der 1935 seinem Sohn nach Jerusalem ins Exil folgen sollte, stand lange auf dem Standpunkt: *Wir suchen unser Vaterland nur in Deutschland und nicht in Palästina.*[33]

Der Vorstand konzedierte zwar Verständnis für das jüdische Aufbauwerk in Palästina und war auch dazu bereit, dieses finanziell zu fördern. Er stellte gleichzeitig aber unmissverständlich klar:

Wir verlangen von unseren Mitgliedern nicht bloß die Erfüllung der staatsbürgerlichen Pflichten, sondern deutsche Gesinnung und die Betätigung dieser Gesinnung im bürgerlichen Leben. Wir wollen die deutsche Judenfrage nicht international lösen![34]

Das Junktim zwischen deutscher Staatsbürgerschaft und nationaler Gesinnung setzte die C.V.-Mitglieder unter Druck, ihre Gesinnung als gute Deutsche stets unter Beweis stellen zu müssen, auch unter veränderten politischen Bedingungen. Diese Haltung reichte als Ermahnung zu Bescheidenheit und Zurückhaltung bis in die Kinderzimmer hinein. Jüdische Kinder in Deutschland hatten das Gebot, nie einen Anlass für Antisemitismus zu bieten, fest verinnerlicht, wie sich in zahlreichen Erinnerungen und Zeitzeugenberichten nachlesen lässt.

Der 1914 begonnene Weltkrieg bot den deutschen Staatsbürgern jüdischen Glaubens dann die Gelegenheit, ihren Patriotismus unter Beweis zu stellen. Folgerichtig rief der Centralverein bei Kriegsbeginn zusammen mit dem Verband deutscher Juden nicht nur zum Kriegsdienst auf, sondern forderte *alle deutschen Juden* dazu auf, *über das Maß der Pflicht hinaus Eure Kräfte dem Vaterlande zu widmen!*[35] Gustav Feldmann ging mit gutem Beispiel voran. Er stellte das gerade erst fertig gestellte Schwesternheim in der Stuttgarter Dillmannstraße als Notlazarett zur Verfügung und zog mit einem Großteil des Personals nach Breisach, wo er während der gesamten fünf Kriegsjahre das Frontlazarett leitete.[36]

In der Weimarer Republik: Politisierung und Stärkung des jüdischen Selbstverständnisses

Die Hoffnung der deutschen Juden auf Anerkennung erfüllte sich nicht. Der zu Kriegsbeginn verkündete »Burgfrieden« wurde schnell wieder aufgekündigt. Die vom preußischen Kriegsminister 1916 angeordnete »Judenzählung« im deutschen Heer befeuerte alte Ressentiments. Juden wurden nun offen als »Drückeberger«, »Schieber« und Kriegsgewinnler desavouiert. Nach dem Krieg mussten die so Diffamierten als Sündenböcke für die unerwartete Niederlage herhalten. Rechte Kreise lasteten die Beteiligung einiger Juden an der Revolution und den Räterepubliken kollektiv allen Juden an. Gewalttätige antisemitische Übergriffe häuften sich. 1922 ermordeten Rechtsradikale den als Juden und als »Erfüllungspolitiker« stigmatisierten Reichsaußenminister Walther Rathenau. Der Centralverein sah darin zu Recht die Folge rechtsradikaler und antisemitischer Propaganda. Er erkannte nun, dass der Antisemitismus in der Weimarer Republik eine andere Gestalt angenommen hatte. Aus verbalisierten Ressentiments war Gewalt geworden, aus Worten Taten.[37]

Ihr grundsätzliches Vertrauen in die Weimarer Demokratie und den gesellschaftlichen Fortschritt wollten sich die deutschen Staatsbürger jüdischen Glaubens aber durch diese Vorfälle dennoch nicht nehmen lassen. Sie sahen sehr wohl, dass ihnen die Weimarer Republik so viele Chancen bot, wie sie sie nie zuvor in Deutschland hatten. Führungspositionen in Politik und Verwaltung standen ihnen nun offen. 40 Abgeordnete jüdischer Herkunft saßen im Reichstag, in Berlin gab es einen jüdischen Vizepräsidenten der Polizei und in Württemberg stieg die Zahl der jüdischen Richter bis 1933 immerhin auf elf.[38] Insbesondere das Führungspersonal des Vereins konnte sich integriert fühlen, wie der junge Stuttgarter Ministerialrat Otto Hirsch (1885–1941), Vorstandsmitglied der Neckar AG.[39]

Weiterhin sah der C.V. aber reichlich Anlass, über antisemitische Mythen aufzuklären und Richtigstellungen einzufordern. 1924 etwa focht der württembergische Landesverband in der liberalen *Tübinger Chronik* eine Pressefehde gegen ein Mitglied der Bürgerpartei aus, das pauschal die Juden für die *Erfüllungspolitik der Regierung* verantwortlich gemacht hatte. Als Quelle hatte der prominente Tübinger das *Protokoll der Weisen von Zion* angegeben. Mit Befriedigung stellte die C.V.-Presse fest, *dass es dem Württemberger Landesausschuß gelungen* war, *die Anwürfe des Herrn Landgerichtsrats Kautter restlos zu widerlegen.*[40]

Auch in der Weimarer Republik setzte der C.V. seine Rechtsschutzarbeit fort, mittlerweile mit fest besoldeten Juristen. Erfolgreich konnten sie die wüsten antisemitischen Schmähungen eines evangelischen Pfarrers auf Borkum, der den verbreiteten Bäderantisemitismus vehement befeuert hatte, widerlegen. Seitdem versuchte der C.V. auch auf andere Art gegenzusteuern, indem er regelmäßig in der Vereins-Zeitung Listen von Hotels und Gaststätten veröffentlichte, die jüdische Gäste willkommen hießen. Im umgekehrten Fall brachte er Reisewarnungen.[41]

Mit dem Anwachsen der nationalsozialistischen Bewegung stießen die C.V.-Anwälte aber immer öfter auf Richter und Staatsanwälte, die auf dem rechten Auge blind waren und für die Strafverfolgung antisemitischer Straftatbestände kein »öffentliches Interesse« erkennen wollten.[42] Die C.V.-Führung nahm das zum Anlass zu mahnen, jetzt müsse erst recht *unausgesetzte und noch weit umfangreichere Aufklärungsarbeit durch Wort und Schrift über Juden und Judentum in allen an der Rechtsprechung beteiligten Kreise* betrieben werden.[43]

Der wachsende politische Druck verursachte schließlich einen ideologischen Wandel im Verein.[44] Eine Rückbesinnung auf jüdische Werte setzte ein und eine Wiederaneignung jüdischen Wissens im Sinne einer Jüdischen Renaissance, wie sie der Kulturzionist Martin Buber seit der Jahrhundertwende formuliert und befördert hatte.[45] Eine Fülle jüdischer Vereine und Kultureinrichtungen entstand. Jüdische Volkshochschulen, jüdische Lehrhäuser, jüdische Theater, jüdische Bildungs- und Sportvereine wurden ins Leben gerufen. Sie ließen eine jüdische Kultur aufblühen, ohne die die »Goldenen Zwanziger Jahre« nicht denkbar wären. Eindrückliches Beispiel für diese Suche nach den kulturellen und religiösen Wurzeln ist das Stuttgarter Lehrhaus, das Otto Hirsch (1885–1941) zusammen mit dem Cannstatter Fabrikanten Leopold Marx (1898–1983) und dessen Schwager Karl Adler (1890–1973) 1926 nach dem Vorbild des Freien jüdischen Lehrhauses Frankfurt gründete.[46]

Der Philo-Verlag

Ein Element im feinmaschigen Netz jüdischer Vereine, Organisationen und Einrichtungen, die während der Weimarer Republik entstanden, war der Philo-Verlag, benannt nach Philo von Alexandrien, dem bekanntesten jüdischen Denker des hellenistischen Judentums. 1919/20 wurde der vereinseigene Verlag mit C.V.-Syndikus Ludwig

Abb. 4: Titelblatt der ersten Nummer der *Central-Verein-Zeitung* vom 4.5.1922.

Holländer (1877–1936) als Chefredakteur gegründet. Bis zum Machtwechsel 1933 brachte der Verlag mehr als zweihundert Titel heraus.[47]

1922 löste die wöchentlich erscheinende *Central-Verein-Zeitung. Blätter für Deutschtum und Judentum. Allgemeine Zeitung des Judentums* die Monatsschrift aus der Gründungszeit ab. Die professionell aufgezogene Wochenschrift erreichte eine Auflagenhöhe von 70.000 Exemplaren.

Wie ihre Vorgängerin richtete sie sich gleichzeitig an eine jüdische wie nichtjüdische Leserschaft. Speziell für Nichtjuden legte der Verein zusätzlich drei Jahre lang die feuilletonistische Zweimonatsschrift *Der Morgen* auf.[48] Die Anregung dazu hatte der Bayerische Landesverband gegeben. Der drittgrößte Landesverband war schon früh und heftig mit gewalttätigen Übergriffen der NSDAP konfrontiert. Mit dem gutbürgerlichen *Morgen* hoffte er, dringend nötige Bundesgenossen im Bildungsbürgertum zu gewinnen.

Unter den Autoren des Philo-Verlags waren nicht wenige Württemberger, der Stuttgarter Stadtrabbiner Dr. Paul Rieger mit seiner viel diskutierten, mehrfach aufgelegten Schrift *Das Heimatrecht der deutschen Juden* und der Heilbronner Rabbiner Dr. Max Beermann mit einer Abhandlung über den Talmud. Die Bücher boten faktenbasierte Abhandlungen und vermittelten fundierte Kenntnisse über jüdische Kultur, Religion und Geschichte. Der Vereinsvorstand hoffte, damit Juden, die sich von der jüdischen Religion entfernt hatten, zurückzugewinnen und gleichzeitig das Selbstbewusstsein aller Juden zu stärken. Ebenso waren die Publikationen auch als Antisemitismusprävention für Nichtjuden gedacht, basierten doch die meisten Anschuldigungen auf Nicht- und Halbwissen über das Judentum. Auch Kinderbücher gehörten zum reichhaltigen Verlagsprogramm.

Wiederholt griff der Philo-Verlag mit seinen Büchern in aktuelle Debatten ein. Er stellte Öffentlichkeit für Ereignisse her, die von Nichtjuden nicht wahrgenommen wurden, weil andernorts nicht darüber berichtet wurde. So veröffentlichte der C.V. 1926 eine Übersicht über Friedhofsschändungen in Deutschland. Die Publikation musste regelmäßig erweitert und aktualisiert werden, 1932 erschien sie bereits in sechster Auflage.[49] Besondere Wirkung entfaltete das *Frontkämpferbüchlein*, ein Verzeichnis aller jüdischen Frontsoldaten in Württemberg und Hohenzollern. Die Namen, Daten und Einheiten hatte Gustav Feldmann in mühsamer Kleinarbeit zusammengetragen.[50]

Die Auflistung der württembergischen Frontkämpfer blieb das einzige regionale Verzeichnis eines Landesverbandes. Noch 1934 brachte der Verlag das *Philo-Lexikon* heraus, einen handlichen *Wegweiser durch alle Gebiete jüdischen Wissens aus Vergangenheit und Gegenwart*, und 1938 schließlich den *Philo-Atlas* als Informationsgrundlage für die zur Flucht Gezwungenen.[51]

Generationenwechsel und Modernisierung

Ende der 1920er Jahre, mehr als dreißig Jahre nach der Gründung, war die Zeit für einen Generationenwechsel gekommen. Eine Riege junger, meist aus der jüdischen Jugendbewegung kommender Mitarbeiter, vereinzelt nun auch Mitarbeiterinnen, setzte neue Akzente, allen voran die beiden promovierten Juristen Alfred Hirschberg (1901–1971) und Hans Reichmann (1900–1964). Vor dem Hintergrund der seit der Reichstagswahl 1928 deutlich aggressiver auftretenden NSDAP setzten sie die lange Zeit abgelehnte Politisierung des Centralvereins durch. Reichmann sorgte zum Beispiel als Mitglied im »Reichsbanner Schwarz-Rot-Gold« dafür, dass der SPD-nahe Wehrverband fortan den dringend nötigen Saalschutz bei C.V.-Veranstaltungen übernahm.[52]

Die neue Führungsriege verlagerte die Abwehrarbeit nach außen, in ein »neutrales« Büro. Unter der Deckadresse »Büro Wilhelmstraße« zog sie von dort aus, eine moderne Kampagne gegen die lautstarke Propaganda der NSDAP auf.[53] Sie ließ Flugblätter, Plakate und Klebezettel im großen Stil drucken und mit Hilfe von Reichsbanner-Männern verteilen.

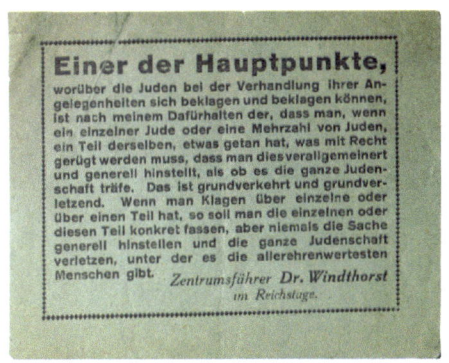 

Abb. 5: Klebezettel aus der Kampagne des C.V.

Auch in Stuttgart beteiligte man sich an der Aktion. Kernstück der Kampagne war der *Anti-Nazi*, ein *Handbuch im Kampf gegen die NSDAP*. In Form einer Loseblattsammlung informierte es über die kriminelle Vergangenheit zahlreicher NSDAP-Größen und zeigte die Widersprüche der NSDAP-Propaganda auf. Im ebenso handlichen Format erschien der *Anti-Anti. Tatsachen zur Judenfrage*. Bereits zur Septemberwahl 1930 musste er in fünfter Auflage gedruckt werden.[54] Hinter dem pfiffigen Titel verbargen sich 80 Kurztexte. Nach Stichworten sortiert und mit Angaben zu weiterführender Literatur versehen, sollten die Texte den Versammlungsrednern Hilfestellung geben. Sie sollten diese in die Lage versetzen, ihre Gegner wirkungsvoll *in zehnminütiger Diskussionsrede* zu widerlegen. Die Stichworte reichten von »Antisemitismus« über »Günthers Rassenlehre des jüdischen Volkes« bis zu den »Weisen von Zion«.[55]

Als im Wahljahr 1932 fünf Wahlkämpfe die Stimmung aufheizten, reagierte der Centralverein mit einer weiteren Aufklärungsbroschüre.

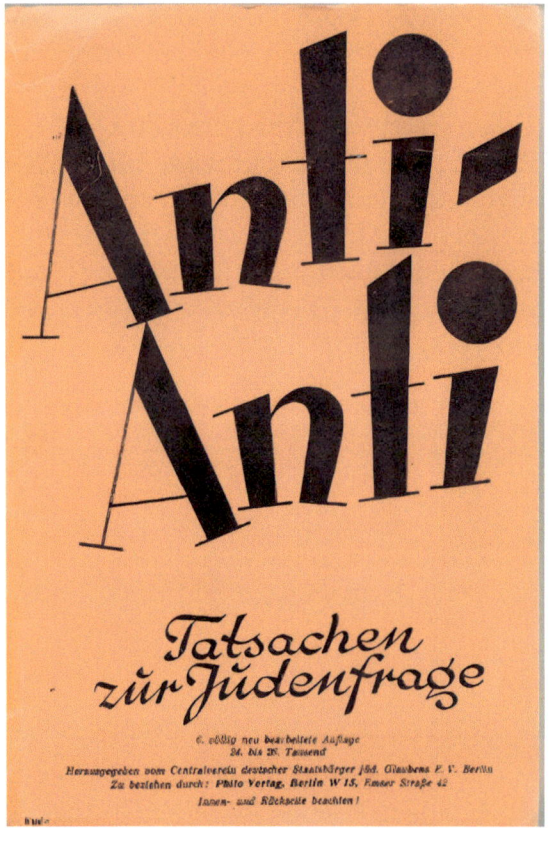

Abb. 6: Der *Anti-Anti* bot Instruktion im Kampf gegen den Antisemitismus, 1930 bereits in 5. Auflage.

Abb. 7: Grafik aus *Wir deutschen Juden*.

Schon der Titel *Wir deutschen Juden 321–1932* stellte die jahrhundertealte Verwurzelung der Juden im deutschen Sprachraum klar.

Zeitgemäß im ungewohnten Querformat gestaltet, dekonstruierte die Broschüre die gängigen antisemitischen Klischees in knappen, leicht verständlichen Texten. Eine moderne, serifenlose Schrift ersetzte die übliche, amtliche Fraktur-Schrift, in der auch noch der »Anti-Anti« gesetzt worden war. Plakativ brachten grünkolorierte Illustrationen mit eingängigen, schnörkellosen Grafiken die Aussagen der Texte auf den Punkt.

> *Wir haben versucht, durch Tatsachen zu überzeugen, liest man im Nachwort der Autoren: … Und weil wir Deutschland als unser Vaterland lieben, werden wir Beschimpfungen und Entrechtung nicht hinnehmen, sondern unser Heimatrecht auf deutschem Boden bis zum Letzten verteidigen.*

Zwischen Resignation und Haltung: Das Ende im NS-Staat

Als mit der Ernennung Adolf Hitlers zum Reichskanzler 1933 ein bekennender Antisemit die Macht in Deutschland erhielt, begann das, was der Centralverein immer verhindern wollte. Aus der Retrospektive scheint der Kampf für die Wahrung der staatsbürgerlichen Rechte der Juden damit besiegelt gewesen zu sein, eine Fortsetzung sinnlos. Doch der Centralverein rang bis zu seinem Verbot am 10. November 1938 noch sechs Jahre lang um seine Existenz und seine Ziele.

Für die Zeitgenossen stellte sich die Situation im Frühjahr 1933 nicht so eindeutig dar, wie sie im Rückblick aussieht. Wie andere jüdische Verbände versuchte auch die C.V.-Führung erst einmal zu beruhigen, um Panik zu verhindern.[56] Wie die meisten deutschen Jüdinnen und Juden sah sie in der Machtübernahme der Nationalsozialisten nur eine vorübergehende Erscheinung und erwartete ein schnelles Ende. *Wir setzen die Aufklärung fort*, versprach Ludwig Holländer noch Anfang Februar den Lesern der Central-Vereins-Zeitung. Im Büro Wilhelmstraße vernichteten die Mitarbeiter dennoch vorsorglich alle Unterlagen.[57] Als nach dem Reichstagsbrand die neue Regierung mit der Verordnung *zum Schutz von Volk und Staat* das Vereins- und Versammlungsrecht und andere Grundrechte außer Kraft setzte, war an die Durchführung von Aufklärungsveranstaltungen aber nicht mehr zu denken. Daraufhin konzentrierte sich der C.V. auf die wirtschaftliche und rechtliche Beratung seiner von Boykott, Terror und Berufsverboten bedrohten Mitglieder.[58] Dabei machte die anfangs uneinheitliche Judenpolitik des NS-Staats es den C.V.-Juristen noch eine Zeit lang möglich, widersprüchliche Anordnungen erfolgreich zugunsten ihrer Klientel zu nutzen.

Unter dem Verfolgungsdruck des NS-Staats traten die innerjüdischen Kontroversen zwischen Zionisten, liberalen und deutschnationalen Juden, die den C.V. während der Weimarer Zeit beinahe entzweit hätten, in den Hintergrund. Ein halbes Jahr nach der Machtübergabe schlossen sich die unterschiedlichen jüdischen Organisationen zur Reichsvertretung der Deutschen Juden zusammen. Mit dem Entzug der Bürgerrechte durch das *Reichsbürgergesetz* vom September 1935 mussten sie sich in Reichsvertretung der Juden in Deutschland umbenennen. Auch der Centralverein deutscher Staatsbürger jüdischen Glaubens musste seinen Namen ändern und sich fortan Jüdischer Zentralverein nennen. Gleichzeitig änderte er die Satzung: *Die Pflege jüdischen Lebens sowie die seelische, rechtliche, wirtschaftliche Betreuung der in Deutschland lebenden Juden* wurde nun zur Hauptaufgabe gemacht.[59] Nothilfe rückte an die erste Stelle. Dazu gehörten finanzielle Unterstützung ebenso wie die Beratung über die rechtliche Situation, beispielsweise für die schon 1933 aus der Reichsärztekammer ausgeschlossenen Mediziner, oder die Versorgung der durch Auftrittsverbote mittellos gewordenen Künstler. In beiden Bereichen war wieder Gustav Feldmann aktiv, nun war er selbst als Arzt vom Berufsverbot betroffen. Aufbauende und stützende Wirkung entfaltete in dieser Zeit der Jüdische Kulturbund.⁶⁰

Hatte der C.V. bis zu diesem Zeitpunkt an der Vision einer deutsch-jüdischen Symbiose festgehalten, so begann er nach der Verkündigung der *Nürnberger Gesetze* mit einer »verspäteten Emigrationspolitik«. Auswanderungsberatung und die Vermittlung von Berufsumschichtungskursen zur Vorbereitung auf einen Existenzaufbau im Exil bildeten in dieser Phase das Hauptbetätigungsfeld. In Niederschlesien entstand das Auswandererlehrgut Groß-Breesen. Teilnehmer berichteten, dass dort weiterhin ein »patriotischer Geist« herrschte. Denn anders als in den zionistischen Hachschara-Lagern sollte in Groß-Breesen neben der landwirtschaftlichen Ausbildung immer noch auch deutsch-jüdische Kultur vermittelt werden.⁶¹

Die zunehmenden Emigrationen und die prekäre wirtschaftliche Situation, die viele Mitglieder zum Austritt aus dem Verein zwangen, schränkten die finanziellen und personellen Möglichkeiten des Vereins empfindlich ein. Als der C.V. im Gefolge des Novemberpogroms, am 10. November 1938, von der Gestapo aufgelöst wurde, standen die Aktiven auf verlorenem Posten. Bis zuletzt hatten sie sich selbstbewusst und standhaft gewehrt. Was ihnen aber fehlte, waren Bundesgenossen, die ihnen beisprangen und sie in ihrem Kampf unterstützten. Viel zu wenige Nichtjuden hatten verstanden, dass der Angriff auf die jüdische Minderheit mit der Missachtung des Gleichheitsgrundsatzes auch ein Angriff auf die Grundlagen der demokratischen Gesellschaft war.

ENDNOTEN

1 Die Gleichberechtigung der Juden wurde in Württemberg 1864, im Deutschen Reich 1871 eingeführt.
2 LIEPACH: Marginalisierung.
3 BARKAI: Wehr Dich, S. 9. Arnold Paucker widmete seine schon 1968 erschienene Darstellung Hans Reichmann, »der in seinen letzten Lebensjahren mehr als jeder andere zu seiner Gestaltung beigetragen hat und den Juden und Deutsche noch lange für seine aufrechte Haltung gegenüber dem Nationalsozialismus ehren werden«, siehe PAUCKER: Abwehrkampf, S. 14.
4 BARKAI: Wehr Dich; MATTHÄUS: Abwehr, Ausharren, Flucht; DERS: Kampf ohne Verbündete. NICOLAI: Mutig und aufrecht.
5 GOLDMANN: Centralverein; DENZ: Centralverein in Bayern. Seit kurzem bündelt ein online-Plattform alle Forschungsaktivitäten zum C.V.: FORSCHUNGSNETZWERK.

6   DENZ/GEMPP-FRIEDRICH: Der Band wurde für diesen Beitrag nicht mehr herangezogen.
7   BOEHLICH (Hg.): Antisemitismusstreit; ZIMMERMANN/BERG: Antisemitismusstreit.
8   BORUT: Abwehrvereine.
9   Autor der Schrift war der Direktor des Berliner Schiller- und Lessing-Theaters Raphael Löwenfeld, siehe BERNSTEIN: Publizistik, S. 52.
10 Satzung des Centralvereins deutscher Staatsbürger jüdischen Glaubens, Berlin 1893, § 1, zitiert nach GOLDMANN: Centralverein, S. 13.
11 GOLDMANN: Centralverein, S. 12; BARKAI: Wehr Dich, S. 120.
12 BARKAI: Wehr Dich, S. 150.
13 So der Stuttgarter Arzt Dr. Gustav Feldmann 1902 auf der Delegiertenversammlung, siehe: IM DEUTSCHEN REICH, im Folgenden IdR 15, 11.2.1902, S. 143.
14 IdR 12, 8.8.1906, S. 476f.
15 IdR 7, 6.7. 1901, S. 363. Zu Pfeiffer siehe http://www.alemannia-judaica.de/cannstatt_synagoge.htm.
16 Die 20 Mitglieder des Ortsausschusses waren: Dr. Einstein, M. Eppstein, Dr. Erlanger. Dr. Feldmann, G. Gottschalk, M. Hausmeister, Ph. Helbing, L. Hirsch, Kommerzienrat Kahn, Dr. Kallmann, M. Ley, W. Lichter, A. Moos, Geh. Kom.Rat von Pflaum, E. Rosenstein, Dr. Schwabach, J. Spiegel, Landgerichtsrat Stern, Dr. Wolf, Is. Wolf (IdR 12, 7.8.1906, S. 476f).
17 IdR 16, 2.2.1910, S. 113.
18 JÜDISCHE PFLEGEGESCHICHTE.
19 CENTRAL-VEREIN-ZEITUNG, im Folgenden CVZ, hier CVZ 49, 3.12.1926, S. 637f. (»20 Jahre CV-Arbeit in Württemberg« und S. 638 »Dem Führer des Württembergischen Landesverbandes«); Central Archives For the History of the Jewish People, Jerusalem P32: Sammlung Gustav Feldmann.
20 FELDMANN: Der CV und der jüdische Student, in: CVZ 8, 7.6.1929, S. 303f.
21 CVZ 49, 3.12.1926, S. 637f. und JÜDISCHE PFLEGEGESCHICHTE (wie Anm. 18).
22 CVZ, 51, 16.12.1932, S. 515f.
23 KRESS: Schwesternheim; DERS., Franziska Oppenheim.
24 Vgl. den Bericht über einen Prozess gegen einen Redakteur des *Badischen Volksboten* wegen Beleidigung des Stuttgarter Verlagsbuchhändlers Max Levy (IdR 2, 1896, S. 65).
25 CVZ 16, 24.8.1922, S. 200: Schwere Niederlage des *Völkischen Beobachters*, siehe auch SCHMIDT: Gumbel.
26 BARKAI: Wehr Dich, S. 31.
27 Ebd., S. 171–185.
28 VOLKOV: Kultureller Code.
29 RIEGER: Ein Vierteljahrhundert.
30 Vgl. ULLRICH: Erwartung, S. 45–79.
31 BERNSTEIN: S. 29–31.
32 IdR 12, 1906, S. 202.
33 IdR 5/6, 1913, S. 244. Vgl. auch JÜDISCHE PFLEGEGESCHICHTE.
34 IdR 5/6, 1913, S. 201–247, hier S. 247.
35 IdR 20, September 1914, S. 1.

36 IdR 13, 1930, S. 163 (25 Jahre Schwesterndienst).
37 Hecht: Deutsche Juden, S. 140f.; Sabrow: Rathenaumord; Wenige: Integration und Ausgrenzung, S. 200.
38 Wein: Abgeordnete; Marx: Das Schicksal, S. 14.; vgl. Brenner: Gefahr.
39 Borgstedt: Otto Hirsch.
40 CVZ 4, 4.9.1924, S. 536.
41 IdR 17, 4.3.1911, S. 187, Weil: Borkum, CVZ 5, 28.5.1926, S. 192. Siehe auch Lindemann: Typisch jüdisch.
42 Barkai: Wehr Dich, S. 180.
43 Ebd., S. 181.
44 Pauker: S. 28.
45 Brenner: Jüdische Kultur.
46 Waller: Lehrhaus.
47 Urban-Fahr: Philo-Verlag.
48 Bernstein: S. 29–43.
49 125 Friedhofsschändungen; Urban-Fahr: Philo-Verlag.
50 Jüdische Frontsoldaten.
51 Philo-Lexikon, Philo-Atlas. Beide Publikationen wurden 1992 vom Jüdischen Verlag neu aufgelegt.
52 Wildt: Hans Reichman, S. 319f.
53 Pauker: Abwehrkampf, S. 110–128; Barkai: Wehr Dich, S. 198–200.
54 Die Erstausgabe des *Anti-Anti* erschien bereits 1924 im Philo-Verlag. Insgesamt wurde die Broschüre sieben Mal mit insgesamt 40.000 Exemplaren aufgelegt, siehe Urban-Fahr: Philo-Verlag, S. 144–146.
55 Anti-Anti.
56 CVZ 2.2.1933, S. 33.
57 Barkai: Wehr Dich, S. 274.
58 Nicolai: Mutig und aufrecht.
59 Barkai: Wehr Dich, S. 342.
60 Rovit: Kulturbund.
61 Wolff: Der Traum, S. 195–238.

QUELLEN- UND LITERATURVERZEICHNIS

QUELLEN

Anti-Anti. Tatsachen zur Judenfrage, hrsg. vom Centralverein deutscher Staatsbürger jüdischen Glaubens, 5. erw. Aufl., Berlin 1930.

Central-Verein-Zeitung (CVZ). Blätter für Deutschtum und Judentum. Organ des Central-Vereins deutscher Staatsbürger jüdischen Glaubens e.V., Allgemeine Zeitung des Judentums, 1922–1938, XI, online: https://sammlungen.ub.uni-frankfurt.de/cm/periodical/titleinfo/2316602.

Im Deutschen Reich (IDR). Zeitschrift des Centralvereins deutscher Staatsbürger jüdischen Glaubens, Juli 1895, VII–1922, III.

Jüdische Frontsoldaten in Württemberg und Hohenzollern, hrsg. vom Württembergischen Landesverband des Zentralvereins deutscher Staatsbürger jüdischen Glaubens, Berlin 1926.

125 Friedhofsschändungen in Deutschland. Dokumente der politischen und kulturellen Verwilderung unserer Zeit, 6. Aufl., Berlin 1932.

Philo-Atlas. Handbuch für die jüdische Auswanderung, Hrsg. von Ernst G. Löwenthal und Hans Oppenheimer, Berlin 1938, neu aufgelegt 1992.

Philo-Lexikon. Handbuch jüdischen Wissens, hrsg. von Emanuel bin Gorion, Alfred Loewenberg, Otto Neuburger und Hans Oppenheimer, Berlin 1935.

LITERATUR

Barkai, Avraham: »Wehr Dich!« Der Centralverein deutscher Staatbürger jüdischen Glaubens 1893–1938, München 2002.

Bernstein, Reiner: Zwischen Emanzipation und Antisemitismus. Die Publizistik der deutschen Juden am Beispiel der »C.V.-Zeitung«, Organ des Centralvereins deutscher Staatsbürger jüdischen Glaubens, 1923–1933 (Inaugural-Dissertation an der Freien Universität Berlin), Berlin 1969.

Boehlich, Walter (Hg.): Der Berliner Antisemitismusstreit, Frankfurt am Main 1965.

Borut, Jacob: Die jüdischen Abwehrvereine zu Beginn der neunziger Jahre des 19. Jahrhunderts, in: Aschkenas. Zeitschrift für Geschichte und Kultur der Juden Bd. 7 (1997), 2, S. 467–494.

Brenner, Michael: Jüdische Kultur in der Weimarer Republik, München 2000.

Ders.: Geschichte des Zionismus, München 2002.

Ders.: Die Gefahr erkennt man immer zu spät – Essay, in: Aus Politik und Zeitgeschichte, hg. von der Bundeszentrale für politische Bildung, Nr.26–27/2020.

Denz, Rebecca/ Gempp-Friedrich, Tillmann (Hg.): Centralverein deutscher Staatsbürger jüdischen Glaubens. Anwalt zwischen Deutschtum und Judentum, Berlin/Boston 2021.

Goldmann, Christina: Der Centralverein deutscher Staatsbürger jüdischen Glaubens im Rheinland und Westfalen 1933–1938 (Dissertation Heinrich-Heine-Universität), Düsseldorf 2006.

Grundmann, Regina: »Um nicht schweigen zu müssen«. Strategien des Centralvereins zur Abwehr der NS-Propaganda gegen den Talmud, in: Dies./Bernd J. Hartmann/Daniel Siemens (Hgg.): »Was soll aus uns werden?« Zur Geschichte des Centralvereins deutscher Staatsbürger jüdischen Glaubens im nationalsozialistischen Deutschland, Berlin 2020, S. 127–154.

Hecht, Cornelia: Deutsche Juden und Antisemitismus in der Weimarer Republik, Bonn 2003.

Kress, Wolfgang: Franziska Oppenheim, Elsa Erlebacher, Elsa »Erika« Landsberger, Erna Strauß und das Jüdische Schwesternheim: Der Tod als Dank für Krankenpflege, in: Stuttgarter Stolpersteine, Stuttgart 2007, S. 184–188.

Leo-Baeck-Institut (Hg.): Deutsch-jüdische Geschichte im Unterricht. Eine Orientierungshilfe für Schule und Erwachsenenbildung, 2. erweiterte und aktualisierte Fassung, Frankfurt am Main 2011.

Lindemann, Gerhard: Typisch jüdisch. Die Stellung der Ev.-lutherischen Landeskirche Hannovers zu Antijudaismus, Judenfeindschaft und Antisemitismus 1919–1949, Berlin 1998.

Marx, Alfred: Das Schicksal jüdischer Juristen in Württemberg und Hohenzollern 1933–1945, Villingen-Schwenningen 1965.

Matthäus, Jürgen: Kampf ohne Verbündete, in: Jahrbuch für Antisemitismusforschung 8 (1999), S. 248–277.

Ders.: Abwehr, Ausharren, Flucht. Der Centralverein deutscher Staatsbürger jüdischen Glaubens und die Emigration bis zur Reichskristallnacht, in: Exilforschung. Ein internationales Jahrbuch 19 (2000), S. 18–40.

Maurer, Trude: Die Entwicklung der jüdischen Minderheit in Deutschland (1780–1933). Neuere Forschungen und offene Fragen. (Internationales Archiv für Sozialgeschichte der deutschen Literatur. Sonderheft, Bd. 4), Tübingen 1992.

Nicolai, Johann: »Seid mutig und aufrecht!« Das Ende des Centralvereins deutscher Staatsbürger jüdischen Glaubens 1933–1938 (Potsdamer Jüdische Studien, Bd. 1), Berlin-Brandenburg 2016.

Paucker, Arnold: Der jüdische Abwehrkampf gegen Antisemitismus und Nationalsozialismus in den letzten Jahren der Weimarer Republik (Hamburger Beiträge zur Zeitgeschichte, Bd. IV), Hamburg 1968.

Raberg, Frank: Biographisches Handbuch der württembergischen Landtagsabgeordneten 1815–1933, hg. im Auftrag der Kommission für geschichtliche Landeskunde in Baden-Württemberg, Stuttgart 2001, S. 12f.

Rieger, Paul: Ein Vierteljahrhundert im Kampf um das Recht und die Zukunft der deutschen Juden. Ein Rückblick auf die Geschichte des Centralvereins deutscher Staatsbürger jüdischen Glaubens in den Jahren 1893–1918, Berlin 1918.

Rovit, Rebecca: Kulturbund Deutscher Juden, in: Dan Diner (Hg.): Enzyklopädie jüdischer Geschichte und Kultur, Bd. 3, Stuttgart/Weimar 2012, S. 444–448.

Sabrow, Martin: Der Rathenaumord und die deutsche Gegenrevolution, Göttingen 2022.

Schmidt, Martin Uwe: Siegfried Gumbel (1874–1942): Humanität gegen Barbarei, in: Heilbronner Köpfe IV (Kleine Schriftenreihe des Archivs der Stadt Heilbronn 52), Heilbronn 2007, S. 51–68.

Schönhagen, Benigna (Hg.): Die Augsburger Synagoge – ein Bauwerk und seine Geschichte, Augsburg 2010.

Urban-Fahr, Susanne: Der Philo-Verlag 1919–1938 (Haskala, Bd. 21), Hildesheim 2001.

Volkov, Shulamit: Antisemitismus als kultureller Code, in: Dies.: Antisemitismus als kultureller Code, Zehn Essays, 2. erw. Aufl., München 2000, S. 132–136.

Waller, Anja: Das jüdische Lehrhaus in Stuttgart 1926–1938. Bildung – Identität – Widerstand (Veröffentlichungen des Archivs der Stadt Stuttgart, Bd. 111), Ubstadt-Weier 2017.

Wenge, Nicola: Integration und Ausgrenzung in der städtischen Gesellschaft. Eine jüdisch-nichtjüdische Beziehungsgeschichte Kölns 1918–1933 (Veröffentlichungen des Instituts für europäische Geschichte Mainz, Abt. Universalgeschichte, Bd. 206), Mainz 2005.

Wildt, Michael: Hans Reichmann, in: Neue Deutsche Biographie 21 (2003), S. 319–320.

Wolff, Frank: Der Traum vom deutsch-jüdischen Bauern: Das Auswandererlehrgut Groß-Breesen (1935–1938) und die verspätete Emigrationspolitik des Centralvereins, in: »Was soll aus uns werden?« Zur Geschichte des Centralvereins deutscher Staatsbürger jüdischen Glaubens im nationalsozialistischen Deutschland, hg. von Regina Grundmann/Bernd Hartmann/Daniel Siemens, S. 195–238. Berlin 2020, S. 195–238.

Zimmermann, Moshe/Berg, Nikolas: Berliner Antisemitismusstreit, in: Dan Diner (Hg.): Enzyklopädie jüdischer Geschichte und Kultur, Bd. 1, Stuttgart/Weimar 2011, S. 277–282.

ONLINE-VERÖFFENTLICHUNGEN

Alle zuletzt aufgerufen am 1.7.2023.

Borgstedt Angela: Otto Hirsch, in: Stadtlexikon Stuttgart, URL: https://www.stadtlexikon-stuttgart.de/article/2011278a-7f33-4bbb-b551-b324cc49a613/Otto_Hirsch_%281885-1941%29.html.

Denz, Rebekka/Gempp-Friedrich, Tillmann (Hgg.): Deutsch-jüdische Geschichte im Spiegel des Centralvereins. Schwerpunktausgabe, in: Medaon 13 (2019), 25, URL: http://medaon_25_denz_gempp-friedrich_.pdf.

Denz, Rebekka/Gempp-Friedrich, Tillmann (Hgg.): Centralverein Deutscher Statsbürger Jüdischen Glaubens. Anwalt zwischen Deutschtum und Judentum, Berlin/Boston 2020.

Denz, Rebekka: Der Centralverein in Bayern – ein Werkstattbericht, in: Medaon 13 (2019), 25, URL: http://.medaon.de/de/artikel/der-centralverein-in-bayern-ein-werkstattbericht/.

Forschungsnetzwerk zum C.V.: URL: https://centralverein.net/.

Jüdische Pflegegeschichte: URL: https://recherche.juedische-pflegegeschichte.de/index.php?dataId=144924404871188&id=131724555879435&l=en&sid=d3248db540498b33d66f7bcbb5b50dcc.

Kress, Wolfgang: Das Jüdische Schwesternheim, Dillmannstr. 19, URL: https://www.stolpersteine-stuttgart.de/index.php?docid=140.kew.

Liepach, Martin: Die Marginalisierung jüdischer Geschichte in den Schulgeschichtsbüchern – Das Beispiel Centralverein, in: Medaon 13 (2019), URL: http://www.medaon.de/pdf/medaon_25_liepach.pdf.

Schaper, Ulrike: Kulturbund der Deutschen Juden, in: LEMO. Lebendiges Museum, URL:http://www.dhm.de/lemo/kapitel/ns-regime/ausgrenzung-und-verfolgung/kulturbund-deutscher-juden.html.

Wein, Susanne: Abgeordnete jüdischer Herkunft und Antisemitismus im Weimarer Reichstag, URL: http://www.yadvashem.org/de/education/newsletter/7/jews-in-weimar-reichstag.html. https://commons.wikimedia.org/w/index.php?curid=1467007.

Briefpartner, Hilfskräfte, Objekte der NS-»Judenforschung«, Gastredner. Juden an der Evangelisch-Theologischen Fakultät und am Institutum Judaicum der Universität Tübingen im 20. Jahrhundert

Matthias Morgenstern

Welche Rolle spielten jüdische Mitarbeiter, jüdische Fachkollegen und Gastwissenschaftler an der Tübinger Evangelisch-Theologischen Fakultät im 20. Jahrhundert? Dieser Frage gehen die folgenden Ausführungen nach. Gesichtspunkte der Fakultäts-, Forschungs- und Theologiegeschichte, der Kirchenpolitik, ja selbst die Verwicklung der Tübinger Hochschullehre in die NS-Diktatur können dabei nicht ausführlich dargestellt werden, da unser Augenmerk ganz dem gestellten Thema gilt. Im Zentrum stehen die Tübinger Theologen Adolf Schlatter (1852–1938), Gerhard Kittel (1888–1948), Otto Michel (1903–1993), der Gründungsdirektor des Institutum Judaicum, und Martin Hengel (1926–2009), Michels Schüler und Nachfolger. Sie alle waren engagiert in der Erforschung des Judentums und der Geschichte des jüdisch-christlichen Verhältnisses und hatten auf unterschiedliche Weise Beziehungen zu jüdischen Kollegen und Forschern. Ich will versuchen, die dazu vorliegenden Quellen zu interpretieren.

Die Schwierigkeiten, die sich dem entgegenstellen, sind vielfältig: Da meine eigenen Forschungsgebiete betroffen sind, bin ich auf diesem Gebiet nicht interesselos; die Zeit des Lebens und Wirkens der beiden letztgenannten Professoren reicht noch in meine Zeit als Tübinger Student und wissenschaftlicher Assistent hinein; einige meiner eigenen Lehrer gingen bei Otto Michel und Martin Hengel in die Schule; Hengel habe ich noch gekannt und war ihm und seiner Arbeit verbunden. Trotz dieser gewissen biographischen Nähe geben mir die Quellen aber Rätsel auf; nicht nur, weil sie unvollständig sind (das ist bei historischen Dokumenten nicht ungewöhnlich), sondern weil ich nach ihrer Glaubwürdigkeit fragen muss – und nach ihrer Vollständigkeit: Warum sind uns gerade diese (nicht andere) Quellen überkommen? Welches Material ist wohl nicht erhalten geblieben – und warum? Bei näherer Betrachtung tut sich in mancher Hinsicht ein Abgrund zwischen unserer Zeit und den früheren Generationen auf. Mich haben die Interpretationsschwierigkeiten mehr als einmal zu der Frage geführt, wie historisches Erkennen überhaupt möglich ist, wenn bereits wenige Jahrzehnte alte Texte so schwer zu verstehen sind.

Adolf Schlatters Erbe

Adolf Schlatter, zuvor Professor für Neues Testament in Greifswald (1888–1893), dann Lehrstuhlinhaber für Systematische Theologie in Berlin (1893–1898), wurde zum Sommersemester 1898 nach Tübingen berufen. Hier verbrachte er die letzten vierzig Jahre seines Lebens, erlebte den Höhepunkt seines Wirkens und legte den Grund für eine bis heute sichtbare und wirksame Tradition.

Durch seinen Schüler Karl Heinrich Rengstorf (1903–1992), den Direktor des Münsteraner Institutum Judaicum Delitzschianum, schlug diese Tradition nach dem Zweiten Weltkrieg auch in Westfalen Wurzeln. Durch den Schlatterschüler Walter Grundmann

Abb. 1: Adolf Schlatter (1852–1938), zu Beginn seiner Zeit in Tübingen, vor 1907.

(1906–1976) und Schlatters Nachfolger auf seinem Lehrstuhl Gerhard Kittel (1888–1948) sowie durch Kittels Mitarbeiter, den späteren Qumranforscher Karl-Georg Kuhn (1906–1976), ist Schlatters Erbe auch in die Katastrophe des 20. Jahrhunderts verstrickt. Die drei Letztgenannten dienten dem »Dritten Reich« in herausgehobenen Positionen der »NS-Judenforschung«. Dieses Erbe ist in den vergangenen Jahren verschiedentlich in den Mittelpunkt des Interesses gerückt – durch Publikationen zur Rolle der Universität Tübingen im »Dritten Reich«,[1] in Debatten über Schlatters judenfeindliche Äußerungen in den 1930er Jahren und über Otto Michels Vergangenheit als NSDAP- und SA-Mitglied. Aufmerksamkeit erregte vor allem die Frage nach der Herkunft eines in Michels Nachlass gefundenen Ritualgegenstandes aus einer Synagoge des polnischen Städtchens Zgierz bei Łódź, der 2011 an einen Erben des Stifters zurückgegeben wurde.[2]

Jüdische Briefpartner und Judenmission

Schlatter war wissenschaftlich mit jüdischen Kollegen verbunden. Seine Studie *Jochanan ben Zakkai, der Zeitgenosse der Apostel* (1899) wurde von Ludwig Blau (1861–1936), Professor an der Landesrabbinerschule Budapest, kritisch, aber nicht ohne Wohlwollen besprochen.[3] Noch 1977 erwähnte sie der amerikanisch-jüdische Gelehrte Jacob Neusner anlässlich eines Vortrages zum Tübinger Universitätsjubiläum in lobender Weise.[4] Seine *Geschichte Israels von Alexander dem Großen bis Hadrian* (1901) sandte Schlatter an den in Wien als Dozent für jüdische Geschichte, Bibel und Talmud an der Israelitisch-theologischen Lehranstalt wirkenden Adolf Büchler (1867–1939). Seine Hoffnung auf Zustimmung wurde aber enttäuscht: Im Vorwort hatte Schlatter ausgeführt, das Ziel seiner Forschungen zum Verhältnis von Juden und Christen bleibe letztlich der »›Mission‹« zugeordnet, »welche die Kirche Israel gegenüber hat.«[5]

Die Judenmission blieb für Schlatter in den Folgejahren von zentraler Bedeutung. Am 23. März 1913 taufte er in der Tübinger Stiftskirche selbst den in Rexingen geborenen jüdischen Tapetenhändler Hugo Löwenstein, dem er danach freundschaftlich verbunden blieb – nur für die Zeit nach 1933 habe ich keine Belege für Beziehungen zwischen Löwenstein und Schlatters Familie finden können. Am 4. September 1933 verkaufte Löwenstein sein Tübinger

Geschäft in der Wilhelmstraße 3 und sein Haus in der Gartenstraße 42. Im August 1937 wanderte er nach Palästina aus.⁶

Ostjüdische Gelehrte als »wissenschaftliche Hilfskräfte«

Besonders wichtig für Schlatter und seine Nachfolger wurde der junge polnische Talmudgelehrte Charles Chaim Horowitz (1892–1969). Horowitz, in Łańcut (Galizien) geboren und nach 1918 nach Deutschland ausgewandert, gründete 1923 in Oberhausen ein Textilgeschäft. Im März 1930 kam er nach Tübingen und freundete sich mit Schlatter an, in dessen Haus er ein- und ausging. Von dem christlichen Professor, seiner Predigt und »Ausstrahlung« soll er menschlich und theologisch so beeindruckt gewesen sein, dass er »zum Glauben an Jesus fand«, auch wenn die Entscheidung zur Taufe ausblieb. Die Information, dass Horowitz sich damals zur »Wahrheit des christlichen Glaubens« bekannt habe, geht auf eine Erinnerung zurück, die Schlatters Schüler Hans Stroh auf 1931 datiert.⁷

Mit Horowitz, der in einer orthodoxen Familie aufgewachsen war, die mit Salomon Buber, dem Großvater Martin Bubers, in Lem-

Abb. 2: Charles Horowitz (1892–1969).

berg in Kontakt stand, rückten Aspekte osteuropäisch-jüdischer Gelehrsamkeit, die ihm bisher verschlossen geblieben waren, in Schlatters Gesichtskreis. In Tübingen war Horowitz vom September 1930 bis März 1933 wissenschaftliche Hilfskraft bei Gerhard Kittel. Er erhielt dafür eine Vergütung von fünfundzwanzig Reichsmark monatlich, die vom Gehalt Walter Grundmanns, eines der Assistenten Kittels, abgezweigt wurden. Auf Kittels Bitte hin führte er im Wintersemester 1930/31 in Vertretung von Kittels zweitem Assistenten Karl Heinrich Rengstorf eine »Arbeitsgemeinschaft« über rabbinische Texte durch. Daneben übernahm er Hilfsarbeiten für das monumentale *Theologische Wörterbuch zum Neuen Testament*, mit dessen Herausgabe Kittel begonnen hatte. Horowitz erhielt in dieser Zeit ein Forschungsstipendium der Notgemeinschaft der Deutschen Wissenschaft und begann mit der Übersetzung und Kommentierung von Talmudtraktaten. Seine maschinenschriftlichen Manuskripte sind noch heute in der Bibliothek des Tübinger Theologicums einzusehen.

Man kann vermuten, dass Horowitz – wenn die Verhältnisse andere gewesen wären – als Schüler Kittels oder Schlatters gegolten hätte. Wahrscheinlich hätte er bereits zu diesem Zeitpunkt eine Promotion angestrebt. Tatsächlich sollte er erst Jahrzehnte später promoviert werden – nicht in Tübingen, sondern nach Krieg und Schoa in Bonn, aber mit einer bei Kittel begonnenen Arbeit, einer kommentierten Übersetzung des Traktates *Sukka* des Jerusalemer Talmuds. Am 18. Mai 1933 floh Horowitz erst einmal nach Amsterdam. Von dort erledigte er weiterhin Hilfsarbeiten für den ehemaligen Arbeitgeber und las Korrekturfahnen für das *Wörterbuch*. Im Vorwort des ersten Bandes dankt Kittel Horowitz gemeinsam mit seinem »arischen« Schüler Walter Grundmann.

Kittel hatte noch andere jüdische Mitarbeiter. Hinsichtlich der Zusammenarbeit mit jüdischen Forschern konnte Tübingen in den späten 1920er Jahren als geradezu fortschrittlich gelten. 1928 beschäftigte Kittel den litauisch-jüdischen Juristen Gutel (Tuwia) Leibowitz als Hilfskraft, der ihm von dem an der Berliner Akademie für die Wissenschaft des Judentums lehrenden Ismar Elbogen (1874–1943) empfohlen worden war. Im Wintersemester 1928/29 und im Sommersemester 1929 war Leibowitz als Hörer der Universität zugelassen und schrieb für das in Tübingen erscheinende Lexikon *Religion in Geschichte und Gegenwart* Beiträge über jüdisch-mittelalterliche Autoren wie Jakob ben Ascher, Abraham Ibn Daud,

Eleasar Kalix und Josef Karo. Ein weiterer jüdischer Mitarbeiter, der Talmudgelehrte Gerschenowitz, übersetzte für Kittel den Talmudtraktat *Nazir*.

Ziel dieser Arbeiten war die Erstellung wissenschaftlicher Ausgaben der klassischen Texte des Judentums. Kittel gründete dazu im Stuttgarter Kohlhammer-Verlag die (noch heute bestehende) Reihe der *Rabbinischen Texte*, die er gemeinsam mit dem Londoner jüdischen Gelehrten Arthur Marmorstein herausgab. In dieser Reihe erschien 1934 von Karl-Georg Kuhn die kommentierte Übersetzung *Der tannaitische Midrasch Sifre* zum vierten Buch Mose.[8]

Die Begegnung mit Martin Buber

Auf einer Konferenz über die »Judenfrage«, die der von Otto von Harling geleitete evangelisch-lutherische Zentralverein für Mission unter Israel in Stuttgart abhielt, kam es im Mai 1930 zu einer Begegnung Schlatters und Kittels mit Martin Buber. Aus Tübingen nahmen noch Karl Heinrich Rengstorf und die Systematiker Karl Heim und Adolf Köberle teil. Diese Tagung war eine Besonderheit – in ihrem Rahmen war eine direkte theologische Aussprache mit jüdischen Referenten möglich. Als spektakulär galt die Beteiligung Bubers, eines für die christlichen Theologen besonders interessanten Gesprächspartners. 1925 war der erste Teil seiner gemeinsam mit dem jüdischen Philosophen Franz Rosenzweig unternommenen Neuübersetzung der hebräischen Bibel ins Deutsche erschienen. Nachdem Rosenzweig am 10. Dezember 1929 gestorben war, galt Buber als der herausragende Vertreter jüdischer Gelehrsamkeit in Deutschland. Der judenchristliche Pfarrer Prof. Dr. Hans Ehrenberg, ein Vetter Rosenzweigs, der 1909 getauft worden war, hatte den Kontakt zu Buber vermittelt. Nach dem Stuttgarter Treffen nahm Buber bis 1933 jährlich an diesen Studientagungen des Zentralvereins teil.

Am 4. Mai 1930 hielt Buber den ersten Hauptvortrag über das Thema »Die Seele des Judentums«. Am Vorabend hatte Schlatter die Tagung mit einem Vortrag über »die neutestamentliche Regel für den Verkehr zwischen Christ und Jude« eröffnet. Dabei muss der Eindruck einer gewissen Nähe und Verständigungsbereitschaft zwischen den Tübingern und Buber entstanden sein. Hans-Joachim Kraus und Robert Raphael Geis – letzterer war in den sechziger

»Der wird uns trösten in unserer Arbeit und der Mühsal unserer Hände.« Martin Buber bei einem Besuch in Tübingen im Jahre 1959.

Abb. 3: Martin Buber bei seinem Besuch in Tübingen 1959.

Jahren ein wichtiger jüdischer Gesprächspartner Otto Michels und Martin Hengels – erstellten nach dem Krieg eine Dokumentation zur jüdisch-christlichen Begegnung der Jahre 1918–1933 und nahmen in gekürzter Form Bubers Text, nicht aber Schlatters Vortrag auf, den sie in der Nachkriegsperspektive offenbar nicht zu den *gelungenen* Dokumenten des »Verstehens« rechneten. Andererseits wurde so die Spur der Begegnung Schlatters mit Buber verwischt.

Gerhard Kittel: NSDAP-Mitglied und Freund von »Judenchristen«

Gerhard Kittel, Schlatters wichtigster Schüler, legte am 1. März 1933 gemeinsam mit seinem Lehrer, Karl-Georg Kuhn und etwa einhundert Personen des öffentlichen Lebens ein »politisches Bekenntnis für die neue Reichsregierung« ab, das in der *Tübinger Chronik* veröffentlicht wurde. Zum 1. Mai 1933 trat Kittel mit drei weiteren Professoren seiner Fakultät in die NSDAP ein und schloss sich auch den Deutschen Christen an, die das NS-Programm in die evangelische Kirche hineintragen wollten. Zuvor richtete er noch eine Denkschrift an das württembergische Staatsministerium, in der er gegen den Judenboykott des 1. April argumentierte, die legislativen judenfeindlichen Maßnahmen des Staates aber befürwortete. Kittel wollte die staatliche Gesetzgebung von den Obliegenheiten der – wie er meinte – persönlichen Nächstenliebe trennen. Seinen privaten Umgang mit jüdischen (vor allem judenchristlichen) Zeitgenossen setzte er deshalb fort und zeigte sich in gewissen Grenzen sogar solidarisch. »Arm in Arm ging er« am 1. April 1933, dem Tag des Judenboykotts, mit Hugo Löwenstein, der zwanzig Jahre zuvor von Adolf Schlatter getauft worden war, vor dessen Tapetengeschäft auf und ab, »um seine Solidarität mit ihm und seine Vorbehalte gegenüber dieser politischen Aktion öffentlich unter Beweis zu stellen«.[9] Er hatte auch keine Einwände, bis in die späten 1930er Jahre hinein judenchristliche Studenten zum Examen und zur Promotion zuzulassen. Der prominenteste Fall war der als »Halbjude« von den Rassegesetzen betroffene Wolfgang Schweitzer, der 1940–1942 in Tübingen evangelische Theologie studierte und bei Michel promovierte. Schweitzer berichtet davon, Kittel habe ihn im Rigorosum »fast kollegial-freundlich behandelt«.[10]

Abb. 4: Gerhard Kittel (1888–1948), Herausgeber des Theologischen Wörterbuchs zum Neuen Testament.

Kittel und Schlatter waren sich in einem einig: Sie wollten sich in der sogenannten »Judenfrage« nicht in Gegensatz zur »deutschen Volksgemeinschaft« bringen lassen. Deshalb sollten die Judenchristen auch kirchlich eine Sonderrolle spielen. Sie zogen daher die Gründung eigener judenchristlicher Gemeinden in Erwägung. Solche Gemeinden, so Kittel, könnten durch den Zusammenschluss judenchristlicher Kreise entstehen, aus denen »eines Tages« einmal »eine judenchristliche Kirche« entstehen könnte. In diesem Sinne formulierte Kittel am 13. September 1933 für die Deutschen Christen im württembergischen Landeskirchentag einen Antrag, der die »sinnvolle Anwendung« des »Gesetzes zur Wiederherstellung des Berufsbeamtentums« (»Arierparagraph«) für den kirchlichen Bereich betraf.

Bereits am 1. Juni 1933 hatte Kittel vor den Bundesbrüdern des Vereins Deutscher Studenten zum Jahrestag der Vereinsgründung einen Vortrag *Zur Judenfrage* gehalten, der auch gedruckt erschien und bis 1934 drei Auflagen erlebte. Vier mögliche Lösungen der »Judenfrage« waren seiner Ansicht nach grundsätzlich möglich: Die »Ausrottung des Judentums« kam, wie Kittel betonte, »für eine ernsthafte Betrachtung nicht in Frage«[11]. Die Möglichkeit der Neugründung eines Judenstaates in Palästina oder andernorts wollte er prinzipiell erörtern, wies aber auf die Schwierigkeit hin, dass Palästina zu klein sei, »um alle in der Welt lebenden Juden aufzunehmen«; »das Problem der anderen Weltjudenschaft« bliebe in diesem Fall also »unverändert bestehen«. Vor allem sei der Zionismus in religiöser Hinsicht aber von tiefer »Unfruchtbarkeit« und religiöser Armut gekennzeichnet. Er sei »einer der größten, vielleicht die größte Verweltlichungsbewegung…, die das Judentum gehabt hat«. Kittel sah sich in dieser Einschätzung in einer gewissen Nähe zu Buber, den er als religiösen Erneuerer des Judentums lobend erwähnte. Die Option der Assimilation der Juden schließlich, auch hier glaubte Kittel sich mit Buber und anderen Aktivisten der Jüdischen Renaissance einig, widersprach der geschichtlichen Erfahrung und war auch gegen Gottes Willen gerichtet. Kittel schloss daher:

Die einzige für die abendländischen Völker und für das echte Judentum selbst tragbare und sinnvolle Form des Judentums ist darum das in seiner Stellung als nicht assimilierter Gast verbleibende Judentum.[12]

Mit dem Gaststatus der Juden sollten nach Kittels Verständnis auch Rechte verbunden sein. Vor allem sollte ihnen die Autonomie »für eine *jüdische* Kultur« zugestanden werden. Dazu sollten religiöse Rechte gehören wie die Schächtfreiheit, der Schutz des Sabbats, des Synagogengottesdienstes und aller jüdischen Riten einschließlich der Beschneidung und nicht zuletzt das Recht, judenchristliche Gemeinden gründen zu dürfen. Mit Blick auf »denjenigen Teil des Judentums, den wir für bekämpfenswert halten« – gemeint ist das in Kittels Augen dekadente »Assimilationsjudentum« – erwägt Kittel sogar, ob ein staatliches »Schächtgebot« nicht angemessener sei als ein »Schächtverbot«. Es handelte sich hier um einen beispiellosen Vorschlag zur Durchsetzung jüdischer Ritualgesetze mit Hilfe der Zwangsmittel des NS-Staates. Kittel gibt hier das vormoderne schlechthin reaktionäre Geschichts- und Judentumsbild zu erkennen, in dem er befangen war.

Der letzte Programmpunkt wurde bezeichnenderweise von der nationalsozialistischen Presse attackiert. Am 2. Juni 1933 war im *Neuen Tübinger Tagblatt* zu lesen, das Schächten sei *durch Reichsgesetz unserer Führer* verboten worden. Die Forderung zur Judenmission und zur Gründung judenchristlicher Gemeinden sei ein *Gipfelpunkt* der *volkstumsfeindlichen* Ausführungen, mit denen Kittel sich *in schärfsten Widerspruch zum Programm der NSDAP gesetzt* habe.

Der Vortrag Kittels erregte auch international großes Aufsehen. In der britischen Tageszeitung *The Jewish Chronicle* hieß es am 11. August 1933:

> *Is it not significant that when this theologian considers the policy of pogroms he says never a word of condemnation? He rules out pogroms not because they are wicked but only because they are impracticable. It is a question of expediency with him.*

Im Vertrauen darauf, dass Kittel seine jüdischen Mitarbeiter verteidigen würde, bestellte Arthur Marmorstein ein Exemplar von Kittels Schrift zur Judenfrage, um bei der Lektüre bitter enttäuscht zu werden. Umgehend wandte er sich an den Kohlhammer-Verlag und verlangte die Streichung seines Namens aus der Herausgeberliste. Kittel schrieb ihm daraufhin zwei Briefe, in denen er von einem Missverständnis sprach. In seinem Text habe er nicht der Minderwertigkeit Israels das Wort geredet, sondern die Unterschiede zwischen Deutschen und Juden dargelegt. Kittel bat seinen Kollegen noch in diesem Stadium, seinen Rückzug zu überdenken, Marmorstein antwortete aber ablehnend. Am 5. Dezember 1933 präsentierte Kittel in einem Schreiben an den Präsidenten der Notgemeinschaft der deutschen Wissenschaft dann die Argumentation, um Forschungen zur Judenfrage seriös weiterzuführen, sei es wichtig, sie nicht »Amateuren« oder Juden zu überlassen. Später verwies Kittel darauf, seine Reihe komme ganz ohne jüdische Mitwirkung aus – die Nicht-Beteiligung von Juden galt nun als Qualitätsmerkmal der Arbeit.

Kittel war offenbar der Auffassung, in der Bewertung des Judentums eine Mittelposition einnehmen zu können. Er wurde dabei durch Reaktionen von jüdisch-orthodoxer Seite bestärkt, die er als vorsichtig zustimmend interpretierte. Der in Frankfurt am Main herausgegebene *Israelit* widmete Kittel am 24. August 1933 unter der Überschrift »Ernste Stimmen zur Judenfrage in Deutschland« einen zweiseitigen Leitartikel, auf den Kittel nach dem Krieg zu seiner Verteidigung verwies. Mit Blick auf die von Kittel genannten Möglichkeiten der »Judenfrage« schreibt die Zeitung, »bei der Erörterung der ersten (Ausrottung) hätte etwas mehr menschliche Liebe wohl sympathischer berührt…, als die Behauptung, diese ›Möglichkeit‹, die des Totschlagens nämlich, sei ›undurchführbar‹ und entbehre ›des inneren Sinnes‹«. Es folgen kritische Bemerkungen zu Kittels Programm im Hinblick auf die psychischen und wirtschaftlichen Folgen der Zurückdrängung der Juden in die Ghettoexistenz. *Vom Standpunkt der Menschlichkeit und Gerechtigkeit, die doch aus dem Wörterbuch eines christlichen Theologen nicht gestrichen sein dürften*, ließen Kittels Ausführungen zu wünschen übrig. Am Schluss heißt es dann:

> *Für den orthodoxen Juden ist bei aller berechtigten Kritik an der Kittel'schen Schrift […] das kleine Buch doch ein mächtiger Mahnruf, das von der Thora und den Propheten geweissagte und von unserer ganzen rabbinischen Literatur in aller Tiefe erfühlte Golusschicksal des jüdischen Volkes in starkem Mute auf sich zu nehmen.*[13]

1935 gehörte Kittel zu den Mitbegründern des Reichsinstituts für Geschichte des neuen Deutschland; 1936 wurde er Mitarbeiter der Münchner Zweigstelle des Instituts zur Erforschung der Judenfrage. Vom Herbst 1939 bis April 1943 in Tübingen beurlaubt, vertrat er den Lehrstuhl für Neues Testament in Wien. Im September 1938 nahm er als »Ehrengast des Führers« am NSDAP-

Reichsparteitag in Nürnberg teil. 1943, er gehörte nun zu den prominentesten Vertretern der NS-Judenforschung, veröffentlichte er gemeinsam mit dem Berliner Erbbiologen und Rassenforscher Eugen Fischer einen Band mit Texten und Bildern über das »antike Weltjudentum«, für den er zum »physiognomischen Vergleich« Porträtfotos verwendete, die ein Mitarbeiter Fischers 1940 im Ghetto Łódź gemacht hatte.[14]

Karl-Georg Kuhn im Warschauer jüdischen Ghetto

Die Schicksale der früheren Mitarbeiter Kittels konnten nicht gegensätzlicher sein. Horowitz floh während des Krieges weiter nach Frankreich, wo er sich verstecken musste – sein 77-jähriger Vater, seine 75 Jahre alte Mutter und drei seiner Geschwister wurden in Polen ermordet. Seine Frau Lea wurde am 25. August 1942 von der französischen Polizei verhaftet, ins Lager Drancy gebracht und nach Auschwitz verschleppt. Karl-Georg Kuhn wurde 1940 zur Wehrmacht eingezogen und diente mit Unterbrechungen bis 1944 als Soldat. In dieser Zeit wurde er zwei Mal freigestellt, um im Auftrag des Reichsinstituts für Geschichte des neuen Deutschlands in das besetzte Polen zu reisen. Im Juni 1940 besuchte er in Begleitung eines SS-Offiziers das Warschauer Ghetto, um Archivalien und Schriften für die »NS-Judenforschung« zu beschlagnahmen. Im Tagebuch des Warschauer Judenratsvorsitzenden Adam Czerniaków heißt es in einem Eintrag vom 6. Juni 1940:

> *Morgens Dr. Kuhn, ein Dozent aus Tübingen. Gespräch mit Prof. Balaban über archivalische und biblische Themen. Er besichtigte das Archiv. Das Museum wurde geöffnet – die Sammlungen und Vitrinen sind weg.*[15]

Kittels Haft und Verteidigung

Am 3. Mai 1945, kurz vor Kriegsende, wurde Gerhard Kittel aufgrund einer Verfügung der Besatzungsmacht in Tübingen festgenommen und in das Tübinger Gefängnis eingewiesen. Später wurde er auf Schloss Hohentübingen verlegt, wo er im als Gefängnis für politische Häftlinge verwendeten Fünfeckturm einsaß. Zum 25. Oktober 1945 ohne Pensionsanspruch aus dem Universitätsdienst entlassen, kam er am 12. November 1945 in das Internierungslager für belastete Zivilpersonen aus der NS-Zeit nach Balingen. Dort blieb Kittel bis zu seiner Freilassung und Verbannung in das Kloster Beuron am 6. Oktober 1946, wo er alsbald von Tübinger Theologiestudenten besucht wurde, die dort bei ihm Hebräisch lernten.

Im Kloster bemühte sich Kittel, rehabilitiert und wieder in den Staatsdienst eingestellt zu werden. Im Rahmen der »Epuration«, der Entnazifizierung in der französischen Zone, füllte er den vorgesehenen Fragebogen aus und fügte einen Text unter dem Titel »Meine Verteidigung« bei. In dieser Rechtfertigungsschrift, fertiggestellt am 14. Dezember 1946, verwies Kittel auf Briefe und Stellungnahmen aus der Feder von Juden und »Halbjuden«, die sich für ihn eingesetzt hatten. Die Dokumente, die Kittel zu seinen Gunsten anführen wollte, lassen sich im Universitätsarchiv Tübingen und im Archiv des Evangelischen Stifts tatsächlich finden. Für ihn setzten sich ein: Die Theologiestudentin Annemarie Tugend, der in Hechingen, später in Koblenz lebende judenchristliche Pfarrer Dr. Peter Katz, die »halbjüdische« Schauspielerin am Wiener Burgtheater Elisabeth Kallina, der judenchristliche Theologe Dr. Wilhelm Dittmann und seine Braut, die Gemeindehelferin Grete Leitner sowie der »halbjüdische« Pfarrer Majer-Leonhardt in Stuttgart. Sie alle dankten dem Tübinger Theologen für seine Anteilnahme an ihrem Schicksal und bezeugten, Kittel habe versucht, ihnen zu helfen.

Wie ist diese Vielzahl von Stimmen zugunsten Kittels historisch zu bewerten?

Abgesehen von der für uns Nachgeborene irritierenden Mischung aus Verdrucksheit und Naivität, in der über das Menschheitsverbrechen der Schoa geredet oder auch nicht geredet wurde – der israelische Historiker Tom Segev hat dazu Beobachtungen zur Gedenkkultur auch im Staat Israel vorgetragen –, ist in Rechnung zu stellen, dass die Sammlung zu dem Zweck zusammengestellt wurde, den Internierten zu entlasten – andere Stimmen, sofern es sie gab, waren von vornherein nicht dazu bestimmt, Eingang in die Archive zu finden. Des Weiteren kommen in den gesammelten Texten, soweit erkennbar, nur getaufte Juden zu Wort – sie waren ja ebenfalls vom Abtransport nach Auschwitz und von der Ermordung bedroht. Sofern Judenchristen in seinen Gesichtskreis traten, war Kittel offenbar in der Tat bemüht, Kontakt zu ihnen zu halten und ihnen soweit wie möglich zu helfen. Mit dem oben erwähnten Bochumer »judenchristlichen« Pfarrer Hans Ehrenberg pflegte Kittel bis in das Jahr 1938 hinein einen Briefwechsel, den er am 25. Juli 1938 aber brüsk abbrach.

Ein in hohem Maße irritierendes Beispiel ist in diesem Zusammenhang Kittels Briefwechsel mit dem Stuttgarter Judenchristen Erwin Goldmann, der nationaldeutsch gesonnen war und dem NS-Staat mit Sympathie gegenüberstand. Für ihn schrieb Kittel ein Gutachten mit dem Ziel, seine Zugehörigkeit zum Deutschtum zu beweisen. Goldmann hatte im Ersten Weltkrieg als Truppenarzt gedient und gehörte danach der Schwarzen Reichswehr an. Seit 1925 stand er als ärztlicher Direktor im Dienst der AOK Stuttgart und beriet den württembergischen Landtag und verschiedene Reichsdienststellen. Am 1. April 1933 als Beamter entlassen, arbeitete er als privat praktizierender Facharzt und nach 1939 als Gärtner. Später war er Mitarbeiter des Sicherheitsdienstes (SD) des Reichsführers SS Reinhard Heydrich und dabei offenbar mit geheimdienstlichen Aufgaben befasst. Aus dieser Tätigkeit schied er nach eigenen Angaben »wegen ganz klar umrissener Fragen an den Abschnitts-Führer über angebliche Morde an Juden« aus. Im November 1944 fand Goldmann sich dann in einem NS-Arbeitslager für »Mischlinge und jüdisch Versippte« wieder; 1945 von den Alliierten verhaftet, hielt er sich drei Jahre lang in unterschiedlichen Internierungslagern im amerikanisch besetzten Nordwürttemberg auf, musste sich insgesamt vier Spruchkammerverfahren stellen und wurde erst am 4. Juni 1948 aus der Haft entlassen.[16]

Otto Michel und das Institutum Judaicum

Otto Michel, Kittels Nachfolger auf seinem Tübinger Lehrstuhl, war in der NS-Zeit Parteimitglied gewesen, hatte zugleich aber der Bekennenden Kirche angehört. Der französischen Besatzungsmacht machte er einen vertrauenerweckenden Eindruck, so dass er bereits 1946 zu Kittels Nachfolger ernannt wurde. Schnell suchte er die Begegnung mit jüdischen Gelehrten. Der württembergische Landesrabbiner Dr. Siegbert Neufeld (1891–1971), der in den Jahren 1951 bis 1953 von Stuttgart aus überlebende deutsche Juden, Rückkehrer und osteuropäische Holocaust-Überlebende betreute, gehörte zu seinen ersten Gesprächspartnern. Neufeld, der 1939 noch nach Palästina geflohen war, kehrte nach dem Krieg zurück, um 1952 an der Gründung der Landesrabbinerkonferenz in Deutschland mitzuwirken. Michel lud ihn zu einer Gastvorlesung im 1957 gegründeten Institutum Judaicum in Tübingen ein, wo er am 15. Juni 1960 zum Thema »Zur Geschichte der Juden in Deutschland« vortrug. Auch mit Neufelds Nachfolger, dem württembergischen Landesrabbiner und Vorsitzenden der westdeutschen Rabbinerkonferenz Dr. Fritz Bloch (1903–1979), nahm er Kontakt auf. Bloch hatte 1938 noch nach Palästina fliehen können. 1953 kehrte er nach Deutschland zurück. In den 1960er Jahren kam er als Lehrbeauftragter regelmäßig nach Tübingen.

Enge Freundschaft verband Michel schließlich mit Robert Raphael Geis. Geis war am 9. November 1938 verhaftet und in das KZ Buchenwald verbracht worden. Während er selbst sich im Dezember desselben Jahres noch nach Palästina retten konnte, wurden seine Schwester Ilse und sein Schwager Albert Feldmeier mitsamt ihrem Sohn André im Herbst 1942 in Auschwitz ermordet. Bereits im November 1949 kam er für eine Woche nach Deutschland. 1952 bis 1956 amtierte er als badischer Landesrabbiner in Karlsruhe und besuchte von dort aus das Tübinger Institutum Judaicum. Bereits am 24. Januar 1950 hatte er in einem Brief aus Amsterdam an Bundespräsident Heuss (1884–1963) die Berufung jüdischer Gelehrter »für jüdische Religions- und Geistesgeschichte« an deutschen Universitäten angeregt.[17] Michel wusste von den Aspirationen des badi-

Abb. 5: Otto Michel (1903–1993) Gründer des Tübinger Institutum Judaicum.

schen Landesrabbiners. In den folgenden Jahren tat er alles, um nicht nur Geis, sondern auch anderen jüdischen Gelehrten eine Präsenz im akademischen Betrieb zu ermöglichen. In einem Brief aus dem Jahre 1965 ging er so weit, sein eigenes Institut – das Institut einer evangelisch-theologischen Fakultät! – als eine Art Ersatz für die nicht mehr existenten »eigenen Ausbildungsstätten« des Judentums darzustellen.[18]

Vor dem Hintergrund der betriebsamen Vortragstätigkeit jüdischer Gastwissenschaftler fällt Charles Horowitz' Abwesenheit während Michels Tübinger Institutstätigkeit auf. Horowitz hätte ein Kronzeuge für die bis in die Zeit Schlatters zurückreichende Kooperation evangelischer Theologen mit jüdischen Gelehrten sein können. Doch augenscheinlich wurde er nicht, jedenfalls nicht öffentlich, eingeladen. Hatte diese Zurückhaltung mit der Tatsache zu tun, dass sein Schicksal aufgrund seiner polnischen Herkunft und der Ermordung seiner Familie in Auschwitz in besonders brutaler Weise mit den NS-Verbrechen verbunden war?

Dabei hatte sich Horowitz bereits am 13. August 1946 auch brieflich an Michel gewandt. Er stellte sich »als Mitarbeiter von Herrn Professor A. Schlatter und G. Kittel in den Jahren vor der Naziherrschaft« vor und fragte, »ob Herr Prof. Kittel sich zurzeit in Tübingen befindet« und »ob er an der ev. th. Facultät doziert«.[19] Nach der Schreckenszeit und in einer persönlich wie wirtschaftlich prekären Situation suchte er nach Möglichkeiten, sein Leben zu ordnen und dabei an die Zeit vor der Katastrophe anzuknüpfen. Die Briefe zwischen Michel und Horowitz geben aber zu erkennen, welche Abgründe einem Brückenschlag im Weg standen. Horowitz wusste noch aus persönlichem Erleben von den Stellungnahmen der Tübinger Theologen im Frühjahr 1933. Dennoch gab es für ihn aber wohl insoweit unbelastete Erinnerungen an die Tübinger Zeit, dass er den Kontakt mit Michel aufnahm. Er suchte Michel in dieser Zeit auch persönlich auf, um ihm von der gemeinsamen Arbeit mit Schlatter zu erzählen und nach Anknüpfungspunkten zu suchen. Er bekundete sein Interesse daran, die in den 1930er Jahren begonnenen Talmudübersetzungen fortzusetzen und wartete wohl auf eine Einladung zur Mitarbeit. Zumindest sollte Michel ihm bei der Beschaffung der in Tübingen zurückgelassenen Übersetzungsmanuskripte helfen. Eine Stelle oder Finanzmittel zur Fortsetzung seiner Studien konnte oder wollte Michel Horowitz aber nicht anbieten.

Charles Horowitz in Münster – seine Talmudübersetzungen in Tübingen

So versuchte Horowitz sein Glück in Münster, wo er in Karl Heinrich Rengstorf, in dessen Institutum Judaicum Delitzschianum er zeitweise Lehraufträge wahrnahm, auf einen anderen ehemaligen Schlatterschüler traf. Horowitz erzählte später aber, dass er ohne weiteren Kommentar aus Münster floh, nachdem er in Rengstorfs Wohnung dessen Bild in Naziuniform gesehen hatte. Die fatale Szene führte dazu, dass Rengstorf von weiterer Kooperation Abstand nahm. Im Arbeitsbericht des Institutum Delitzschianum aus dem Jahre 1950/51 heißt es:

Bedauerlicherweise musste die Zusammenarbeit mit [..] Horowitz [...] aufgegeben werden, weil er sich nicht bereit fand, sich in seinen Lebensgewohnheiten den Erwartungen anzupassen, die an ihn gestellt werden mussten.[20]

Ein durch die Schoa versehrtes Opfer, traumatisiert, ängstlich und in den Augen derer, die nicht ihr Schicksal teilten, »funktionsuntauglich«, wird ausgemustert. Diejenigen, die auf der anderen Seite standen, hatten allenfalls einen Knick in ihrer Karriere hinzunehmen und gingen ihren Weg weiter.

Horowitz musste sich seinen Lebensunterhalt wieder mithilfe des wiedereröffneten Textilgeschäftes verdienen. Erst später erhielt er ein Stipendium des Landes Nordrhein-Westfalen, das ihm die Fortführung seiner wissenschaftlichen Arbeit ermöglichte. Dies geschah durch die Vermittlung des damaligen Bonner katholischen Theologieprofessors Joseph Ratzinger und auf Initiative von dessen Schüler Peter Kuhn.[21] In Bonn fungierte er nun auch als Vorbeter in der Synagoge und wurde zu Beginn der 1960er Jahre als Dolmetscher für polnisch und jiddisch im »Chelmno (Kulmhof)-Prozess« in Anspruch genommen, eine Tätigkeit, die ihn aufgrund der im Gerichtssaal erörterten Kriegsgräuel psychisch sehr belastete.

Seine Promotionsurkunde nahm er weder in Tübingen noch in Münster, sondern in Bonn entgegen. Er erhielt sie für eine Übersetzung des Jeruschalmi-Talmudtraktates *Sukkah*, die 1963 in Bonn im Selbstverlag des Verfassers erschien. Bereits 1957 hatte Horowitz seine Übersetzung des Traktates *Nedarim* publiziert. 1965 wurde Horowitz der Titel eines Professors verliehen. Am 8. September

1969 starb er nach längerer Krankheit, nachdem ihm der Bundespräsident zuvor noch das Große Verdienstkreuz der Bundesrepublik Deutschland für »seine Verdienste um die Verständigung zwischen Juden und Christen« verliehen hatte. Die einst in Tübingen begonnenen Übersetzungen des Jerusalemer Talmuds kehrten, nachdem Otto Michel diesem Unternehmen distanziert gegenübergestanden hatte, unter Martin Hengels Ägide an den Neckar zurück. Die zweite Auflage der Übersetzung des Traktates *Nedarim* (Gelübde), die 1983 in Tübingen erschien, war Horowitz' erster Ehefrau Lea, geb. Koller, gewidmet, »die unter dem Naziregime ihren tragischen Tod fand.« Diese Reihe gehört heute zu den herausragenden judaistischen Editionen des Verlages Mohr-Siebeck. Der Verfasser dieses Beitrages hatte die Ehre, an zwei Bänden dieser Übersetzungen mitzuwirken, wobei ihm die Einsicht in das Manuskript der einstigen Tübinger »wissenschaftlichen Hilfskraft« zum Traktat über die Eheverträge (Ketubbot) eine besondere Hilfe war. Die 2009 erschienene kommentierte Neuübersetzung dieses Traktates ist Charles Horowitz gewidmet. Die Rückkehr des zu Beginn der 1930er Jahre begonnenen Projekts an seinen Tübinger Ursprung ist die besondere Pointe der Geschichte, die an dieser Stelle zu präsentieren war.

ENDNOTEN

1 JUNGINGER: Die Verwissenschaftlichung der »Judenfrage« im Nationalsozialismus.
2 DACHS: Freund der Juden?, S. 54.
3 BLAU: Jochanan Ben Zakkai in christlicher Beleuchtung, S. 548–561.
4 LICHTENBERGER: Adolf Schlatter und das Judentum, S. 334.
5 SCHLATTER: Geschichte Israels, S. 6.
6 ZAPF: Die Tübinger Juden, S. 97 und 150f.
7 NEUER: Adolf Schlatter, S. 749.
8 KUHN: Der tannaitische Midrasch Sifre zu Numeri.
9 SIEGELE-WENSCHKEWITZ: Gerhard Kittel und die Judenfrage, S. 71f.
10 SCHWEITZER: Dunkle Schatten – helles Licht, S. 114.
11 KITTEL: Die Judenfrage, S. 15.
12 KITTEL: Die Judenfrage, S. 38.
13 Israelit, 24. August 1933, S. 1f.
14 KITTEL/FISCHER: Das antike Weltjudentum, S. 116f. und 120f.
15 CZERNIAKÓW: Im Warschauer Ghetto, S. 78f.
16 BENZ: Patriot und Paria, S. 64f.
17 MORGENSTERN: Von Adolf Schlatter, S. 92.

18 Ebd., S. 93.
19 Ebd., S. 129.
20 Arbeitsbericht K.-H. Rengstorf 1950/51.
21 Brief von Papst Benedikt XVI. vom 14. März 2012 an den Verfasser.

QUELLEN- UND LITERATURVERZEICHNIS

QUELLEN
Universitätsarchiv Tübingen (UAT)
Gerhard Kittel, Meine Verteidigung und Beilagen (UAT 162/31, 1)
Archiv des Institutum Judaicum Tübingen
Institutsberichte 1961–1972
Archiv des Institutum Judaicum Delitzschianum Münster
Arbeitsbericht K.-H. Rengstorf 1950/51
Privatarchiv des Verfassers
Brief von Papst Benedikt XVI. vom 14. März 2012

LITERATUR
Benz, Wolfgang: Patriot und Paria. Das Leben des Erwin Goldmann zwischen Judentum und Nationalsozialismus. Eine Dokumentation, Berlin 1997.
Blau, Ludwig: Jochanan Ben Zakkai in christlicher Beleuchtung, in: MGWJ NF 7 (1899), S. 548–561.
Czerniaków, Adam: Im Warschauer Ghetto. Das Tagebuch des Adam Czerniaków, München 1986.
Dachs, Gisela: Freund der Juden? Der evangelische Theologe Otto Michel, der nach 1945 für eine neue deutsche Judaistik stand, verschwieg seine braune Herkunft, in: Die Zeit, Nr. 4 (19.01.2012), S. 54.
Junginger, Horst: Die Verwissenschaftlichung der »Judenfrage« im Nationalsozialismus (Veröffentlichungen der Forschungsstelle Ludwigsburg der Universität Stuttgart 19), Darmstadt 2011.
Kittel, Gerhard: Die Judenfrage, Stuttgart, ³1934.
Kittel, Gerhard/Fischer, Eugen: Das antike Weltjudentum (Forschungen zur Judenfrage 7), Hamburg 1943.
Kuhn, Karl Georg: Der tannaitische Midrasch Sifre zu Numeri, unter Verwendung einer Übersetzung von Prof. Dr. Jakob Winter und mit Beiträgen von Prof. Dr. Gerhard Kittel, Prof. Dr. A. Marmorstein und Prof. Dr. Hans Windisch, bearbeitet und erklärt, 1. Hälfte (Rabbinische Texte, 2. Reihe, Tannaitische Midraschim, Bd. 2), Stuttgart 1934.
Lichtenberger, Hermann: Adolf Schlatter und das Judentum, in: Christfried Böttrich/Judith Thomanek/Thomas Willi (Hgg.): Zwischen Zensur und Selbstbesinnung. Christliche Rezeptionen des Judentums (Greifswalder theologische Forschungen 17), Frankfurt am Main 2009, S. 321–346.
Morgenstern, Matthias: Ketubbot. Eheverträge. Übersetzung des Talmud Yerushalmi Band III/3, hg. von Martin Hengel u. a., Tübingen 2009.

Morgenstern, Matthias: Von Adolf Schlatter zum Tübinger Institutum Judaicum. Gab es in Tübingen im 20. Jahrhundert eine Schlatter-Schule? Versuch einer Rekonstruktion, in: Matthias Morgenstern/Reinhold Rieger (Hgg.): Das Tübinger Institutum Judaicum. Beiträge zu seiner Geschichte und Vorgeschichte seit Adolf Schlatter (Contubernium. Tübinger Beiträge zur Universitäts- und Wissenschaftsgeschichte 83), Stuttgart 2015, S. 11–148.

Morgenstern, Matthias/Segev, Alon (Hgg.): Gerhard Kittels »Verteidigung«. Die Rechtfertigungsschrift eines Tübinger Theologen und »Judentumsforschers« vom Dezember 1946, Berlin 2019.

Neuer, Werner: Adolf Schlatter. Ein Leben für Theologie und Kirche, Stuttgart 1996.

Schaller, Berndt: Christlich-akademische Judentumsforschung im Dienst der NS-Rassenideologie und Politik. Der Fall des Karl Georg Kuhn. Mit einem Vorwort von Susannah Heschel, Göttingen 2021.

Schlatter, Adolf: Geschichte Israels von Alexander dem Großen bis Hadrian, Calw/Stuttgart ³1906.

Schweitzer, Wolfgang: Dunkle Schatten – helles Licht. Rückblick auf ein schwieriges Jahrhundert, Stuttgart 1999.

Siegele-Wenschkewitz, Leonore: Gerhard Kittel und die Judenfrage, in: Zeitschrift für Theologie und Kirche, Beiheft 4, Tübinger Theologie im 20. Jahrhundert (1978), S. 53–80.

Zapf, Lilli: Die Tübinger Juden, Tübingen 2008.

Zur Situation von Juden heute in Deutschland

Benigna Schönhagen im Interview mit Andreas Nachama, Rabbiner in Berlin

Herkunft und Biographie

B. Schönhagen: Herr Nachama, Sie sind Historiker und waren über 30 Jahre lang der Direktor der Topographie des Terrors, der großen Dauerausstellung zu den Zentren der NS-Terrorherrschaft in Berlin. Gleichzeitig sind Sie auch Rabbiner. Das ist eine ungewöhnliche Kombination. Wie ist es dazu gekommen?

Andreas Nachama

A. Nachama: Eigentlich wollte ich Rabbiner werden. Aber Anfang der 1970er Jahre hätte man das nur in London, am Leo Baeck College, studieren können. Da bin ich auch kurze Zeit gewesen. Aber das hat damals saftige Studiengebühren verlangt. Die konnten meine Eltern nicht zahlen. Vielleicht wollten sie es auch nicht, weil mein Vater immer der Meinung war, Rabbiner wäre kein Job für einen jüdischen Jungen, obwohl er selbst Vorbeter war. Wie auch immer, ich habe dann an der Freien Universität (FU) in Berlin Geschichte und Judaistik studiert. An der FU, mit nur zwei Hochschullehrern in Judaistik, Judaistik als Hauptfach zu studieren, das erschien mir irgendwie nicht angemessen. Und so kam es, dass ich beide Studiengänge gemacht habe. Dann war ich von 1973 an Jewish Chaplin Assistent bei der amerikanischen Armee in Berlin, mit kurzen Unterbrechungen, während derer ich in Bochum war, bis 1994. Ich bin da in die Rolle reingewachsen.

Mein erstes Jobangebot war in Bochum an der Ruhruniversität als Historiker, als Assistent von Winfried Schulze für die Frühe Neuzeit, Westeuropäische Geschichte. Dann bekam ich Anfang der 80er Jahre dieses Angebot für die Preußen-Ausstellung. Ich habe über Preußen damals schon promoviert, ich war noch nicht fertig promoviert, hatte die Arbeit aber weitgehend schon geschrieben. So war ich dann auf einmal zurück in Berlin, bei den Berliner Festspielen, und konnte auch wieder nebenbei Jewish Chaplin Assistent sein. Irgendwann war dann die amerikanische Armee weg und meine Aufgabe als Jewish Chaplin Assistent war auch weg. Da habe ich Anfang der 1990er Jahre entschieden, mich in einem Fernstudium auch auf eine Ordination [als Rabbiner] vorzubereiten. So ist es gekommen, dass ich beides gemacht habe, das eine ehrenamtlich – das Rabbiner-Sein mache ich bis heute ehrenamtlich – und das andere sozusagen als Brotjob. Und ich muss sagen, ich glaube sogar, es hat sich gut gefügt, weil nur mit den Leichenbergen und den Tätern umzugehen, das wäre vielleicht auf die Dauer psychisch belastender gewesen, als es in dieser Kombination zu tun, wo man eben auch mal Hochzeiten, Einsegnungen und andere Familienfeste und eben auch Gottesdienste feiern konnte, die einen ein bisschen weggebracht haben von diesem doch auch belastenden Thema Nationalsozialismus.

Vielfalt und Einheitsgemeinde

B. Schönhagen: Zu ihren vielen Funktionen als Rabbiner gehört auch das Amt als Vorsitzender der Allgemeinen Rabbinerkonferenz (ARK). Es gibt auch eine orthodoxe Rabbinerkonferenz. Was ist die Aufgabe der beiden Gremien und wie funktioniert die Zusammenarbeit?

A. Nachama: Das ist wie eine Gemeinde. Es gibt unter dem Dach des Zentralrats eben unterschiedliche Gemeinden, konservative und orthodoxe, und konservative und liberale. Bei den konservativen ist es immer nicht so klar, in welche Richtung sie sich entscheiden. Das ändert sich auch manchmal. Bei den Liberalen und bei den richtig Orthodoxen ist es klar. Da gibt es zwei Rabbinerkonferenzen nebeneinander. Der Zentralrat sorgt dafür, dass wir gegenseitig die Entscheidungen, die wir treffen, anerkennen und dass das sozusagen unter dem Dach dieser »Einheitsgemeinden« irgendwie auch funktioniert. Und das funktioniert auch. Der Hauptunterschied liegt wahrscheinlich darin, wie man in der Gegenwart Judentum versteht und interpretiert. Und da würde ich sagen, das Trennende ist: Wir, die Progressiven, sagen Männer und Frauen sind gleichberechtigt. Also gibt es auch Rabbinerinnen, Vorbeterinnen. Männer und Frauen sind im Gottesdienst egalitär, also gleichberechtigt. Und die Orthodoxen sagen: Nein, das können alles nur Männer ausüben. Das ist, glaube ich, das Schibbolet, das Trennende. Das war vor hundert Jahren anders. Da war es die Orgel, die Orgelsynagoge, die trennte. Das spielt heute keine so große Rolle mehr. Im einen oder anderen Fall vielleicht auch, aber das eigentlich Trennende ist das nicht.

B. Schönhagen: Und wie findet man Kompromisse?

A. Nachama: Aber warum muss man da Kompromisse finden? In ihren Gottesdiensten machen sie es so, wie sie es wollen. Und in unseren Gottesdiensten machen wir es so, wie wir es wollen. Warum brauche ich da einen Kompromiss? Wenn es Fragen gibt, die uns gemeinsam betreffen, tauschen wir uns schon miteinander aus. Dieses Trennschwert spielt in aller Regel keine so große Rolle, etwa wenn es darum geht, Schmähplastiken in Kirchen nicht zu befürworten. Da gibt es keinen Unterschied in der Bewertung.

B. Schönhagen: Damit sprechen Sie die Entscheidung über die Schmähplastik in Wittenberg an?

A. Nachama: Ja [nickt]. Es gibt viele Sachen, bei denen ich sagen würde, da gibt es zwischen den Rabbinerkonferenzen keinen Unterschied. Es mag zwischen den Sichtweisen der einzelnen Rabbiner einen Unterschied geben. […] Aber das ist überhaupt nicht das Problem. Und an der anderen Stelle gibt es eben unterschiedliche Synagogen. Es gibt eben die zwei unterschiedlichen Zugänge, die liegen aber im Nebeneinander.

B. Schönhagen: Wie werden Stellungnahmen in der Allgemeinen Rabbinerkonferenz getroffen, als Mehrheitsentscheidung?

A. Nachama: Aber wozu denn? Die Grundentscheidung zu sagen, Männer und Frauen sind gleichermaßen aktiv oder berechtigt, aktiv zu sein, die ist schon vor langer Zeit getroffen worden. Das war sozusagen der Gründungsgrund. Wo sollten sonst noch so gewichtige Entscheidungen getroffen werden? In diesen letzten zweieinhalb oder drei Jahren, in denen ich jetzt Vorsitzender der ARK bin, ist mir nicht in Erinnerung, dass wir wirklich eine Richtungsentscheidung gefällt haben.

B. Schönhagen: Zurzeit wird das Festjahr *1700 Jahre jüdisches Leben in Deutschland* gefeiert. Dabei wird versucht, die Vielfalt jüdischen Lebens zu zeigen und unterschiedliche jüdische Identitäten sichtbar zu machen. Wie wird diese Vielfalt in den Gemeinden gelebt?

A. Nachama: Sie meinen die »Einheitsgemeinden«? Na ja, die Einheitsgemeinden sind sozusagen eine Umbrella-Organisation für unterschiedlichste Strömungen. Das schafft eher Raum für Vielfalt. Zum Beispiel Frankfurt: In der Westend-Synagoge gibt es eben einen Egalitären Minjan um Rabbinerin Klapheck. Daneben gibt es die Große Synagoge, die ist Mainstream-orthodox. Und dann gibt es ein kleines chassidisches Stibl, wo noch mal eine andere Ausformulierung von Orthodoxie gelebt wird. Und sie sind alle unter einem Dach. Mir ist nicht bekannt, dass es Risse im Dach gäbe, weil da jetzt drei verschiedene Gebetsformen nebeneinander existieren. Das funktioniert. Sie kennen sich alle untereinander und grüßen sich auch. Ich glaube, die Trennung zwischen orthodox und liberal, oder zwischen orthodox und progressiv, ist nicht so scharf wie zwischen evangelisch und katholisch. Das sind nicht zwei verschiedene Organisationen, sondern es sind zwei unterschiedliche Ausformulierungen, vielleicht so wie Lutheraner und Calvinisten. […] Zum Beispiel Berlin. Da ist meine, die progressive Synagoge auf dem Campus der jüdischen Gemeinde mit Kindergärten und verschiedenen Formen von Betreuungseinrichtungen für Senioren. Das Nebeneinander ist ganz selbstverständlich auf diesem Campus. Das war vielleicht in der Gründungsphase vor 20 Jahren nicht ganz so selbstverständlich. Aber es hat sich entwickelt. Wie das so ist: Zunächst entsteht etwas Neues, da gibt es sehr große Bedenken. Und dann sieht man, na ja, am Ende ist das auch ein Teil des Judentums und dann gehört es auch dazu.

B. Schönhagen: Die Zuwanderung aus den GUS-Staaten vor rund 30 Jahren hat letztlich bewirkt, dass manche Gemeinden überleben konnten. Die Zahl der Gemeindemitglieder hat sich vervier- bis verfünffacht. In Augsburg sind sieben Mal so viele neue Gemeindemitglieder dazugekommen, wie es bis dahin gab. Das hat verständlicherweise auch zu Schwierigkeiten geführt, weil Menschen mit unterschiedlichen Mentalitäten und verschiedener religiöser und politischer Sozialisation aufeinandertrafen. Aber das ist jetzt 30 Jahre her. Wie schätzen Sie den Prozess heute ein? Wie gut sind die Neuankömmlinge integriert?

A. Nachama: Ich kann nur über Berlin reden und hier in Berlin ist es so: Es gibt unter den russischsprachigen Juden zwei Gruppen. Das eine sind die doch sehr Alten, die jetzt schon in den hohen 80er und 90er Jahren sind. Sie kamen zu einem Zeitpunkt, wo sie schon annähernd im Rentenalter waren, wenn nicht sogar schon im Rentenalter. Zu einem sehr großen Teil ist das eine in sich geschlossene Gruppe mit einer eigenen Identität, die sich nicht immer auch religiös artikuliert. Lange Zeit gab es hier den Chor der ehemaligen Rotarmisten. Sie haben schon hebräische Lieder gesungen, aber der Viervierteltakt war, ich sage mal, sehr deutlich betont. Sie haben sich damit identifiziert und das war auch in Ordnung. Und die zweite Gruppe, das sind die, die entweder überhaupt erst hier geboren oder zumindest hier aufgewachsen sind. Sie sprechen Deutsch, sie sind Teil dieser Kultur. Sie machen vielleicht gelegentlich Sachen anders als ich, aber nicht, weil sie aus dieser Gruppe stammen, sondern weil sie ein anderes Alter und andere Interessen haben. […] In der nächsten Generation wird man das kaum noch merken und in der übernächsten Generation wird man es nur durch Fragen nach den Großeltern rauskriegen.

B. Schönhagen: Diese junge Generation vertritt ihr Jüdischsein heute sehr selbstbewusst, anders als ihre Eltern.

A. Nachama: Ich würde sagen, die, die sich jüdisch artikulieren und die wir kennen. Die, die sich nicht jüdisch artikulieren, die wir nur durch Zufall kennen oder die wir nur kennen, weil wir wissen, wer die Eltern sind, bei denen ist das nicht so. Aber das ist wie bei den schon länger Ansässigen: Da gibt es Leute, die sich für ihr Judentum interessieren, sich darüber auch definieren. Und da gibt es genauso welche, denen das irgendwie am Herzen vorbeigeht, für die das keine oder zumindest im Augenblick keine größere Rolle spielt.

B. Schönhagen: Heißt das, Sie haben Hoffnung, dass sich das ändert?

A. Nachama: Na ja, man weiß es ja nicht. Ein Leben ist lang. Es kann sein, wenn einer Kinder bekommt, dass es ihm dann doch wieder wichtig ist, sein Jüdischsein an die nächste Generation weiterzugeben. Es kann an irgendeiner Situation im Leben sein, dass er auf einmal doch merkt: Da ist etwas, was mir fehlt. Das weiß man nicht. Das ist wie bei allen anderen auch. Wir leben in einer säkular geprägten Gesellschaft und die Zugehörigkeitskraft ist bei einigen stärker, bei einigen schwächer und bei einigen gar nicht entwickelt.

B. Schönhagen: Mit den Zugewanderten ist auch eine andere Erfahrung des Holocaust verbunden. Viele, vor allem ältere Zuwanderer aus der ehemaligen Sowjetunion identifizieren sich mit den Befreiern. Wie sehr spielt das eine Rolle?

A. Nachama: Das weiß ich nicht genau. Es gab eine große, eine folkloristische Bindung, zum Beispiel der Chor der Rotarmisten hier in Berlin. Der 8. bzw. 9. Mai spielte für diese Zugewanderten, und ihre Nachkommen eine wesentlich größere Rolle als für andere. Aber insgesamt sind die jüdischen Gemeinden divers. Bis zur Zuwanderung bestand die jüdische Gemeinde aus Überlebenden, die versteckt oder im Lager überlebt haben, und deren Kindern. Sie bestand aus Leuten, die remigriert sind, meist wohl aus Israel, gelegentlich auch aus Südamerika und Nordamerika, und deren Kindern. Wenn sie ins Rentenalter gekommen sind, haben sie beschlossen: Ich gehe nach Deutschland zurück und verbringe da meine älteren Tage. Ich hatte zum Beispiel in meiner Synagoge lange Zeit einen über 90-jährigen Mann aus Australien, der ist immer noch einmal im Jahr nach Australien geflogen. Das haben die aus Chile und Brasilien und New York oder aus Ottawa und sonst wo auch gemacht. Diese Bindungen gab es. Sie gibt es auch bei der russischsprachigen Community. Die fahren eben gelegentlich nach Odessa oder wer weiß wohin zurück, um dort noch vorhandene Verwandte zu treffen. Das machen auch die Amerikaner und Israelis so. Und indem ich Amerikaner oder Israelis sage, sagt das auch schon, diese Herkunft spielt nicht nur bei den Russischsprachigen, sondern auch bei den anderen eine größere Rolle.

Erinnerungskultur und Antisemitismus

B. Schönhagen: In den 70er Jahren war der Holocaust noch kein Thema. Wie war der Schritt in die Auseinandersetzung mit der NS-Vergangenheit für Sie?

A. Nachama: Die kam ja nicht plötzlich. Ich bin in einem Elternhaus mit zwei sehr unterschiedlichen Überlebenden aufgewachsen, meine Mutter versteckt, und [mein Vater] Estrongo hatte Auschwitz und Sachsenhausen überlebt. Sie sprachen darüber eigentlich nicht, mit mir jedenfalls nicht.

B. Schönhagen: Heißt das, dass sie über das Verfolgungsschicksal ihrer Eltern nicht Bescheid wussten?

A. Nachama: Nein, nur, dass sie mit mir darüber nicht sprachen. Aber bei meiner Mutter gab es ungefähr 25, vielleicht waren es auch 30 Leute, die dazu beigetragen haben, dass sie durch dieses Dritte Reich durchkam. Wenn einer von denen starb, dann sind sie natürlich alle zu der Beerdigung gegangen und anschließend trafen sie sich bei meiner Mutter zu Hause und ich war vielleicht schon aus der Schule zurück. Wenn sie sich erzählt haben, was sie mit der verstorbenen Person erlebt haben, habe ich mit großen Ohren dagesessen […] Über diese Schiene habe ich relativ schnell ein Bild bekommen. Dann gab es im Freundeskreis von meinem Vater zum Beispiel Heinrich Grüber, der war Probst hier in Berlin und hatte für getaufte Juden ein Büro unterhalten, um ihnen zu helfen. Er war auch zwei Jahre in Sachsenhausen. Mein Vater und er waren nicht gleichzeitig in dem Lager, aber sie haben sich in dem späteren Verein der ehemaligen Sachsenhausen-Häftlinge kennengelernt und sich angefreundet. Ich wusste also relativ früh, dass BK [Bekennende Kirche] die Guten waren und DC [Deutsche Christen] die Schlechten. Aber ich hatte natürlich keine Vorstellung davon, was sich dahinter überhaupt verbarg. So hat sich das entwickelt. Estrongo hatte ja seine Nummer eintätowiert auf dem Unterarm. Da wollte ich mal wissen, was es damit auf sich hat. Da sagte meine Mutter: »Das ist die alte Telefonnummer.« Dann haben wir in der vierten oder fünften Klasse Anne Frank gelesen, und dann wusste ich, was das mit der Nummer ist. So hat sich das zusammengepuzzelt. Als ich dann anfing, Geschichte zu studieren, war das Angebot an Zeitgeschichte an der Freien Universität nicht wirklich groß. Ich habe einige Sachen gemacht, sozusagen um diese ungeordneten Schnipsel, die ich im Kopf hatte, zu einem einigermaßen geordneten Weltbild zusammenzufügen. Dass ich dann über Preußen promoviert habe, hat sich so ergeben.

B. Schönhagen: Wie ist es dann zur Topographie des Terrors gekommen?

A. Nachama: Ende 1979, wahrscheinlich war es Chanukka, saß ich bei meinen Eltern zu Hause und erzählte, dass in dem, was wir heute den Gropius Bau nennen und was damals noch ausgebombt war und Ehemaliges Kunstgewerbemuseum hieß, dass darin die geplante Preußen-Ausstellung stattfinden würde. Da sagte meine Mutter: »Das ist die schrecklichste Adresse Berlins. Da war die Gestapo drin.« Ich habe mir dann Adressbücher angeguckt und festgestellt, dass dort tatsächlich, allerdings im Nachbargebäude, in der ehemaligen Kunstgewerbeschule, die durch einen Gang mit dem Kunstgewerbemuseum verbunden war, die Gestapo untergebracht war. Aber damals hatte schon ein anderer Kurator das Thema in Bearbeitung, sodass ich dann tatsächlich erst mal diese Themen aus der Frühen Neuzeit bearbeitete. Dann kam die Vorbereitung zur 750 Jahrfeier 1987. Die große zentrale Ausstellung sollte wie die Preußen-Ausstellung im Gropius Bau stattfinden. Da habe ich relativ früh in den Sitzungen gesagt, wir werden nicht die Berliner Geschichte thematisieren können ohne diese zwölf Jahre und insbesondere ohne diese braune Nachbarschaft oder diese schwarze. Das leuchtete allen ein. Und so war ich zwar immer noch nicht zuständig für die Topographie des Terrors oder für das, was dann später Topographie des Terrors genannt wurde. Es machten andere. Aber ich gehöre zu denjenigen, die es angestoßen haben. […] Die Topographie des Terrors wurde zu dem wirklich großen Erfolg des Jubiläumsjahres. Sie wurde zunächst für ein Jahr, dann unbefristet verlängert und, landete schließlich auf meinem Schreibtisch. So kam ich auf einmal schwergewichtig in die Zeitgeschichte.

B. Schönhagen: Heute gibt es so viele Möglichkeiten wie noch nie, sich über die NS-Zeit und den Holocaust zu informieren. Es gibt viele, auch kleine Gedenkstätten, und trotzdem gibt es zurzeit eine Form von offen geäußertem Antisemitismus, die so früher nicht vorhanden war. Ist da etwas schief gelaufen bei der Aufarbeitung oder der Art, wie Gedenkstätten mit dem Antisemitismus umgehen? Oder anders formuliert: In welche Richtung müsste die Arbeit jetzt gehen?

A. Nachama: Da komme ich noch mal auf die Topographie des Terrors zu sprechen. Die Hauptausrichtung, die wir damals vorgenommen haben, war, dass es um die Täter geht. Es geht um einen Lern- und nicht um einen Gedenkort. […] Die Topographie war nicht auf eine Opfergruppe, also zum Beispiel auf den Holocaust oder auf die Juden allein angelegt. Eigentlich waren alle Opfergruppen da vertreten, von den sowjetischen Kriegsgefangenen über die Patienten, über die politisch Verfolgten, bis zu den Sinti und Roma. Aber es geht im Grunde um die Täter und um die Strukturen. Willkommensklassen habe ich immer gesagt: »Hier könnt ihr mal sehen, was in einem Land passiert, in dem polizeiliches Handeln – und Gestapo ist eine Polizei, eine höchste Staatspolizei – wenn polizeiliches Handeln nicht durch unabhängige Gerichte kontrolliert wird.« Dann kam man ins Gespräch. Ich habe dabei immer das Beispiel von den beiden Wasserwerfern aus Stuttgart gebracht, die jemanden geblendet haben.

B. Schönhagen: Bei einer Demonstration gegen Stuttgart 21?

A. Nachama: Ja, die Wasserwerfer haben jemanden geblendet, der dadurch annähernd das Augenlicht verloren hat. Die Wasserwerfer sind verurteilt worden. Und dann habe ich immer gesagt: Wenn das bei euch so nicht war und das vielleicht auch ein Grund ist, warum ihr letztlich hier gelandet seid, dann kann man doch hier sehen, was man tun muss, damit ein Land nicht in eine solche Situation kommt. Lernt hieraus nicht, welche Opfergruppe vielleicht die größte war oder ist, sondern lernt daraus, die ganze Gesellschaft kann davon betroffen sein. Mit gesenktem Kopf irgendwo reingehen und danach sagen »phh«, das führt nicht weiter. Man muss erkennen können: Was ist da passiert? Welche Strukturen führten dazu? So müsste man auch an vielen anderen Orten die Frage noch mal neu stellen.

B. Schönhagen: Also mehr Strukturen als einzelne Opfergeschichten, in denen man mit sehr viel Empathie versinkt, aber nicht unbedingt viel Erkenntnis daraus zieht?

A. Nachama: Ja, so haben wir das angelegt und das ist auch, wie ich finde, gut gelungen.

B. Schönhagen: Die Besucherzahl spricht dafür, dass der Zugang ankommt. Zum Schluss noch die Frage: Wo sehen Sie sinnvolle Wege, gegen den Antisemitismus zu arbeiten?

A. Nachama: Ich glaube in der Zwischenzeit, dass Antisemitismus in allen Medien und auch in fast allen gesellschaftlichen Formationen vorkommt. Und insofern ist es heute anders als vor 30 Jahren, als man meinte zu wissen, woher er kommt. Ich bin sehr skeptisch, ob man das jemals gewusst hat. Wenn man sich die Umfragen über antisemitische Haltungen in der Bundesrepublik anguckt, kann man grundsätzlich feststellen: Zwischen 20 und 25 Prozent hat sich der Antisemitismus immer bewegt. Das heißt, wir sind jetzt hier nur zu zweit, aber der vierte wäre theoretisch ein Antisemit. Das hat sich nach meinem Dafürhalten nicht so sehr verändert. Was sich verändert hat, ist, dass es heute offener ausgesprochen wird. Und dass auch im Gewand eines israelbezogenen oder israelkritisch bezogenen Antisemitismus Dinge gesagt werden, von denen ich der Meinung bin, die müsste man so nicht sagen, selbst wenn man die kritische Position der Politik des Staates Israel gegenüber einnimmt. Ich finde, da laufen Sachen ineinander. Da muss man jetzt überlegen: Was kann man an verschiedenen Stellen tun? Und da haben die Erinnerungseinrichtungen bei der Vermittlung des nationalsozialistisch bezogenen Antisemitismus eine große Erfahrung. Die soll man nutzen und die Dinge nicht auseinanderdriften lassen, sondern zusammenführen. Zum Beispiel sind unter den Preisträgern der vom Deutschen Koordinierungsrat der Gesellschaft für Christlich-Jüdische Zusammenarbeit verliehenen Buber-Rosenzweig-Medaille in den letzten Jahren Initiativen gegen Antisemitismus wie Eintracht Frankfurt und TuS Makkabi darunter. Die setzen sich in sehr unterschiedlicher Weise, unterschiedlicher kann man es fast schon gar nicht mehr tun, mit diesen Phänomenen auseinander. Das finde ich richtig und gut. Das muss man versuchen weiterzutragen. Ich wäre aber der Letzte, der jetzt sagt: »Das ist alles prima, wir spielen nur die alten Karten wieder aus.« Aber ich finde, diese Erinnerungsorte mit der Erfahrung, die da gesammelt wurde, sind sehr wichtig.

B. Schönhagen: Ganz zum Schluss noch: Gegensätze zusammenführen und Unterschiedliches zu verbinden scheint etwas Durchgängiges in Ihrem Lebenslauf zu sein. Auch jetzt haben Sie wieder ein solches Projekt intensiv verfolgt, das House of One. Was hat es damit auf sich?

A. Nachama: Dazu muss ich aber noch mal auf die 70er Jahre zurückkommen. Als ich anfing, an der Freien Universität zu studieren, musste, wer Judaistik studieren wollte, auch Grundkurse in evangelischer Theologie, in Islamwissenschaft und Religionswissenschaft nehmen. Ein katholisches Institut gab es nicht wirklich an der FU. Dadurch habe ich ersten Kontakt auch mit Muslimen gehabt. Das hat dann dazu geführt, dass ich ab 1973 oder 1974 Edward van Voolen, der jetzt die Rabbinerausbildung hier in Berlin macht und lange Zeit Kurator und stellvertretender Direktor des Historischen Museums in Amsterdam war, wiederholt in Bendorf am Rhein bei einer christlich-jüdisch-muslimischen Konferenz begegnete. Das waren die Anfänge meines Trialogs. Als dann hier in Berlin die Idee aufkam, am Petriplatz, wo die älteste Kirche Berlins stand und die Reste der im Krieg zerstörten Kirche abgerissen wurden, etwas Neues entstehen zu lassen, war es zunächst der von mir sehr verehrte Rabbiner Tovia Ben-Chorin, der das übernommen hat. Als er dann aus Berlin wegging, bin ich 2015 sein Nachfolger geworden. Das ist schon ein Versuch, etwas ganz Neues zu machen, drei verschiedene Traditionen unter einem Dach. Jeder feiert in seiner Tradition und doch wird man sich in der Mitte begegnen, auch säkulare oder andere Religionen, die in der Berliner Stadtgesellschaft vorhanden sind. Wenn das gelingt, dann wird dieses Haus ein Bet- und Lehrhaus sein. Aber es wird eben insbesondere auch ein Begegnungshaus sein. Wir machen jetzt schon Veranstaltungen oder gehen in Schulen. Erstens gibt es einen großen Bedarf, zweitens großes Interesse und drittens natürlich auch eine große Notwendigkeit. […] Es wird nachgefragt und gelegentlich gelingt, meistens bei traurigen Anlässen wie Kriegsbeginn, ein gemeinsames Friedensgebet. Da kommen dann auch pakistanische und andere Muslime dazu, zudem auch Hinduisten und Bahai. Dann sind wir auf einmal in einer Gruppe von vielleicht 15, 20 verschiedenen Glaubensgemeinschaften. Nicht alle stehen außerhalb von Judentum, Christentum und Islam, aber einige doch auch. Und dann formulieren wir uns ein Friedensgebet, weil wir der Meinung sind, Frieden schaffen kann man am besten doch immer noch ohne Waffen.

B. Schönhagen: Vielen Dank für das Gespräch, Herr Nachama.

Benigna Schönhagen im Interview mit Barbara Traub, Vorstandssprecherin der Israelitischen Religionsgemeinschaft Württemberg

Herkunft und Biographie

B. Schönhagen: Frau Traub, Sie wurden in Wien geboren und haben in Wien studiert. Wie hat Sie das Leben in einer Stadt mit einer großen jüdischen Gemeinde geprägt?

B. Traub: Ich habe eine sehr aktive jüdische Gemeinde erlebt, die bereits damals zahlreiche Angebote für Jüdinnen und Juden bereithielt. Insbesondere die vielfältige Jugendarbeit ist mir positiv in Erinnerung geblieben.

Barbara Traub

B. Schönhagen: Heute sind Sie Vorstandssprecherin der Israelitischen Religionsgemeinschaft Württembergs (IRGW), und das schon seit vielen Jahren. Wie haben Sie bei Ihrer Ankunft in den 1990er Jahren die Situation von Jüdinnen und Juden in Stuttgart erlebt? Was hat Sie erstaunt, was vielleicht auch irritiert im Vergleich zur Situation in Wien? Welche Traditionen und Probleme haben Sie vorgefunden?

B. Traub: Die erste Hälfte der 1990er-Jahre war eine Zeit gewaltiger Umbrüche. Auch wenn der Fall des Eisernen Vorhangs unsere Welt insgesamt sehr stark verändert hat, waren die jüdischen Gemeinden in Deutschland in ganz besonderer Weise betroffen: Das zwischen der Bundesregierung und dem Zentralrat durch Kanzler Dr. Helmut Kohl und Präsident Dr. h. c. Heinz Galinski ausgehandelte Zuwanderungsprogramm für jüdische Menschen aus der ehemaligen Sowjetunion erlebten die hiesigen Gemeinden als eine Umwälzung, wie sie vermutlich nur mit jener in Israel ansatzweise vergleichbar ist.

Im Gegensatz zu Stuttgart war die jüdische Gemeinde in Wien immer schon groß, mondän und hatte eine dauerhafte Perspektive für ihre weitere Entwicklung. Bis zur großen Zuwanderung verstand man sich in Stuttgart hingegen eher als eine Art Rückzugsraum für ansonsten gesellschaftlich gut integrierte Mitglieder. In die Gemeinde kam man, um unter sich zu bleiben. Möglicherweise hing dies auch mit der Familiengeschichte der damaligen Mitglieder zusammen, die fast ausnahmslos selbst Überlebende der Schoa oder deren unmittelbare Nachfahren waren. Nach außen hin, trat man daher nur wenig in Erscheinung, mit Ausnahme des WIZO-Basars (Internationale Zionistische Frauenorganisation) und sporadischer Events.

Auch wenn ich diese Zurückhaltung vor dem Hintergrund der Geschichte der Mitglieder verstehen konnte, war es für mich als junge Frau und Mutter ein regelrechter Kulturschock, in ein Land zu kommen, in dem eher jüdische Grabsteine das Bild meiner Gemeinde prägten als jüdische Menschen. Das wollte ich ändern und mit den Zuwanderern ergaben sich auch Chancen hierzu. Denn nicht zuletzt aufgrund der Diskriminierungserfahrungen in Sowjetzeiten hatten diese ein starkes Bewusstsein jüdisch zu sein – auch wenn dieses häufig diffus war und nur wenige wirklich die Chance gehabt hatten, ihre jüdischen Traditionen zu erlernen und zu pflegen. Und die Zuwanderer brachten häufig ein natürliches, jüdisches Selbstbewusstsein mit, hatten sie oder ihre Eltern doch einst Anteil an der Befreiung Europas vom Joch des Nationalsozialismus. Im Nachhinein betrachtet war es wohl ein Glücksfall, zu Beginn dieses Umbruchs von Wien nach Stuttgart gekommen zu sein und die Chance gehabt zu haben, diesen Veränderungsprozess mitzugestalten.

B. Schönhagen: Wie hat sich die Situation der IRGW seit dieser Zeit geändert und entwickelt?

B. Traub: Für die IRGW war die Zuwanderung zunächst eine große Herausforderung. Die Mitglieder unserer Gemeinde waren zwar selbst zumeist irgendwann zugewandert oder als *Displaced Persons* (DPs) hier gestrandet. Aber das war unter ganz anderen Voraussetzungen geschehen und lag auch Jahrzehnte zurück. Effektiv gab es daher wenig bis keine Erfahrungen mit der Integration von Neuzuwanderern, auf die man zurückgreifen konnte. Doch man hat die Herausforderung für sich angenommen und unsere Gemeinde ist daran gewachsen – nicht nur quantitativ, sondern vor allem auch qualitativ.

Letztendlich geht die Diversifizierung unserer Gemeindestrukturen auf diese Zuwanderung zurück. Wir haben seinerzeit erstmals Sozialarbeiter*innen eingestellt und die ersten Neuankömmlinge zu Integrationshelfern ausgebildet, die Wohnheime besucht und bei den ersten Schritten in der neuen Heimat geholfen haben. Parallel dazu wurde ein Angebot an Sprachkursen aufgebaut. Ich selbst habe bei uns die ersten Integrationskurse ins Leben gerufen und über Jahre ehrenamtlich unterrichtet. Die kleine Kinderbetreuungsgruppe wuchs zu einem richtigen Kindergarten heran und über einen Hort tasteten wir uns in Richtung einer eigenen Grundschule vor. In diesen Jahren hatte mithin eine deutliche Professionalisierung unserer Gemeinde stattgefunden, im Zuge derer wir zu einem echten Partner für Land und Stadt heranwachsen konnten.

Heute betreiben wir als IRGW zwei staatliche Wohnheime für jüdische Zuwanderer. Hinzu kommt seit 2016 gemeinsam mit einem kirchlichen Träger ein Wohnheim für Geflüchtete aus Syrien und dem Nordirak. Seit 2021 können sich Polizeibeamte in Baden-Württemberg mit ihren Anliegen vertrauensvoll an Polizeirabbiner wenden – ein Pilotprojekt des Landes mit der IRG Baden und der IRGW, das bundesweit Beachtung und mittlerweile auch Nachahmer gefunden hat.

B. Schönhagen: Wie erleben Sie die Situation von Juden heute im württembergischen Teil des Bundeslandes?

B. Traub: In Württemberg haben wir es mit einem starken Stadt-Land-Gefälle zu tun. So hat Stuttgart für das jüdische Württemberg eine herausragende Stellung inne, wie dies übrigens schon mindestens seit dem Ende des 19. Jahrhunderts der Fall war.

Dieses Stadt-Land-Gefälle spiegelt sich auch im jüdischen Alltag wider. Die Landeshauptstadt ist mit rund 1.700 Gemeindemitgliedern die mit Abstand größte jüdische Ortsgemeinde Baden-Württembergs. Entsprechend gut ist hier die jüdische Infrastruktur ausgebaut. Schon die zweitgrößte Gemeinde – Karlsruhe mit rund 800 Mitgliedern – bietet keine vergleichbaren Möglichkeiten. In Stuttgart kann daher sogar eine orthodoxe, jüdische Familie passabel leben. In den größeren Zweigstellen ist dies nur mit Abstrichen möglich und in den kleineren fehlt hierfür teilweise schlicht die jüdische Infrastruktur. Diejenigen hingegen, die sich eher als konservativ oder liberal verstehen, oder die ihr Judentum eher kulturell auffassen, fühlen sich auch in den kleineren Zweigstellen sehr wohl.

Dass es jungen Menschen über die Arbeit, Freunde und Kinder leichter gelingt Anschluss zu finden, ist allgemein bekannt. Erfreulicherweise stellen wir jedoch in den letzten Jahren fest, dass auch die älteren Menschen in den Zweigstellen deutlich aufholen und ebenfalls ihren Platz vor Ort gefunden haben. Ob in Esslingen, Reutlingen, Heilbronn oder Aalen – wir erleben auch in den rein ehrenamtlich getragenen, kleineren Zweigstellen eine deutliche Öffnung: Man tritt als jüdische Gemeinde nach außen hin auf. Man arbeitet in interreligiösen Arbeitskreisen mit. Man ist gewissermaßen in der Stadtgesellschaft ›angekommen‹.

Vielfalt und Einheitsgemeinde

B. Schönhagen: Der Zentralrat der Juden in Deutschland, das offizielle Vertretungsorgan, dem Sie seit 2017 angehören, betont heute die Vielfalt jüdischen Lebens. Welche Bedeutung hat für Sie noch das Konzept der sogenannten Einheitsgemeinde, das aus der Nachkriegszeit stammt?

B. Traub: Es ist richtig, dass ich als Person dem Präsidium – also der Exekutive des Zentralrats – seit 2017 angehöre. Die IRGW als Gemeinde ist hingegen schon seit Jahrzehnten Mitglied des Zentralrats. Doch zu Ihrer Frage: Die »Einheitsgemeinde« ist in Württemberg weiterhin lebendig, und zwar bei weitem nicht nur als eine ›Notgemeinschaft‹. Auch wenn wir seit einigen Jahren eine liberale Gruppe haben, sehen wir uns bewusst als Einheitsgemeinde, in der man seinen Weg gemeinsam geht und den verschiedenen Gruppen jene Freiräume gewährt, die sie für die eigenen Entwicklungen benötigen.

B. Schönhagen: Vor welche Herausforderungen stellt die Vielfalt jüdischer Identitäten die IRGW? Wie wird diese Vielfalt gelebt?

B. Traub: Das Konzept der Einheitsgemeinde setzt vor allem Respekt voraus und das Wissen um die Bedürfnisse und auch besonderen Befindlichkeiten des jeweils anderen. So haben wir uns im Hinblick auf die Zuwanderer bewusst entschieden, bei Rabbinern und Sozialarbeitern auf russische Sprachkenntnisse Wert zu legen. Gerade für ältere Menschen – und der demografische Wandel ist auch in unserer Gemeinde ein Faktor – ist es wichtig, sich in seiner

Muttersprache artikulieren zu können und nicht erst eine sprachliche Hürde überwinden zu müssen. Religiös orientieren wir uns als Einheitsgemeinde an den orthodoxen Traditionen und auch unsere liberale Gruppe respektiert diese, weil man umgekehrt darauf vertrauen kann, ebenfalls die notwendigen Freiräume zu erhalten, die für einen selbst wesentlich sind. Wir ermutigen die verschiedenen Gruppen, sich als Teil der IRGW zu verstehen und selbstbewusst den eigenen Beitrag zum Ganzen beizusteuern. So kommen wir zu einem respektvollen Umgang miteinander, in dem die Abgrenzung zum jeweils anderen nachrangig ist.

Sie kennen sicherlich den Witz von dem einen Juden, den es auf eine einsame Insel verschlägt, wo er zwei Synagogen baut. Darauf angesprochen, wieso er zwei Synagogen baut, erklärt er: Das eine ist die Synagoge, in die er zum Beten geht, die andere ist jene Synagoge, in die er niemals auch nur einen Fuß setzen werde. Bei uns in Württemberg müsste man die Geschichte anders erzählen: Da stehen am Ende auch zwei Synagogen auf der Insel. Aber man lebt dort nicht als Eremit, sondern mindestens zu dritt. Und man geht auch in beide Synagogen: Wir beten manchmal getrennt, aber wir arbeiten für die Gemeinde immer zusammen. Und feiern, das tun wir grundsätzlich gemeinsam. Mithin steht das Wohl der Gesamtgemeinde bei uns in der Einheitsgemeinde stets im Zentrum.

B. Schönhagen: Wie ist die Integration von Jüdinnen und Juden aus der ehemaligen UDSSR gelungen, die vor gut dreißig Jahren als sog. Kontingentsflüchtlinge nach Deutschland kamen? Wie hat sich durch die damit verbundene Vervielfachung der Zahl der Gemeindemitglieder das Gemeindeleben verändert?

B. Traub: Sie stellen eine schwierige Frage in zweierlei Hinsicht. Erstens: Was bedeutet Integration? – Zweitens: Woran bemisst es sich, ob Integration gelungen ist oder nicht? – Rein vom Bauchgefühl her würde ich spontan antworten, dass die Integration der Zuwanderer in der IRGW hervorragend gelungen ist.

Wir hatten von vornherein Wert darauf gelegt, den Neuzuwanderern das Gefühl zu geben, willkommen zu sein und sie in die Gemeindearbeit eingebunden. Entsprechend häufig haben unsere Zuwanderer schon kurz nach ihrer Einreise Verantwortung auf den verschiedenen Ebenen der Gemeinde übernommen.

Umgekehrt haben die Zuwanderer mit Russisch eine weitere ›Lingua franca‹ in unsere Gemeinde eingebracht und sie können bei uns Vorträge zur württembergischen Landesgeschichte in russischer Sprache hören. Dem Vernehmen nach haben wir diesbezüglich einen ziemlich guten Ruf innerhalb der russischsprachigen Community Stuttgarts, die weit über die jüdische Gemeinschaft hinausreicht. Und, so wie der Jom HaAzamaut – der Unabhängigkeitstag Israels – für Gemeindemitglieder mit Wurzeln in Israel eine besondere Bedeutung hat, so ist der »Tag des Sieges« am 9. Mai bei uns längst mit dem »Tag der Befreiung« am 8. Mai zu einem einzigen, festen Termin im Kalender verwachsen. Integration ist letztendlich ein Geben und Nehmen. Der Zusammenhalt, den wir in unserer Gemeinde tagtäglich erleben zeigt, dass hier Menschen mit Wurzeln aus ganz unterschiedlichen Ländern in vorbildlicher Weise zusammengefunden haben.

B. Schönhagen: Welche Projekte halten Sie für produktiv für eine Stärkung der jüdischen Gemeinschaft?

B. Traub: In Württemberg haben wir in den vergangenen Jahren Angebote für Kinder und Jugendliche sehr stark ausgebaut. Jetzt erweitern wir die Perspektive auf Familien und junge Erwachsene, also die mit Abstand am schwierigsten zu erreichende Zielgruppe. Dabei ist die Familie nicht nur aus einer jüdischen Perspektive der Kern der Gemeinschaft, sondern wir haben auch ein großes Interesse junger Familien an diesen Angeboten festgestellt. Dies wollen wir weiter ausbauen und versuchen, verstärkt auch gemeindefernere Familien anzusprechen.

Hierbei werden wir vom Zentralrat und der Zentralwohlfahrtsstelle der Juden (ZWST) hervorragend unterstützt, die in den letzten Jahren entsprechende Angebote ebenfalls deutlich ausgebaut haben. Beispiele sind hier die »PJ Library«, bei der Familien Hefte mit jüdischen Gutenachtgeschichten erhalten können, das »Mischpacha«-Programm für Familien mit kleinen Kindern sowie die Bereitstellung übersichtlicher und ansprechender Gebetsbücher.

Erinnerungskultur und Antisemitismus

B. Schönhagen: Heute unterstützen die Bundesregierung und die Landesregierungen das Wachhalten der Erinnerung an die Verbrechen der NS-Zeit nicht zuletzt zur Stärkung der demokratischen Gesellschaft. Sie fördern Gedenkstätten, Mahnmale und Initiativen, die an die ausgelöschten jüdischen Gemeinden erinnern und der jungen Generation ein kritisches Geschichtsbewusstsein vermitteln wollen. Dennoch wächst der Antisemitismus im Land und wird unverhohlen geäußert. Woran liegt das Ihrer Meinung nach und was ist dagegen zu tun?

B. Traub: Antisemitismus ist kein klar abgrenzbares Phänomen, das man »an sich« angehen könnte, sondern unter dem Begriff des Antisemitismus fassen wir eine Vielzahl von Phänomenen zusammen, die jeweils ganz unterschiedlicher Natur sind. Entsprechend vielschichtig müssen die Maßnahmen sein, die ergriffen werden. Dabei ist die Immunisierung junger Menschen wichtig, aber bei weitem nicht ausreichend.

Mit dem Besuch einer KZ-Gedenkstätte wird man möglicherweise verhindern können, dass junge Menschen einer Verharmlosung der Schoa aufsitzen und sich von Neonazis zu einem rassistisch basierten, antisemitischen Gedankengut hinreißen lassen. Aber religiös basierten Antisemitismus – ob von christlicher oder muslimischer Seite – wird man damit kaum begegnen können. Auch sind wir betreffend eines eher im linken Spektrum angesiedelten Antisemitismus, der sich aus Kapitalismuskritik, Antizionismus und einer Israel diffamierenden Haltung speist, nur bedingt handlungsfähig. Wir können z. B. nur hoffen, dass die im angelsächsischen Raum weit verbreitete Boykott-, Desinvestment- und Sanctions-Bewegung (BDS) nicht zu uns herüberschwappt. Ich sehe unsere Gesellschaft hier nur begrenzt vorbereitet.

An anderer Stelle ist man bereits weiter und die Innenminister von Bund und Ländern haben beispielsweise mit der Unterzeichnung der »Stuttgarter Erklärung gegen Hass und Hetze« am 2. Dezember 2021 bei uns in der Stuttgarter Synagoge ein deutliches Signal ausgesandt, dass man nicht gewillt ist, soziale Medien und das Internet weiterhin als rechtsfreie Zone zu akzeptieren. Dabei deutet einiges darauf hin, dass es nicht so sehr die jungen Menschen sind, die mit den sich ihnen virtuell bietenden Möglichkeiten der politischen Meinungsbildung nur unzureichend umgehen können, sondern in nennenswertem Umfang Personen in höherem Alter, die von der medialen Revolution überfordert werden.

B. Schönhagen: Die Wahl einer offen antisemitischen und extremistischen, oft demokratiefeindlichen Partei in den württembergischen Landtag und alle anderen Landesparlamente wie in den Bundestag hat die Verankerung von Judenhass in einem nicht unerheblichen Teil der Bevölkerung deutlich gemacht. Die Attentate in Halle und Hanau folgten. Wie erleben Sie die Reaktionen der Landesregierung(en) darauf? Fühlen Sie sich in Stuttgart sicher?

B. Traub: Gerade in Baden-Württemberg hat man sehr entschlossen reagiert und sich von Anfang an klar und deutlich abgegrenzt. Hierfür gebührt den demokratischen Parteien ausdrücklich unser Dank und Respekt. Die Erfahrung unter anderem in Österreich zeigt, dass sich rechte Parteien nicht automatisch ›entzaubern‹, indem man sie an Regierungen beteiligt, sondern es ist eine harte und langwierige politische Arbeit, sich mit diesen Parteien auseinanderzusetzen und den Wählern auf diese Weise zu verdeutlichen, wo diese Parteien stehen und warum sie nicht wählbar sind. Und solange die demokratischen Kräfte zusammenhalten, kann dies auch gelingen. Wo dieser Zusammenhalt bröckelt, profitieren die radikalen Kräfte.

B. Schönhagen: Wie beurteilen Sie die bisherige Antisemitismusprävention? Was erwarten Sie von Politik und Bildungsinstitutionen zur Stabilisierung der Situation?

B. Traub: Wir sind in den vergangenen Jahren deutliche Schritte weitergekommen, was die Prävention gegen Antisemitismus betrifft. Auch mit der Berufung von Antisemitismusbeauftragten hat die Politik sehr entschlossen reagiert. Baden-Württemberg war hier abermals Vorreiter und Dr. Michael Blume hat als erster Antisemitismusbeauftragter Deutschlands bislang hervorragende Arbeit geleistet. Letztendlich ist es der Politik auf diese Weise gelungen, auf die zunehmende Enttabuisierung von Antisemitismus in den »Sozialen Medien« zu reagieren. In der Folge haben wir es mit einer Art doppelter Enttabuisierung von Antisemitismus zu tun: Nicht nur die Täter leben ihre antisemitischen Einstellungen im virtuellen Raum verstärkt aus, sondern auch die Gesellschaft ist bereit, das Problem zu benennen und aktiv anzugehen. Antisemitismus wird nicht mehr ›unter den Teppich gekehrt‹ und wir sind als Gesellschaft gewissermaßen konfliktfähig geworden. Auf Bundesebene und auch in Baden-Württemberg wurden Kommissionen eingerichtet, die Schulbücher kritisch auf dort transportierte Stereotype hin durchleuchten. In Baden-Württemberg wurden zudem Meldestellen eingerichtet, an die sich Betroffene wenden können.

Ein Patentrezept, wie sich Antisemitismus bekämpfen lässt, kenne ich leider nicht. Aber das Thema – wie in der Vergangenheit häufig geschehen – einfach nur an Schulen und Bildungseinrichtungen ›abzuschieben‹, das wird sicher nicht zu den erhofften, nachhaltigen Erfolgen führen. Sehr wohl hilft es, wenn bei antisemitischen Vorkommnissen klare Kante gezeigt wird: Die Schule ist für junge Menschen der entscheidende Berührungspunkt mit ›dem Staat‹ und in den Werten, die man hier lebt, werden für junge Menschen auch die Werte und Normen unserer Gesellschaft unmittelbar erfahrbar. Oder eben auch nicht.

B. Schönhagen: Auf den Impfgegner-Demos haben Vergleiche mit Holocaust-Opfern eine erschreckende Verharmlosung der Schoa deutlich gemacht. Wie kann die Erinnerungskultur darauf reagieren? Was muss sich an der Erinnerungsarbeit ändern? Wie kann sie zeitgemäß werden?

B. Traub: Ich möchte eher widersprechen, dass die Erinnerungskultur »zeitgemäß« werden muss: Gerade die Entgleisungen auf den Impfgegner-Demos haben doch gezeigt, dass vielen Menschen jedes Einfühlungsvermögen gegenüber den Opfern der Schoa vollkommen abgeht. Wer sein Herz auch nur einmal geöffnet hat für das Schicksal der Menschen, die während der Schoa millionenfach sinnlos, grausam und ohne jedes Mitleid umgebracht wurden, der wird sich voll Abscheu vor solchen Mit-Demonstranten abwenden.

Wer nur ein einziges Mal sein Herz geöffnet und den Versuch gemacht hat, mitzufühlen, was die Menschen empfunden haben müssen, als sie von ihren Lieben – ihren Partnern, ihren Kindern, ihren Familien – an Rampen getrennt wurden, dem kann das Wehklagen über die überschaubaren Folgen der Corona-Maßnahmen nur wie kindliche Egozentrik erscheinen.

Wer nicht den wesentlichen Unterschied verstanden hat, zwischen dem Infektionsschutz als einem Schutz für menschliches Leben auf der einen Seite, und der Schoa, in der Menschen millionenfach vorsätzlich und systematisch ermordet wurden auf der anderen Seite, dem kann auch die beste Erinnerungsarbeit nicht helfen. Diese geistige Leistung muss man jedem einzelnen abverlangen dürfen.

B. Schönhagen: Das Festjahr »1700 Jahre« hat versucht, die Reduzierung auf den Holocaust aufzulösen und das Bild vom Judentum und jüdischer Geschichte über die Schoa hinaus zu erweitern. An die Stelle einer ausschließlichen Verfolgungsgeschichte wurde eine *shared history*, die Geschichte von Austausch und Verflechtung gesetzt. Wie ist das in ihren Gemeinden aufgenommen worden?

B. Traub: Die Schoa oder der Holocaust sind in ihrer Unfassbarkeit nach wie vor zentrale Bezugspunkte für uns als jüdische Gemeinschaft und auch als Gesellschaft insgesamt.

Innerhalb der jüdischen Gemeinschaft ist die Schoa vor allem auch ein emotionaler Bezugspunkt: Kognitiv mit der Ratio ist die Schoa weder erfassbar noch verarbeitbar – übrigens weder für jüdische noch für nicht-jüdische Menschen. Aber unter den jüdischen Menschen haben die meisten zahllose Opfer in der eigenen Familie zu beklagen. Man ist sich bewusst, Nachfahre der wenigen zu sein, die einst die Schoa überlebt haben. Daher käme man mithin nicht auf die Idee, einen ›Schlussstrich‹ zu ziehen. Dieser emotionale Zugang ist auch heutzutage unter jungen, jüdischen Menschen nach wie vor präsent, während wir nichtjüdischen Jugendlichen diesen Zugang häufig erst eröffnen müssen. Unter dieser Voraussetzung wurde auch bei uns in den Gemeinden eine Öffnung des Blicks auf die Geschichte ohne eine Engführung auf die Schoa sehr positiv aufgenommen. Auch innerhalb der jüdischen Gemeinden ist es natürlich schön, sich mit der eigenen Geschichte hier vor Ort auseinandersetzen und das beklemmende Gefühl der Schoa eine Weile ausblenden zu können, um sich der positiven Momente der *shared history* widmen zu können.

Israel

B. Schönhagen: Politiker betonen immer wieder die besondere deutsche Verantwortung für das Existenzrecht Israels. In der Bevölkerung sieht das oft anders aus. Was muss Ihrer Meinung nach getan werden, damit hier mehr Nähe und Verständnis entstehen?

B. Traub: Mit dem Fall des Eisernen Vorhangs hatte ein geradezu naiver Zukunftsglaube eingesetzt: Freiheit, Demokratie, Menschenrechte – vermeintliche Selbstläufer und nur eine Frage der Zeit, bis sich unsere westlichen Prinzipien endgültig und weltweit durchsetzen würden. Ich habe den intuitiven Eindruck, dass man in dieser Zeit auch leichtfertig eine Entfremdung zur Republik Israel zugelassen hatte. Man hatte geflissentlich vergessen, dass Israel die eigenen demokratischen und rechtsstaatlichen Werte vertritt und zugleich die einzige Demokratie im gesamten Nahen und Mittleren Osten ist. In den vergangenen Jahren haben wir jedoch auf bittere Weise erfahren müssen, dass wir zu optimistisch waren: Freiheit,

Demokratie und Menschenrechte sind keine Selbstläufer und Demokratien können scheitern. Ich glaube, es ist daher kein Zufall, dass wir auf vielen Ebenen ein wiedererwachendes, von Wohlwollen getragenes Interesse an Israel erleben.

In Baden-Württemberg bemüht man sich seit geraumer Zeit verstärkt um Schulpartnerschaften mit Israel. Man kann im Rahmen des »Naale-Programms« ein in Deutschland und Israel wechselseitig anerkanntes Abitur ablegen. Auch bei der Meister-Ausbildung gibt es bereits Kooperationen.

Seitens der IRGW bieten wir unseren Jugendlichen, die frisch Bar oder Bat Mizwa geworden sind [d.h religiös mündig], eine einwöchige Reise an, auf der sie Israel kennenlernen können. Zudem nehmen wir am Deutsch-Israelischen Freiwilligendienst (DIFD) teil und ermöglichen jährlich zwei jungen Israeli einen zwölfmonatigen Aufenthalt bei uns in der Gemeinde. Umgekehrt können dank des DIFD auch junge Menschen aus Baden-Württemberg ein Freiwilliges Soziales Jahr (FSJ) in Israel absolvieren, das hier in Deutschland anerkannt wird. Es gibt also schon Programme und Strukturen, die allerdings noch etwas besser bekannt gemacht werden müssen. Außerdem ist in Anlehnung an das Beispiel des Deutsch-Französischen Jugendwerks schon länger ein Deutsch-Israelisches Jugendwerk in der Diskussion. Ich drücke auf jeden Fall die Daumen, dass es bald so weit ist!

B. Schönhagen: Herzlichen Dank, Frau Traub!

Siege der Bildung, Wunder des Lebens: Wie wichtig jüdisches Leben für unser Land ist

Michael Blume

Michael Blume

Meine Eltern wuchsen hinter dem Eisernen Vorhang, der damaligen Deutschen Demokratischen Republik (DDR) unter sowjetischer Vorherrschaft auf. Aufgrund ihrer freiheitlichen Überzeugungen wurden Sie von der DDR-Staatssicherheit bespitzelt, mein Vater inhaftiert und gefoltert. Von der Bundesrepublik schließlich freigekauft – denn die planwirtschaftliche DDR »verkaufte« auch fluchtwillige Menschen, um an Westmark zu kommen – siedelten sich meine Eltern in Filderstadt an, wo meine Schwester und ich geboren wurden. Gerade aufgrund des Wohlstandes der Alteingesessenen, der uns unerreichbar schien, lebten wir ein für damalige westdeutsche Verhältnisse neuartiges Familienbild der Doppelverdiener mit Kindern: Meine Mutter arbeitete als Krankenschwester, mein Vater als Zeitungsausträger und Angestellter. Der allmorgendliche, kleine Stapel an Regionalzeitungen am Frühstückstisch dürfte zu den Glücksfällen meines Lebens gehört haben – die Alphabetschrift eröffnete Welten von nah und fern.

Ich erzähle das, um die sicher auch lange naive Dankbarkeit eines Arbeiterkindes gegenüber dem freiheitlichen Rechtsstaat der Bundesrepublik kenntlich zu machen. Als Computer-, aber vor allem Büchernerd durfte ich als erster Blume das Abitur machen und wagte mich – nach freiwillig verlängertem Wehrdienst und erfolgreich absolvierter Banklehre – schließlich gar an ein Studium.

Als Jugendgemeinderat und schließlich junger Stadtrat (CDU) erlebte ich jedoch, dass nicht allen jungen Menschen der Bildungsaufstieg in gleicher Weise gelang und geriet in eine Dialog- und Brückenbaufunktion zwischen Einheimischen und Zugewanderten aus nah und fern. Dabei kam dann auch die Religion ins Spiel.

Im Ethikunterricht – denn ich war ja nicht getauft – saß neben mir eine Deutschtürkin, die ebenso wie ich um Bildungsaufstieg und Anerkennung kämpfte; wobei ihr Schwäbisch bis heute deutlich besser ist als meines. Wir waren bereits verlobt, als ich mich in die evangelische Landeskirche taufen ließ. Wir heirateten jung und bekamen drei Kinder. Gemeinsam mit anderen jungen Christen und Musliminnen gründeten wir eine Christlich-Islamische Gesellschaft (CIG), der ich lange Jahre mit je einem muslimischen Partner vorstand.

Antisemitismus auch in den jungen Generationen Schwabens

Und dort also geschah es, dass wir bei aller Dialogbegeisterung mit Antisemitismus konfrontiert wurden: Sowohl von Christen aus Ost- und Südeuropa wie auch von jungen Muslimen kamen Vorschläge, den Dialog »gegen die Juden« zu führen, die doch »als Zionisten die Welt regieren.«

Dagegen entschieden sich mein damaliger Mitvorsitzender Murat und ich, Jüdinnen und Juden in den Dialog einzubeziehen – und riefen unerschrocken in der Israelitischen Religionsgemeinschaft Württembergs (IRGW) an. Ein begeisterter Vorstand Meinhard Tenné – der, wie wir später erfuhren, selbst den Holocaust überlebte, aber Mutter und Schwester an den mörderischen Wahn der Nationalsozialisten verloren hatte – empfing uns mit offenen Armen.

Jüdisch-christlich-islamischer Trialog

Schnell entstanden gemeinsame Vorhaben, Meinhard wurde gar jüdisches Ehrenmitglied der CIG Region Stuttgart und es entstanden weitere Bekannt- und dann auch Freundschaften, so heute ebenfalls zu Barbara Traub aus Wien. Die Faszination für die wachsende Vielfalt der Religionen in der Region wie auch für deren Friedenspotentiale trug erheblich dazu bei, dass ich von der Banklaufbahn doch noch in das Studium der Religions- und Politikwissenschaft umschwenkte – und darin glücklich wurde, 2003 gar über Religion & Hirnforschung promovierte.

Dieser bald sehr selbstverständliche Trialog war mir dann aber auch beruflich von großer Hilfe, als im September 2005 auf dem US-Gelände des Stuttgarter Flughafens in meiner Heimatstadt Filderstadt Massengräber aus der NS-Zeit gefunden wurden. Jüdische

Gefangene waren in den kalten Flugzeugbaracken eingepfercht und zu Zwangsarbeiten verpflichtet worden. Als die Zeit nicht mehr zum Verbrennen und Verstreuen der Leichen reichte, waren 34 Ermordete vor Ort verscharrt worden. Ministerpräsident Günther Oettinger (CDU) bat mich als jungen Referenten, der bis dahin den staatlichen Dialog mit Musliminnen und Muslimen eröffnet hatte, um die würdige Moderation des schockierenden Fundes zwischen juristischen Anforderungen, den Wünschen anreisender Angehöriger und den Bitten von Rabbinern, die Totenruhe zu wahren. Es gelang, die Positionen zu versöhnen und die so gewachsenen Beziehungen 2010 auch in einen ersten Staatsvertrag der jüdischen Landesgemeinden mit dem Land Baden-Württemberg zu überführen. War in der Staatskanzlei unseres Landes bis dahin auch der »Kirchenbeauftragte« verortet, so wurde diese Zuständigkeit nun um Judentum und Islam erweitert; Staatssekretäre, die Staatsrätin Regina Ammicht Quinn und schließlich Ministerpräsident Winfried Kretschmann (Grüne) wurden zu festen Ansprechpartnern mit gegenseitigen Besuchen und regelmäßigen Gesprächen. Da sich meine beruflichen Pflichten nicht mit einem Ehrenamt im gleichen Bereich verbinden ließen, sah ich mit Freude, dass die CIG in einem Verein »Haus Abraham« und dieser wiederum in der Wiedergründung des Stuttgarter Lehrhauses um das Ehepaar Lisbeth und Karl-Hermann Blickle aufging. In Tübingen entfaltete sich ein Miteinander aus Judaistik, Religionswissenschaft, christlicher und islamischer Theologie und in Baden gedieh neben den staatsvertraglich gestärkten Gemeinden auch die Hochschule für jüdische Studien in Heidelberg. Der deutsche Südwesten entwickelte sich zu einem Kraftzentrum des Trialoges!

Antisemitismus ohne Juden – Erfahrungen und Reflektionen im Irak

Doch alle Rest-Naivität über eine vielleicht nur historische Bedrohung des Antisemitismus wurde mir erschüttert als Leiter des Sonderkontingentes für besonders schutzbedürftige Frauen und Kinder aus Kurdistan-Irak. Ab Januar 2015 gelang uns die Evakuierung von über 1.100 überwiegend ezidischen Frauen und Kindern, die durch Truppen der IS-Terrormiliz engste Angehörige verloren und traumatisierende Gewalt erfahren hatten. Gemeinsam mit meinem

Team aus zwölf Freiwilligen – Deutschen deutscher, türkischer, kurdischer und arabischer Herkunft, acht Frauen und vier Männern, Christinnen, Musliminnen, Humanisten, Ezidinnen – stand ich fassungslos vor neuen Massengräbern, die aus Angst vor Sprengfallen noch nicht einmal geborgen werden konnten. In den fast ausschließlich digital verbreiteten, ideologischen Texten und Videos des IS – über die ich später in zwei Gerichtsverfahren als Sachverständiger aussagte – wurden die Morde und Versklavungen der Miliz verschwörungsmythologisch begründet, erschienen die Ezidinnen als angebliche »Teufelsanbeter« im Bunde mit vermeintlich weltverschwörerischen »Zionisten« (Juden) und »Kreuzzüglern« (Christen). Die eigene Gewalt- und auch Mordbereitschaft konnte so als vermeintliche Notwehr rationalisiert werden, während umgekehrt Dialog- und Friedensangebote als »satanische Tricks« zurückgewiesen wurden.

Und in unzähligen Gesprächen auch mit kurdischen, türkischen, arabischen Verbündeten lernte ich nun weit über die IS-Ideologie hinaus den wissenschaftlich oft beschriebenen »Antisemitismus ohne Juden« kennen: Obwohl die uralten, jüdischen Gemeinden des Irak und Kurdistans ab 1941 vom NS-verbündeten Großmufti al-Husseini in den Farhud-Pogromen angegriffen und die letzten Gemeindeglieder unter Saddam Hussein vertrieben worden waren, warfen sich die diversen Volks- und Religionsgruppen, Religiöse und Säkulare, Linke und Rechte des Landes nun oft gegenseitig die Teilhabe an einer angeblichen »zionistischen Weltverschwörung« vor. Auch der selbsternannte Islamische Staat / Daesh galt vielen seiner Gegner als »Gründung des israelischen Mossad«, der erste IS-»Kalif« al-Baghdadi wurde als »jüdischer CIA-Agent Shimon Elliot« gedeutet.

Für mich persönlich ergaben sich aus diesen Erfahrungen drei wesentliche Schlussfolgerungen:

1. Jedes Leben zählt, unabhängig von der religiösen, ethnischen oder geschlechtlichen Zugehörigkeit. In der oft quälenden Auswahl und nicht selten gefährlichen Evakuierung von Frauen und Kindern erlebten wir die Wahrheit der Menschenwürde, die in die Tora als Ebenbildlichkeit Gottes eingeschrieben wurde. Gerade auch in ihrem Lebens- und Bildungswillen rissen uns insbesondere die Kinder und auch jüngeren Frauen immer wieder aus Erschöpfung und Verzweiflung.

2. Wer den Antisemitismus »nur der Juden zuliebe« bekämpft, hat noch nicht einmal im Ansatz begriffen, wie gefährlich der judenfeindliche Rassismus in Verbindung mit Verschwörungsmythen tatsächlich ist. Der dann leider 2020 verstorbene Rabbi Lord Jonathan Sacks, seligen Angedenkens, brachte diese Erkenntnis auf die Formel: »Dieser Hass, der immer mit den Juden beginnt, endet nie mit den Juden.« Der antisemitische Weltverschwörungswahn wurde und wird niemals »satt«, sondern griff im NS-Staat auf die überwiegend christlichen Roma und Sinti über, im Irak auf religiöse Minderheiten wie die Eziden – und generell auf religiöse und ethnische Vielfalt.
3. Dass nach den Massenmorden des Holocaust in Deutschland – einschließlich der Ur-Gaskammer zur Ermordung von Menschen mit Behinderungen im württembergischen Grafeneck und des gezielt menschenvernichtenden »Unternehmens Wüste« zur Gewinnung von Ölschiefer auf der Schwäbischen Alb – in der Bundesrepublik wieder neue, jüdische Gemeinden entstanden, erschien mir gerade im Vergleich zum Irak als ein unverdientes Geschenk, ja ein historisches Wunder. Während der vor allem arabische »Antisemitismus ohne Juden« immer weiter eskalierte und Menschen in dem zerrissenen Land weiter radikalisierte, erschienen mir die Jüdinnen und Juden nicht nur als Betroffene, sondern als unverzichtbare Verbündete im Kampf gegen den ebenfalls digital aufstrebenden Antisemitismus in Deutschland. Ich hatte doch selbst erlebt, wie der Trialog Münder und Herzen füreinander geöffnet hatte! Wie hätte ich also Angriffe auf das neue, jüdische Leben in Süddeutschland hinnehmen können!

Wissenschaftliche und berufliche Arbeiten – Schlüsselrolle von Medien

So begann ich also unmittelbar nach der Rückkehr aus dem Irak – und verstärkt nach dem Einzug offen antisemitischer Abgeordneter in unseren Landtag durch den Wahlerfolg der AfD im März 2016 – mit Vorträgen und Publikationen auf die Gefahr des digital neu eskalierenden Antisemitismus hinzuweisen.

Im Jahr 2017 legte ich *Islam in der Krise* vor, in dem ich die Stagnation der Alphabetisierung und den folgenden Niedergang der einstigen Hochkultur maßgeblich aus der Verzögerung des Buchdrucks arabischer Lettern vom späten 15. bis ins 19. Jahrhundert herleitete. Auch die als »Rentierstaatseffekt« gut erforschte, autoritäre Verzerrung politischer und religiöser Systeme durch Erdöl- und Erdgasexporte konnte ich nicht nur aus der Literatur, sondern auch aus eigenen Beobachtungen für den Irak, Syrien, Saudi-Arabien, aber auch für Nachfolgestaaten der ehemaligen Sowjetunion bestätigen. Der grassierende Antisemitismus in der arabischen und islamischen Welt diente so einerseits als Pseudo-Erklärung für die schmerzhafte Bildungs- und Entwicklungskrise, aber auch als gezieltes Propaganda-Instrument der diktatorischen Regime etwa des Iran und Syriens. Gerade »weil« ich auch der Aufnahme von Musliminnen und Muslimen nach Europa grundsätzlich aufgeschlossen gegenüberstand, plädierte ich für eine frühe und konsequente Bekämpfung des Antisemitismus in der Migrationsgesellschaft.

Als Anfang 2018 dann das Amt des Landes-Beauftragten gegen Antisemitismus in einer überfraktionellen Entschließung aller im Landtag vertretenen Parteien außer der AfD erfolgte, schlugen mich die jüdischen Landesgemeinden Baden und Württemberg dafür vor – ohne mich vorher gefragt zu haben. Zu den vielen Erfolgen, die wir gemeinsam erzielen konnten, zählte ein Sicherheitskonzept für die Synagogengemeinden des Landes – gemeinsam vereinbart drei Wochen »vor« dem Attentat von Halle (Saale) am 9. Oktober 2019. Schulbücher und Lehrpläne wurden überarbeitet, eine Vielzahl von Veranstaltungen im ganzen Land durchgeführt, Solidarität bei Anschlägen – etwa auf die Synagoge Ulm – organisiert und auch der Austausch mit Israel forciert. Baden-Württemberg wurde sogar der erste Staat Europas, in dem zwei Polizeirabbiner – je einer für Baden und Württemberg – gemeinsam und in Ergänzung zur christlichen Polizeiseelsorge berufen werden konnten.

Im März 2019 konnte ich dann mit *Warum der Antisemitismus uns alle bedroht* den Begriff des Semitismus und die besondere Rolle von Verschwörungsmythen neu fassen: Der Noahsohn Sem (hebräisch: Schem, wörtlich: Name) galt in der jüdischen Bibelauslegung schon des Talmuds ausdrücklich nicht als Begründer einer »Rasse« oder Sprachgruppe, sondern als Begründer der ersten Schule in vokalarmer, hebräisch-aramäischer Alphabetschrift zu Jerusalem. Das griechische, vollvokalisierte Alphabet wurde dagegen an der gleichen Stelle mit seinem Bruder Japheth verbunden.

Die religiöse Bedeutung der Alphabet-»Bildung« (der als vielleicht wirkmächtigster, deutscher Begriff wiederum über Maimonides und Meister Eckhart aus der Eben-Bildlichkeit des Menschen in 1. Mose abgeleitet worden war) ließ sich über die Berücksichtigung der Medienwirkungen ebenso neu erschließen wie Befunde der Hirnforschung: Vokalarme Alphabete wie das Hebräische, Aramäische und Arabische gehen mit enormen Assoziationsleistungen der rechten Gehirnhemisphäre einher, werden entsprechend unter Vermeidung von Bild- und Musikablenkung linksläufig gelesen und können dann einen beglückenden, monotheistisch erfahrenen Flow-Zustand in der Schrift bewirken. Vollvokalisierte Alphabete wie das Griechische, Lateinische und Kyrillische lesen sich dagegen schneller und präziser, rechtsläufig, benötigen jedoch zwingend die Ergänzung durch Bild- und Musikelemente. Sowohl Verwandtschaft wie auch je eigene Identität der abrahamitischen Schriftreligionen ließ sich so aus den Medienwirkungen der beiden Alphabet-Traditionen ableiten. Auch wurde ohne jeden Bedarf an rassistischen und biologischen Annahmen deutlich, warum heute auf einen jüdischen Welt-Bevölkerungsanteil von gerade einmal 0,2 Prozent über 20 Prozent aller jemals verliehenen Nobelpreise entfielen. Ebenso wurde ohne antisemitische Täter-Opfer-Umkehr erklärlich, warum schon in der Antike antijüdische Verschwörungsmythen gegen die Schriftbildung der jüdischen Minderheiten eskaliert waren, die dann auch in Christentum, Islam und nichtreligiöse Weltanschauungen eingingen. Schließlich ließ sich in jeder Synagoge erläutern, dass eine koschere Torarolle aus genau 304.805 mit Vogelfedern handgeschriebenen Alphabet-Buchstaben besteht – vorausweisend auch auf die Alphabetformen christlicher, islamischer und säkularer Texte.

In diesem Buch erwähnte ich auch die antisemitische »Entjudung« der deutschen Buchstabiertafel durch den NS, der jüdische Namen wie David, Samuel und Nathan durch Dora, Siegfried und Nordpol (!) ersetzen ließ. In der daraufhin eingesetzten DIN-Arbeitsgruppe zur Aufhebung dieser NS-Eingriffe durfte ich mitarbeiten und freue mich über die abschließende Verkündung der neuen, nun »entnazifierten« Buchstabiertafel im Jahr 2023. Die breiten, gesellschaftlichen Diskussionen und Reflektionen dazu hatten und haben nach meiner Auffassung dabei einen aufklärenden Effekt an sich.

Aschkenas im nördlichen Alpenraum

In *Rückzug oder Kreuzzug? Die Krise des Christentums und die Gefahr des Fundamentalismus* konnte ich schließlich Ende 2021 auch jene jüdische Tradition aufgreifen, die den »deutschen« Sprachraum nördlich der Alpen mit dem Japheth-Enkel Aschkenas verbunden hatte. Tatsächlich entstand das – bis ins 20. Jahrhundert auch so genannte – Judendeutsch im Dreieck von Schwaben bis Böhmen und Österreich und wurde von oft vertriebenen, jüdischen Gemeinden nach Osteuropa getragen. Schließlich wurde dem Judendeutschen die Zugehörigkeit zum deutschen Sprachraum auch in der Benennung als »Ostjiddisch« (aus dem Englischen: »They speak yiddish!«) bestritten, mit erheblichen Folgen bis heute: Während russische Spätaussiedler aufgrund deutscher Sprachtraditionen zurecht als Deutsche unmittelbar eingebürgert und ihre Rentenansprüche anerkannt wurden, mussten sich aschkenasisch-judendeutsche Zugewanderte aus der gleichen Region erst um die deutsche Staatsbürgerschaft bemühen und den Großteil ihrer Rentenansprüche aufgeben.

Fazit: Bildung verstehen, gemeinsame Zukunft erringen

Oft und gerne besuche ich Schulen, wenn dort auch anfangs oft verschränkte Arme und stumme Fragen warten: »Au weia, noch so ein Typ, der uns ein schlechtes Gewissen wegen den Nazis machen will! Warum geht es eigentlich immer um diese Opfer und nicht zum Beispiel um das Leid heutiger Flüchtlinge? Das hatten wir jetzt schon x Mal im Schulunterricht – und dennoch kenne ich nur tote Juden…«

Nicht nur Schülerinnen und Schüler, sondern auch Lehrende und Eltern sind dann oft bass erstaunt, wenn ich eröffne, dass es beim Kampf gegen Antisemitismus nicht um die »Bewältigung von Vergangenheit« (was soll das sein?) geht – sondern um die gemeinsame Zukunft. Niemand der Anwesenden trage eine persönliche Schuld an den Verbrechen der Nationalsozialisten. Doch wir alle – woher wir auch immer kämen und was wir auch immer glaubten – trügen eine historische Verantwortung dafür, dass solches nie wieder geschieht. Es ginge nicht darum, nur Jüdinnen und Juden einen Gefallen zu tun, sondern auch um die eigene Haltung und Zukunft!

Wollen wir in einem Land leben, in dem sich jeder Mensch gleichberechtigt entfalten und auch Bildung anstreben darf? Oder wollen wir in einer Gesellschaft leben, in dem sich unterschiedliche Gruppen wieder die Teilhabe an einer angeblichen Weltverschwörung vorwerfen und einander beschimpfen, dämonisieren, schließlich angreifen? Wer eine Gruppe, ein Volk, einen Staat, eine Religionsgemeinschaft unbedingt vernichten will – welche Gruppe, welches Volk, welcher Staat, welche Religion wäre vor diesen sicher? Und wem würde es denn reichen, von Mitschülerinnen und Mitschülern vielleicht bemitleidet, aber nicht respektiert zu werden? Ich wünschte mir daher nicht nur Trauer um die Toten, sondern Lust auf die Begegnung mit den (Über-)Lebenden, in Europa und in Israel.

In meinen Augen haben die Bundesrepubliken Deutschland und Österreich – mithin also gerade auch der EUSALP-Alpenraum – eine nahezu unfassbare, zweite Chance für ein gelingendes Miteinander erhalten, die etwa dem Irak und den kurdischen Regionen nicht gegeben ist. Im Buch *Wir sind da!* von Uwe von Seltmann zum Erinnerungsjahr *1700 Jahre jüdisches Leben in Deutschland* folgt auf das für alle Zeiten bedrückende Kapitel »Verfolgung und Vernichtung im Nationalsozialismus (1933–1945)« das bisher schließende »Neuanfänge und Aufbrüche (1945–2021)«.

Der süddeutsche Alpenraum mit den schwäbisch-judendeutschen und den badisch-liberalen Traditionen hatte an der Entstehung des aschkenasischen Judentums einen maßgeblichen Anteil und hat sich heute zu einer Schwerpunktregion des jüdisch-christlich-islamischen Trialogs wie auch des Austauschs der Religionen mit den Wissenschaften und Weltanschauungen entwickelt. Wer etwas für Bildung, Miteinander und, ja, Weltfrieden leisten möchte, muss sich nicht als Pseudo-Experte zum Nahost-Konflikt betätigen, sondern kann hier vor Ort Brücken bauen und Gutes fördern.

Dazu gehört freilich auch, über ritualisierte Trauerfeiern hinaus antijüdische Fehlentscheidungen der Vergangenheit aufzuarbeiten und zu korrigieren. So hoffe ich, in den kommenden Jahren gemeinsam mit immer mehr Mitstreiterinnen und Mitstreitern wie dem Tikvah-Institut um Volker Beck (Grüne) den deutschen Bundestag dazu bewegen zu können, die Wieder-Anerkennung des Judendeutschen als deutsche Sprachtradition und damit auch das Ende der Ausgrenzung und Diskriminierung aschkenasischjudendeutscher Zugewanderter zu beschließen. Die deutsche Nation ging immer dann fehl, wenn sie sich über »Blut und Boden« in Abgrenzung zu anderen zu definieren versuchte. Erkennt sie jedoch die Macht der Medien und findet sich als föderaler Bund, der seit je über Sprache konstruiert wurde, dann kann sie gemeinsame Wurzeln entdecken – und damit jenen das letzte Wort geben, die sich nicht Hass und Tod, sondern Liebe und (Zusammen-)Leben verschreiben.

LITERATURVERZEICHNIS
BLUME, Michael: Islam in der Krise. Eine Weltreligion zwischen Radikalisierung und stillem Rückzug, Ostfildern 2017.
BLUME, Michael: Warum der Antisemitismus uns alle bedroht. Wie neue Medien alte Verschwörungstheorien befeuern, Ostfildern 2019.
BLUME, Michael: Rückzug oder Kreuzzug? Die Krise des Christentums und die Gefahr des Fundamentalismus, Ostfildern 2021.
VON SELTMANN, Uwe: Wir sind da! 1700 Jahre jüdisches Leben in Deutschland, Erlangen 2021.

Glossar

Arkebuse	Hakenbüchse, ein im 15./16. Jahrhundert gebräuchlicher Vorderlader
Bar/Bat Mizwa	(hebr. *Sohn/Tochter der Pflicht*), Bezeichnung für einen Jungen, der mit dem 13. Lebensjahr religionsmündig ist; Mädchen werden bereits mit 12 Jahren religionsmündig.
Chanukka	(hebr. *Einweihung*), achttägiges Lichterfest im Winter zur Erinnerung an die Wiedereinweihung des Tempels unter Juda Makkabäus
Dendrochronologie	Datierungsmethode mittels Baumringen; wird als solche ausgewiesen durch Zusatz von (d)
Diaspora	(griechisch *Zerstreuung*), Leben außerhalb Palästinas
Gestapo	Geheime Staatspolizei, die politische Polizei des NS-Regimes
Ghetto	(italienisch *Gießerei*), Bezeichnung für ein abgeschlossenes Judenviertel, wie 1516 das Ghetto Nuovo in Venedig
Hachschara	(hebr. *Ertüchtigung*), landwirtschaftliche oder handwerkliche Ausbildung für die Einwanderung nach Palästina
Holocaust	(griechisch *vollständig verbrannt*), Bezeichnung für den nationalsozialistischen Völkermord an den Juden
Jom Kippur	jüdisches Versöhnungsfest
Kabbala	(hebr. *Überlieferung*), jüdische Mystik
koscher	(hebr. *rein*), rituell rein
Minjan	Quorum von zehn religionsmündigen Männern für den Gottesdienst
Mischpacha	hebräisch Familie
Pilastergliederung	architektonische Gliederung mit Blend- oder Wandpfeilern, typisch für die Klassik
Qumran	archäologischer Fundort von Schriftrollen aus dem 2. Jahrhundert v.d.Z.
Rabbiner	Lehrer und Prediger mit richterlicher Funktion, von einer Gemeinde angestellt

Ros haShana	jüdische Neujahrsfest
Rustizierung	Gliederung eines Bauwerks mit starken Fugen oder Sichtmauerwerk
Schabbat (Sabbat)	siebter Tag der Schöpfung und der Woche, gilt traditionell als Tag der Ruhe, des Tora-Studiums und der Freude
Schibbolet	(hebr. *Ähre*), sprachliches Erkennungszeichen
Schoa	(hebr. *Katastrophe*), Bezeichnung für die Verfolgung und Ermordung der europäischen Juden
Stibl	Betstube in Osteuropa
Sukka	Hütte für die Feier des Laubhüttenfests
Talmud	(hebr. *Belehrung, Studium*), neben der Bibel wichtigstes Werk der jüdischen Tradition, eine Sammlung von Erläuterungen, Kommentaren und Diskussionen zu den Gesetzen, um 500 n.d.Z. abgeschlossen
Tannaim	(aramäisch *Lehrer*), Gesetzeslehrer vor Abfassung des Talmuds
Tora	(hebr. *Lehre*), Bezeichnung für die 5 Bücher Mose
UDSSR	die 1922 gegründete und bis 1991 bestehende »Union der Sozialistischen Sowjetrepubliken«

Autorinnen und Autoren

Dr. Michael Blume ist Religions- und Politikwissenschaftler und seit 2018 Beauftragter der Landesregierung Baden-Württemberg gegen Antisemitismus.

Prof. Dr. Joachim Brüser ist tätig im Protokoll der Landesregierung im Staatsministerium Baden-Württemberg. Er nimmt einen Lehrauftrag am Institut für Geschichtliche Landeskunde und Historische Hilfswissenschaften der Universität Tübingen wahr.

Prof. Dr. Johannes Heil ist Inhaber der Ignatz Bubis-Stiftungsprofessur für Geschichte, Religion und Kultur des europäischen Judentums an der Hochschule für Jüdische Studien Heidelberg.

Dr. Felicitas Heimann-Jelinek ist Judaistin und Kunsthistorikerin. Sie war von 1993 bis 2011 Chefkuratorin des Jüdischen Museums Wien. Seitdem ist sie als freiberufliche Kuratorin tätig, seit 2014 leitet sie das Curatorial Education Program der Association of European Jewish Museums.

PD Dr. Stefan Knödler ist Akademischer Rat am Deutschen Seminar der Universität Tübingen.

Dr. Stefan Lang ist der Leiter des Kreisarchivs Göppingen. Mit seiner Dissertation über jüdisches Leben in Schwaben der Frühen Neuzeit hat er ein Grundlagenwerk zum Judentum in Südwestdeutschland publiziert.

Apl. Prof. Dr. Matthias Morgenstern ist am Seminar für Religionswissenschaft und Judaistik der Universität Tübingen tätig.

Prof. Dr. Andreas Nachama ist Historiker und Rabbiner. Bis 2019 stand er als Direktor dem Dokumentationszentrum Topographie des Terrors vor. Seit Mai 2016 ist er jüdischer Vorsitzender des Deutschen Koordinierungsrats der Gesellschaften für christlich-jüdische Zusammenarbeit und von 2019 bis 2023 war er Vorsitzender der Allgemeinen Rabbinerkonferenz.

PD Dr.-Ing. habil. Simon Paulus ist Privatdozent am Institut für Architekturgeschichte der Universität Stuttgart.

Prof. Dr. Benigna Schönhagen ist Honorarprofessorin am Institut für Geschichtliche Landeskunde und Historische Hilfswissenschaften an der Universität Tübingen. Von 2001 bis 2018 leitete sie das Jüdische Kulturmuseum Augsburg-Schwaben, seit 2019 koordiniert sie den AK Jüdisches Schwaben.

Prof. Dr. Wilfried Setzler leitete bis zu seiner Pensionierung im Jahr 2008 das Kulturamt der Stadt Tübingen. Er ist Honorarprofessor am Institut für Geschichtliche Landeskunde und Historische Hilfswissenschaften der Universität Tübingen.

Prof. Barbara Traub ist Vorstandssprecherin der Israelitischen Religionsgemeinschaft Württemberg (IRGW) und Vorstandsmitglied im Zentralrat der Juden in Deutschland. Die Psychotherapeutin lehrt an der Evangelischen Hochschule Ludwigsburg zu Interreligiösem Dialog und Judentum.

Prof. Dr. Sabine Ullmann hat die Professur für Frühe Neuzeit und Vergleichende Landesgeschichte an der Katholischen Universität Eichstätt-Ingolstadt inne. Seit 2007 ist sie Mitglied in der Kommission für bayerische Landesgeschichte an der bayerischen Akademie der Wissenschaften.

Bildrechtenachweise

Johannes Heil: Religionsgespräche und Religion im Gespräch zwischen Juden und Christen im Mittelalter
Abb. 1: © Universitäts- und Landesbibliothek Darmstadt, cod. or. 8, fol. 37v, Foto: http://tudigit.ulb.tu-darmstadt.de/show/Cod-Or-8.
Abb. 2: © gemeinfrei.
Abb. 3: © Stadtarchiv Tübingen.

Simon Paulus: »Inter Judeos« – Neue Einblicke in die Topographie jüdischer Einrichtungen und Siedlungsbereiche im mittelalterlichen Schwaben
Abb. 1: © Grafik: C. Meckseper (1990) basierend auf dem Plan von H. Veitshans (1970).
Abb. 2: © Grafik: S. Paulus auf Grundlage des Katasterplans von 1831 (2021).
Abb. 3: © Grafik: S. Paulus (2021).
Abb. 4: © Grafik: S. Paulus auf der Grundlage des Katasterplans von 1816 (2022).

Sabine Ullmann: Das Judentum Schwabens in der Frühen Neuzeit. Siedlungsweisen und Lebensformen
Abb. 1: © Karte bearbeitet von Joseph Kerkhoff, in: Historischer Atlas von Baden-Württemberg, herausgegeben von der Kommission für geschichtliche Landeskunde in Baden-Württemberg in Verbindung mit dem Landesvermessungsamt Baden-Württemberg, Stuttgart 1972–1988, Karte VIII, 13b (1973).
Abb. 2: © Max-Planck-Institut zur Erforschung multireligiöser und multiethnischer Gesellschaften.
Abb. 3: © Württembergische Landesbibliothek Stuttgart, Graphische Sammlung, Schef.qt.5341.
Abb. 4: © Sabine Ullmann: Nachbarschaft und Konkurrenz. Juden und Christen in den Dörfern der Markgrafschaft Burgau 1650 bis 1750 (Veröffentlichungen des Max-Planck-Instituts für Geschichte Bd. 151), Göttingen 1999, Anhang Nr. 14: Topographische Skizze der jüdischen Siedlung in Pfersee 1701 (als Beilage).

Felicitas Heimann-Jelinek: Musealisierung des Judentums – Zwischen Präsentation und Repräsentation
Abb. 1: © Universitätsbibliothek Leipzig, Exeg.App.2717.
Abb. 2: © Förderkreis Synagoge Binswangen e. V.
Abb. 3: © Steffen Schlüter, Amt für Bildung, Kultur und Sport Rottenburg am Neckar.
Abb. 4: © Israel Museum Jerusalem.
Abb. 5: © Andrew Malahovsky.

Stefan Lang: Die »nagenden Würmer«. Traditionen, Hintergründe und Strukturen der Judenfeindschaft in Württemberg vom 15. bis zum 20. Jahrhundert

Abb. 1: © Stefan Lang.
Abb. 2: © Kreisarchiv Göppingen.
Abb. 3: © Stadtmuseum Stockach.

Joachim Brüser: Der Herzog und sein Jude – Joseph Süß Oppenheimer als Sündenbock für die Politik Herzog Karl Alexanders von Württemberg 1737/38

Abb. 1: © Württembergische Landesbibliothek Stuttgart, Graphische Sammlung.
Abb. 2: © Joachim Brüser.

Stefan Knödler: Berthold Auerbach: Vom Studenten der mosaischen Theologie in Tübingen zum Schriftsteller von Weltruhm

Abb. 1: © Deutsches Literaturarchiv Marbach.
Abb. 2: © Universitätsbibliothek Tübingen.

Wilfried Setzler: »Das Zusammenleben von Christen und Israeliten dahier ist das herzlichste und friedlichste«. Zur Geschichte der jüdischen Gemeinde in Wankheim von ihrem Beginn 1774 bis zu ihrer Auflösung 1882

Abb. 1: © Wilfried Setzler.
Abb. 2, 3: © Schloss Kilchberg.
Abb. 4: © Staatsarchiv Ludwigsburg.
Abb. 5: © Archiv Schloss Kilchberg.
Abb. 6: © Wilfried Setzler.

Benigna Schönhagen: »Selbstbewusst und wehrhaft«. Der Centralverein deutscher Staatsbürger jüdischen Glaubens in Württemberg, 1893–1938

Abb. 1: © Stadtarchiv Stuttgart.
Abb. 2: © gemeinfrei.
Abb. 3: © Universitätsbibliothek Frankfurt, Foto: https://sammlungen.ub.uni-frankfurt.de/cm/periodical/titleinfo/2316602.
Abb. 4: © Universitätsbibliothek Frankfurt, Foto: https://sammlungen.ub.uni-frankfurt.de/cm/periodical/titleinfo/2316602.
Abb. 5: © Jüdisches Museum Berlin, Foto: https://www.jmberlin.de/john-f-und-hertha-oppenheimers-sammlung-in-unserer-bibliothek.
Abb. 6: © Begegnungsstätte Alte Synagoge Wuppertal.
Abb. 7: © Universitätsbibliothek Frankfurt, Foto: https://sammlungen.ub.uni-frankfurt.de/judaicaffm/content/titleinfo/4098710.

Matthias Morgenstern: Briefpartner, Hilfskräfte, Objekte der NS-»Judenforschung«, Gastredner – Juden an der Evangelisch-Theologischen Fakultät und am Institutum Judaicum der Universität Tübingen im 20. Jahrhundert

Abb. 1: © gemeinfrei.

Abb. 2: © Matthias Morgenstern mit Dank an Catherine Starkier.

Abb. 3: © Attempto-Heft 22/1967. Bild: Goebel. Das Bild trägt dort die unnachahmliche Bildunterschrift »›Der wird uns trösten in unserer Arbeit und der Mühsal unserer Hände.‹ Martin Buber bei einem Besuch in Tübingen im Jahre 1959«. Aus dem Privatarchiv von Matthias Morgenstern.

Abb. 4: © Universitätsarchiv Tübingen.

Abb. 5: © Matthias Morgenstern.

Interview mit Andreas Nachama

Abb. 1: © Gemeinfrei: CC-BY-SA-4.0, Fotograf: Bernd Schwabe, Hannover.

Interview mit Prof. Barbara Traub

Abb. 1: © Barbara Traub.

Michael Blume: Siege der Bildung, Wunder des Lebens: Wie wichtig jüdisches Leben für unser Land ist

Abb. 1: © Loges & Langen.